新元号「令和」を発表する菅義偉 内閣官房長官　平成31年4月1日　総理大臣官邸　（写真提供:朝日新聞社）

インタビューに応じる二階俊博 自由民主党幹事長　（写真提供:Getty Images）

ふたりの怪物

二階俊博と菅義偉

はじめに

修羅場をくぐり抜けてきた数だけ、男には皺《しわ》ができる。

長年、各界の「怪物」といわれるような人物に取材者として接していると、稀《まれ》にそう思わせる漢《おとこ》に出会う。先ず「怪物」はたいてい独立した小宇宙をつくる。だが、「怪物」もまた成長、失敗、進化、逆行、変化を遂げ、人の喪失を経験してのち大器は晩成、老成化する。荒波に揉まれ岩肌にぶつかりながらも、なお生き残り、己の大河を生み出せる者だけが「怪物」と成る。

雪深い秋田県最南端の雄勝町《おがちまち》（現・湯沢市）のいちご農家の長男であった一八歳の菅義偉《すがよしひで》青年は、集団就職の夜行列車に揺られ上京し、東京・板橋区内のときわ台駅付近にあったという段ボール工場で働き、また、新聞社の使いっ走りやガードマン、食堂の盛りつけ係のアルバイトまでしたという。数々の辛酸《しんさん》をなめながら、苦学の末、法政大学法学部を卒業したのが昭和四八年（一九七三年）。菅の学生時代は、日本の高度成長期そのものであった。

菅は団塊《だんかい》の世代である。新三種の神器がもてはやされ、「巨人、大鵬、卵焼き」が流行語となった高度成長は、「列島改造」「オイルショック」「狂乱物価」で終わりを告げる。街にはヒッピーファッションに身を包んだ若者たちが溢れていた。

苦学生の目には同時代の大都会の華やぎがどう映ったであろうか。

それから約四五年後、その青年が歴代最長の在任期間を誇る内閣官房長官になると当時の同僚や隣人の誰が思ったであろうか。東北人らしく、寡黙《かもく》な菅は、当時について多くを語らないが、菅の心根には、この苦しい青春期の記憶、田舎と都会の暮らしの差異、つまり庶民感覚が残存している。

菅と同時代を生きた団塊世代のインテリ青年たちは、第二次安保闘争に明け暮れたが、昭和四七年のあさま山荘事件以降、学生運動は下火となり、多くの者は転向し、サラリーマンとなる。当時の菅の経歴からすれば、学生運動に没頭しても不思議ではないが、むしろ学費を自ら稼ぎ、生活に追われた経験、この青春期の苦悩が「改革者」であるべき政治家を志す基点となったのであろう。のちに通商産業大臣を務める小此木彦三郎《おこのぎひこさぶろう》衆議院議員の秘書の道に入るきっかけは、法政大学事務局の紹介からであった。菅の深層心理には、この都会の苦しい生活を変えるには政治の道しかないという思いが、知識人特有のイデオロギーからの発露ではなく、慎ましい生活実感のなかから芽生えたのではないか。

その意味では、時代は異なるが今太閤《いまたいこう》・田中角栄《たなかかくえい》の立志伝に相通じるものがある。田中が遺した言葉には、「政治とは生活である」がある。

菅の座右の銘は、「意志あれば道あり」だ。

平成一二年（二〇〇〇年）秋、野党が提出した森《もり》（喜朗《よしろう》）内閣に対する不信任決議案に対し、自由民主党（以下、自民党）元幹事長の加藤紘一《かとうこういち》、元政調会長の山崎拓《やまさきたく》らが同意し、倒閣に動くのではないか、とも見られたいわゆる「加藤の乱」が勃発《ぼっぱつ》した。その最終局面において、「大将なんだから……」と加藤が一人で不信任案に賛成しようとするのを必死に静止する谷垣禎一《たにがきさだかず》（のち自民党総裁、幹事長）の姿を記憶の読者も多いことだろう。

このホテルオークラにおける「加藤の乱」の敗北劇を末席で凝視《ぎょうし》していたのは、何を隠そう当時二回生議員だった、のちの内閣官房長官・菅義偉である。現在は無派閥《はばつ》を貫く菅だが、当時は自民党内において保守本流の名門派閥・宏池会《こうちかい》に属していた。

加藤は、宏池会会長として、清和《せいわ》政策研究会の領袖《りょうしゅう》でもあった森総理に不信任を突きつけ、加藤、山崎らによるＹＫＫ政権を夢見ていた。しかし、ＹＫＫの最後の一文字「Ｋ」を意味する森派会長（当時）の小泉純一郎《こいずみじゅんいちろう》は「これからは、政策の小泉から政局の小泉になる」と宣言し、のちに政敵となる野中広務《のなかひろむ》幹事長と連携を密にし、「加藤の乱」鎮圧にいそしみ、名を挙げた。

政界は「一寸先は闇」である。友情より優先されるのは時の磁力、時の権勢、つまり勝ち馬に乗る嗅覚《きゅうかく》である。これは「角福戦争」以来変わらない永田町の真理であり、鉄則だ。世の中の権力闘争すべてに当てはまる。平家物語を持ち出すまでもなく、盛者必衰の理《ことわり》をあらわす。日産の独裁者だったカルロス・ゴーン然《しか》り、である。

これに異を唱え、行動できるのは文学者やロマンチストの道だけだ。だが誰もが三島由紀夫《みしまゆきお》になれるわけではない。

加藤には現実の政治を、血で血を洗う政界の権力闘争を、天下人を、己のロマンチシズムの延長に夢見た甘さがあった。それゆえ過去に加藤政権を期待さえした幹事長・野中の逆鱗《げきりん》に触れたのだ。京都の町会議員出身の「叩き上げ」である野中は、三島と同世代の大正生まれの戦争体験者である。東大法学部卒の外務省チャイナスクール出身の選ばれし加藤とのまなざしの差異は、そのまま政変危機に対する力量の差でもあった。当時の菅は、まざまざとふたりの差異を感じたはずだ。

菅には苦い記憶がもうひとつある。

菅が初当選以来、「政治の師」と仰ぐ梶山静六《かじやませいろく》が総裁選に出馬し、竹下登《たけしたのぼる》が田中角栄に反旗を翻し創設した経世会《けいせいかい》出身の最大派閥・小渕派会長の小渕恵三《おぶちけいぞう》に敗れた際の教訓である。梶山は小渕とおなじ派閥に属し、竹下派七奉行のひとりであった。橋本龍太郎《はしもとりゅうたろう》政権で内閣官房長官を務め、宮澤喜一《みやざわきいち》政権で幹事長も歴任した実力者であった。

当時、平成研究会（旧経世会）に属していた菅は、梶山に総裁選出馬を強く促す。のちに菅は、「梶山さんがあと二日早く出馬を決意していれば、小渕さんは出馬していなかった」と述懐している。大派閥を二分した闘いは禍根を残す。菅は梶山らとともに平成研を去る。

第一次安倍政権はわずか一年であっけなく崩れたが、第二次安倍政権は、六年六カ月を超え、任期満了まで続くならば、なんと九年近くにも及ぶ歴代最長の長期政権となる。

同じ安倍晋三《あべしんぞう》が総理でありながら、何が異なっているのか。

私は、官邸の要《かなめ》である官房長官に菅義偉を起用し留任させ続けたことに加え、党の要に二階《にかい》俊博《としひろ》を幹事長に据えたことに尽きる、と思っている。

政界で喧嘩のできる人物を選べと言われれば、私はこのふたりと見る。ふたりに共通するのは、実はふたりとも田中派、竹下派の流れを汲《く》んでいる点だ。

二階幹事長は、田中角栄の応援のもと、初当選を飾っている。最大派閥「田中軍団」を率いていた田中から直接の薫陶《くんとう》を得ている。

「政治家は行動しなければいけない。行動して仕事をすれば、マスコミは自然についてくる」

二階は、自派の若手議員にも厳しく言っている。

「できないことは言うな。言ったことは、死ぬ気で実現しろ!」

こうした檄《げき》は、田中の〝選挙の神様〟という一面を受け継いでいる。

二階は、田中が倒れたのち竹下派に属したが、「汗は自分でかきましょう。手柄は人にあげましょう」という姿勢に徹していた竹下登からは「気配り」、経世会（竹下派）会長の金丸信《かねまるしん》からは懐の深さと突破力を教わっている。

中曽根康弘《なかそねやすひろ》元総理は、二階のことを「竹下君の気配りとミッチー（渡辺美智雄《わたなべみちお》）の動力エンジンを兼ね備えている」と評していた。

安倍総理は二階のことを「最も政治的技術を持ち、政治勘がある」と高く評価し、幹事長に据えた。

また、安倍総理は官房長官・菅の政治的力量について、私に次のように語っている。

「アンテナを広く張り、なにか問題があれば、事前にそれを摘んでおくような役割を果たしてくれています。彼は、非常に闘将タイプの人間ですから、平時にも強いですが、乱世にも強いタイプです」

安倍総理は、第二次政権発足以来、七〇回を超えるほど積極的に外遊に出て、安倍外交を展開している。これも、菅官房長官と二階幹事長のふたりがどっしりと内政を守ってくれているからと言えよう。しかも、このふたりは、戦い上手というだけでなく、身を砕いて総理を徹底的に支え続ける。

安倍総理にとって、二階は、万が一、野に放てば、これほど恐い存在はない。だが、二階は幹事長職が天職であるかのように、総理の座を狙おうとはしない。

菅も、官房長官職に徹していて、「支えるのが天職」と言い続けている。師の梶山静六は、橋本龍太郎総理を支えながら参謀として自らの意見は言い続けていた。官房長官のタイプで言えば、菅も、安倍総理に自分の意見をハッキリと口にし続ける参謀型である。

いっぽう「平成」の元号を掲げた小渕恵三は、官房長官として竹下登総理に尽くし続けた「忠臣型」と言われる。

菅官房長官の安倍総理への徹底した尽くしぶりを見る限り、「忠臣型」ともいえる。

その意味では、菅は「参謀型」であり、「忠臣型」でもある。

小泉純一郎の総理秘書官であり、第二次安倍政権で内閣官房参与を務めている飯島勲《いいじまいさお》にして、安倍総理と菅官房長官の関係は「戦後最高の総理大臣と官房長官」というほどの信頼性で結び付いているという。

この二階と菅が、もしぶつかれば、安倍政権の安定も吹っ飛んでしまう。しかし、喧嘩のできるふたりは、誰よりも相手を知っている。時にふたりは「睨《にら》み合っているのではないか」と見る向きもあり、そうメディアに書かれたりするが、どっこい、ふたりは定期的に会い、心を通じ合っている。

さて、これまで「次期総理は誰か」という世論調査には、石破茂《いしばしげる》、小泉進次郎《こいずみしんじろう》、安倍晋三、岸田文雄《きしだふみお》、野田聖子《のだせいこ》、加藤勝信《かとうかつのぶ》、河野太郎《こうのたろう》らが挙がっても、菅の名が挙がることは少なかった。菅が「私は総理は狙いません」と言い続けてきたことで、国民も「そうかな」と思い込んできた節《ふし》がある。私の目には、菅は衣の下の鎧《よろい》を決して見せることはなかった。

しかし、いわゆる永田町では、「ポスト安倍」は菅総理と読む人は増えていた。ただ、国民への知名度が低かった。ところが、菅が官房長官として「令和」の新元号を発表したことで、一挙に知名度が上がってきた。「令和おじさん」として、特に中高生から中高年の女性にまで親しみを持たれ始めたのである。かつて小渕恵三は、総理候補として陰が薄かったのにもかかわらず「平成おじさん」となり、ついに総理の座を射止めた。菅官房長官も、ポスト安倍のランクが急上昇してきている。

飯島内閣官房参与は、「ポスト安倍」は菅と太鼓判を押している。

「安倍総理を含めて多くの議員が世襲《せしゅう》のなか、菅官房長官は地べたを這うような苦労を重ねながら今日に至っている。何でもそろっている昨今の世襲議員とは、性根が違う。小泉内閣で官房長官を務めた安倍総理が小泉総理の後を継いだのと同じ流れで、安倍内閣を最もスムーズに継承できるのは菅官房長官しかいない」

二階幹事長も、月刊「文藝春秋」（二〇一九年五月号）で、ポスト安倍の有力候補として菅官房長官の名前を挙げて、次のように語っている。

「菅さんは、この難しい時代に官房長官として立派にやっておられますね。それは素直に評価に値すると思っています。また、彼はそういうこと（ポスト安倍の総裁候補）にも十分耐えうる人材だと思っています」

歴代一位の在任期間を誇る「叩き上げ」の内閣官房長官である菅義偉と、田中角栄の政治的DNAを受け継ぐ「辣腕」幹事長の二階俊博がタッグを組めば、人口減少社会ニッポンに国民の生活実感に根ざした最強政権が生まれるであろう。

私には、このふたりはいまや政治的〝怪物〟と映る。「令和」の時代に入り、この〝ふたりの怪物〟の動きが日本政治の鍵を握る……。

装幀・デザイン　前橋隆道
長島理恵
本文DTP　メディアタブレット
カバー写真　小池伸一郎
Getty Images

ふたりの怪物

二階俊博と菅義偉――目次

第二章　二階俊博の屹立——田中角栄の薫陶——　89

第三章　小泉純一郎と二階俊博

第四章 自民党幹事長・二階俊博の胆力――141

第五章

内閣官房長官・菅義偉秘録——205

序章

新元号「令和」発表とふたりの怪物

新元号「令和」発表の舞台裏

筆者は、平成三一年（二〇一九年）四月二二日、新元号「令和」を公表した菅義偉内閣官房長官に、その舞台裏を訊《たず》ねる直撃インタビューをおこなった。

――四月一日に新元号「令和」を菅官房長官が発表されて以降、国民とマスコミからも、長官ご自身への注目が高まっていますね。

「平成」の元号を掲げた小渕恵三官房長官はのちに総理大臣になりましたが、果たして菅官房長官も将来総理になる可能性はあるのか、とのコメントを意外や女性週刊誌二誌から求められました。

「十分にあり得る」とコメントしておきましたけど。

菅　ああ、そうですか（苦笑）。全くそのようなことは考えていません。

上皇陛下がお気持ちを平成二八年の夏に発表されてから、政府としては憲法に抵触しないように、衆参の両正副議長の協力も得つつ、国会で粛々と法整備を進めてきました。ご譲位は憲政史上初めてのことでしたので、無事に執りおこなうことができて安心しています。

新元号「令和」を発表する菅義偉 内閣官房長官（写真提供：朝日新聞社）

――長官は、今回の新元号発表には、どのように関わられましたか？

菅　新元号の発表に関しては、元号法の元号選定手続きのなかで官房長官の役割が定められているんです。官房長官は、次の元号にふさわしい候補名の考案を委嘱《いしょく》された考案者の方たちから提案された元号の候補を数個に絞って、総理大臣に諮《はか》ることになっています。

――今回は「令和」を含めて六つの案が諮られたそうですね。「令和」以外は「英弘」「万保」「万和」「久化」「広至」と報じられています。

菅　これはなかなか難しい問題なのです。いろいろ報じられていますが、政府の立場としては他の案については明らかにしてはいけないことになっています。総理からの委嘱として、ご相談させていただいた考案者の方たちも、基本的には匿名《とくめい》なんです。

――では、いくつかの案の中から選んだということでよろしいですね。

菅　ええ。私の方で、数多くの有力候補のなかから数個に絞って、総理に提案させていただきました。その中から、有識者の方々などにご意見を聴いたうえで、「令和」を選ばれたということになります。

――新元号「令和」に対しては、各紙の世論調査でも、六割～七割の国民が「好感を持てる」と好意的な回答をしています。

菅　多くの国民が受け入れてくれたことに、ホッとしています。これは公表している話ですが、元号選定の手続きに従い、宮崎緑《みやざきみどり》千葉商科大学国際教養学部長ら九名の「元号に関する懇談会」の有識者の方たちに、私からいくつかの候補を説明させていただいたなかでも「令和」を支持された方が圧倒的だったんです。

――最終的に総理が決定されるまでの流れは、どのようなものだったのですか。

菅　四月一日の新元号の公表に至るまでの流れとしては、まず官房長官である私が、有識者による「元号に関する懇談会」を開き、新元号の原案について有識者の皆さんからご意見をうかがいます。その後、私が衆議院および参議院の正副議長のご意見をうかがいます。さらに、全閣僚会議において、新元号の原案について協議をする。そこで閣僚のみなさんからもご意見をうかがいます。最終的に私から全閣僚に対して総理一任の了承を得ました。

そのうえで、総理が「新元号は令和としたい」とおっしゃり、新元号を内閣として決定しました。元号決定に至る手順としては、そうした経緯を経ています。

——「令和」は、日本最古の歌集「万葉集」の「梅花の歌三十二首」の序文、「初春の令月《れいげつ》にして、気淑《よ》く風和ぎ、梅は鏡前の粉を披《ひら》き、蘭は珮後《はいご》の香を薫す」を出典にしているそうですが、国民にとっても馴染みやすかったのではないでしょうか。

菅　万葉集を典拠とする「令和」への有識者のみなさんからの支持は圧倒的でした。みなさんのご意見も「新元号は国書、いわゆる日本の書物から選ばれるべきだ」という意見がほとんどでした。

——今回、安倍総理が談話を発表したのは、官房長官からの提案だったのですか?

菅　いえいえ、違います。平成の際も、新元号を発表したのは小渕官房長官でしたが、竹下総理は談話を出されました。ですから、総理が談話を出すのは自然なことです。

——長官は連日、定例の記者会見を開かれていますが、新元号の発表は、さすが普段の会見よりも緊張されましたか?

菅　緊張というよりも、私自身「しっかりやり遂げたい」という思いがありました。新元号を全国民に向けて発表するわけですから。のちのち映像で発表時の自分の表情を見ても、我ながらら「かなり気合いが入っていたなあ」と思います。

——新元号は事前にメディアに情報漏れすることもなく、順調に発表されましたね。

菅　今回はマスコミの方々の関心が非常に高かったものですから、公表の段取りについても相当調整しました。絶対に漏れないように細心の注意を払っていましたが、各マスコミはなんとしても発表前に情報を掴もうと異常なくらい頑張っていましたね。

——有識者の携帯電話も事前に預かったとか。

菅　一般論として申し上げれば、このような大事な場面では、サイバーセキュリティにも細心の注意を払います。

安倍総理から見た菅官房長官

安倍《あべ》晋三《しんぞう》総理は、筆者に菅官房長官について次のように語りました。

安倍　第二次安倍政権には、第一次安倍政権で政権運営を経験した人も多い。成功も失敗も、ともに経験しています。私自身も含めて、失敗から多くのことを学んでいます。

菅義偉官房長官も、第二次安倍内閣の発足時に官房副長官を務めていた世耕《せこう》弘成《ひろしげ》経済産業大臣も、第一次安倍内閣で総務大臣と総理補佐官として支えてくれていました。菅官房長官は、アンテナを広く張り、なにか問題があれば、事前にそれを摘んでおくような役割を果たしてくれています。彼は、非常に闘将タイプの人間ですから、平時にも強いですが、乱世にも強いというタイプです。

菅官房長官から見た二階幹事長

――官邸を守る菅長官と、党を守る二階幹事長とのコンビということで考えれば、菅官房長官にとっておふたりはどういう関係性ですか。

菅　やはり、二階幹事長には、党を全部まとめていただいていますから助かっています。法案も、党内に多少の異論があるものでも、最後には国会日程に合わせて、まとめてくれていますから、安心してお任せしています。安倍総理もいつも感謝されてます。

――そういう意味では、安倍総理にとって、菅長官と二階幹事長のふたりが重石《おもし》となっていることは大きいですね。

菅　私は重石になれていないと思いますが、幹事長の下で党にしっかりと法案を精査してもらっているのはありがたいことです。やはり、政府の仕事は「法案を成立させてこそ評価される」というところがあります。何か新しい政策を推進するにしても、法律を作らないと進みません。

例えば、今年の一〇月から携帯電話の事業間で競走がしっかり働く新たな枠組みが実施されますが、これも電気通信事業法を国会で改正することができたからです。

——二階幹事長との意思の疎通は、どうでしょうか。

菅　折に触れてご指導いただいてます。やはり政権を維持していくには、政府と政権与党との連携がうまくとれていないと難しい。また、政府で他党のことまで対応することはできません。全体として予算枠はどうするか、法案はどういう形に仕上げるかといったことも、お互いに意思疎通を図ることが大事だと思っています。

二階幹事長は、一度約束したことはきっちりやっていただけます。お互いに気を遣わずとも阿吽《あうん》の呼吸とでも言いますか、政府としてやりたいことを丁寧にご説明すれば、必ずやっていただけます。

特に今年の通常国会は、召集が一月二八日と普段よりも遅かったのですが、補正予算も本予算も、お願いした通りに調整していただいています。とてもありがたいです。

二階幹事長から見た第二次安倍政権

――二階幹事長は、長い政治家生活の中で、複数の官邸を見てきている。その経験からしても、第一次安倍内閣と比較して、第二次安倍政権が、これほど長期政権になっているのは、どこが優れているのでしょうか。

二階　なにより人事面の采配はとてもうまくいっていると感じている。例えば、人事でいうと、菅義偉官房長官についていては、安倍総理と最も気が合う人材を登用していると感じる。具体的には、総理に話した内容は、官房長官に言わなくても必ず伝わっている。また、官房長官に話を通せば、総理にも必ず伝達される。この両者の信頼関係が、内閣運営において大きな効果を発揮している。

これは生意気な言い方になってしまうかもしれないが、やはり、安倍総理ご自身が、第一次安倍内閣でご苦労されたことによって、人間的にさらに、大きくなられたのだろう。人材登用の面はもちろんだが、安倍総理は自信と経験を蓄え、演説もずいぶん上達されたと思う。また、ひところは総理大臣が一年交代という時期があった。しかし、現在の安倍内閣は長期政権として安定し、諸外国の交渉の際にも有利に働く。

現在の内閣は、長きに渡り政府や党で政治に取り組んできたベテランばかりを揃えている。私は、安倍総理が思い描いている政策を実現できるような環境をつくりたい。

お互いに責任を取る覚悟はある

安倍政権を支える二枚看板である二階俊博自民党幹事長と菅義偉官房長官は、筆者の司会で「週刊朝日」（平成二九年二月一七日号）で初の対談をおこなった。ふたりのやりとりの一部を抜粋する。

――都議会では公明党が自民党と手を切りましたが。

菅　公明党は東京都の選挙を一番大事にしてますから。小池《こいけ》（百合子《ゆりこ》）さんの公明党への対応がうまかった。

二階　公明党との間には長い歴史がある。そんな一つや二つのことで、ゴタゴタするような間柄じゃないです。だから、公明党と自民党との間が政策面でぎくしゃくするだろうと思って楽しみに待っている人がいるなら大間違い。それは政局勘がずれている。

これはあんまり表に出してませんが、週一回、自公幹事長、国対委員長を交えて、用があってもなくても、必ず一時間、話し合いをすることにしてるんですよ。よっぽどのことがあれば、私も官房長官に連絡するなり、場合によっては総理に連絡するなりということをしておかなくてはならない立場ですけどね。そんなことを一回もしたことないです。

菅　そうですね。

二階　それほど、自公は信頼関係はがっちりいってます。だから、安倍政権は強いのです。

――おふたりとも、安倍総理を党と官邸から支えているわけですけれど、次期総裁選では当然、安倍総理を支える意味合いととらえていいか。

二階　まあ、一番わかりやすく言えば、「安倍総理の後は安倍総理だ」と言っているんです。これが一番。これよりわかりやすい言葉はないでしょう。なぜ、そうかということになるとね、やっぱり、政治は信頼ですよ。安倍総理ならばやってくれるだろうと。安倍総理なら、我々、ついていったって、途中で路線が変わったり、責任逃れをなさったり、そういうことは絶対ないとわかりますから。

二階俊博 自民党幹事長
（写真提供：Getty Images）

――総理は一期目で学んだ面があるんでしょうね。

菅　学んだと思います。前回は急ぎすぎた、気負っていた。「これをやろう」

「あれをやろう」と。今回はやるべきことを全体を見渡しておこない、全体の様子、国民の声を自分で感じ取りながら進めていってますよね。一回目の失敗した経験が大きかったと思います。後は、健康に自信を持てるということですね。

二階　健康であることがすべてです。今は自信満々。健康に自信がなかったら、あんなに外遊できませんよ。

菅　昔はビール一杯全然飲めなかったのに。今はビールからワインまで飲めるようになりましたから。

――長くやってるから、国際的にもリーダー格になってますよね。

二階　今、一番じゃないですか。

菅　例えば、国連総会に行った場合でも、安倍総理と会談したいという申し込みがものすごく多いんですね。かつてないぐらいのことです。

二階　うれしいことだよ。

菅　日本に来たいという国家首脳がものすごく多くなりました。アメリカの場合は、いわゆる日本の外交官は米議会の要職の方とはなかなか会えないんですね。他方、国会議員を送っていただければそういう米議会の要人とも会えますから、日米関係上も非常に効果的だと思います。

二階　その意味で公明党とも相談して議員交流を積極的にしようと考えています。誰が大統領

菅義偉 内閣官房長官（撮影：小池伸一郎）

になるか、ほとんど違っていたじゃないですか。ある意味で（外務省には）任せておけないという思いを持っている。外交は政府が一元的にやるのが当たり前だが、他の面で交流をしていくことが大事だと思っている。

――次の総裁選で、石破茂元幹事長や岸田文雄外務大臣（現・自民党政調会長）が取り沙汰されているが、菅さん自身はどうでしょう。

菅　私は（出馬する気は）全くありません。

――私はそうは思っていないんですけど。

菅　私は安倍晋三という政治家と一緒にこの国をつくっていきたい。自分のことはよくわかってます。言いたいことを言って、一生懸命やってますから。

――誰かを担ぐ可能性は。

菅　さっき、幹事長が言われた通り、安倍総理の後は安倍総理です。

――安倍総理の三期目の総裁任期切れとなる令和三年（二〇二一年）九月以降のことですが。

二階　その時になれば、よく相談して、自民党や日本の国がぐらぐらしないように、ちゃんとしないといけないと思ってます。

――その後、石破、岸田とはいかないか。

二階　ご本人たちから直接何も聞いたことないから。

――幹事長は「官房長官に伝えれば、必ず総理に伝わるし、総理に伝えておけば、全部官房長官に伝わる」とおっしゃっていた。

二階　これが政権の強みです。ここにちょっと隙間があるとか、人によっては付け足す人もあったり、差し引きする人もいる。

菅　そういう人はいっぱいいますよね（笑）。

二階　官房長官はその点は全く信頼できるから。総理も信頼しておられる。それがなければ、本当、政治にならないですよね。

――総理に聞いたのですが、例えば一〇の案件を三つに絞って、ＡＢＣで「総理どう思われますか」と言うときに、単なるＡＢＣだけじゃなくて、菅さんは「Ｂ案がいいと思いますが、総理はどう思われますか」という形にするということをおっしゃったんで、すごいなと思ったんですけれど。

菅　今、ほとんど違いはないんです。総理の考え方はわかってますから。こういう感じでいかがですか、ということは必ず上げて、了解をもらってます。

二階　総理と官房長官の間に、ほとんど違いがないことが、今日の安倍政権、自民党政権の安定のもとなんですよ。ですから、我々も安心していられます。

――時に官邸と党がぎくしゃくしたりということが、普通ありますけど。

菅　幹事長に難しい問題をまとめていただいています。農業改革にしても、党内でいろんな意見が出てきますよね。私は幹事長が総務会長時代から、内緒でご相談させていただいて、まとめていただいたんです。軽減税率の問題も、これは表に出てませんが、全部、幹事長にご相談させていただきました。

――本当に今の自民党と官邸とのつながりの強さはすごいですね。

二階　官房長官も私も人前でそんな派手なことは言いませんけど、我々は何かがあったら、お互いに責任を取る覚悟がある。

（「週刊朝日」平成二九年二月一七日号より一部抜粋）

菅さんは総理候補

――二階幹事長と菅官房長官は、官邸と党の要として密に連絡をとりあっているそうですね。昨年（二〇一八年）二月の二階幹事長の誕生日には、菅長官が党本部の幹事長室を訪ねたという話も聞きました。

二階　今年二月二三日に地元の和歌山県御坊《ごぼう》市の御坊市民会館でおこなった妻・怜子の偲ぶ会にも、官房長官にはわざわざ足を運んでもらいました。

党と内閣でともに協力して政権を支えていかなくてはいけませんから、なにかあれば一緒に協力しあうという仲ですよ。菅さんはまだ若いから将来、総理候補になる可能性も十分あるでしょう。

――最近では、自民党内から安倍総理の四選の可能性に言及する声もあがっています。

今年三月一二日には、二階幹事長も記者会見で、四選の可能性について問われて、次のように語っています。

「党内外、特に海外からの支援も十分あるわけだから、この状況においては十分あり得ることだ。余人を持って代えがたいという時には、なんら問題ないと考えております」

長官自身は四選論について、どのように思われますか？

菅　まだ三選してから一年も経っていないんですよ。何よりも政権としてやるべきことを一つひとつやってゆくことが重要だと思っていますね。

――ポスト安倍をめぐるメディアの調査などでは、菅長官自身の名前も急浮上されてきています。昨年一〇月に産経新聞社とＦＮＮ（フジニュースネットワーク）が実施した調査では、二・七％で六位でしたが、今年四月の調査では、五・八％の支持を集めて倍増し、今回は四位に浮上されています。

特に菅長官の場合は、三〇代や四〇代の働きざかりの男性からの支持が比較的高いそうですね。これは長官の手堅い仕事ぶりが評価されてのことだと思います。ご自身としては、どうでしょうか。

菅　元号発表をやったから注目されてきただけでしょう（笑）。

――これまでいわゆる永田町では長官の実力は知れ渡っていましたが、国民的にはいまひとつ親しみがなかった。そこに今回の元号発表で、にわかに「令和おじさん」として親しみを持たれて、女子中高生にまで国民的人気は高まっています。

菅　それはよくわかりませんが、周囲から色々言われたり、街を歩いて声をかけられることが多くなりましたね。元号発表の効果で、私にとっては、世の中がとても狭く感じられるようになりました（笑）。

――二階幹事長も、月刊誌「文藝春秋」（二〇一九年五月号）で、ポスト安倍の有力候補として菅長官の名前を挙げて、次のように語っています。

「菅さんは、この難しい時代に官房長官として立派にやっておられますね。それは素直に評価に値すると思っています。また、彼はそういうこと（ポスト安倍の総裁候補）にも十分耐えうる人材だと思っています」

私も、各地に講演で呼ばれた際に、ポスト安倍について質問されると、「二階幹事長とのコンビがあれば絶対だ」と「菅長官本命説」を提唱していますよ。

菅　私自身は、全く考えていません。目の前のやるべきことをきっちりやっていくことが、官房長官の立場としても、政治家の立場としても、一番大事なことだと思っています。

――菅長官の官房長官としての在任期間も、二三〇〇日を優に越えて歴代最長記録を更新中ですが、官邸を統率する中心人物として、省益優先になりがちな霞が関をコントロールしていくにあたって、どんなことを意識していますか。

菅　元々、日本の官僚は「国のために働きたい、公のために尽くしたい」という高い志を持っているはずなんです。ですから政治の側が省益を超えた国益のための働く場所や機会をつくって官僚機構を活用することが大事だと思います。これまでの経験に照らしても、彼らは私が考えていた以上に、一所懸命に力を尽くして働いてくれますよ。

――菅長官は、日本維新の会の松井《まつい》一郎《いちろう》代表や橋下《はしもと》徹《とおる》元大阪市長とのパイプも強いと報じられています。

菅　いろいろ言われていますが、元々のきっかけは橋下（徹）さんが平成二〇年（二〇〇八年）二月の大阪府知事選挙に出馬する際に、当時の自民党大阪府連から頼まれて、選対副委員長だった私が、橋下さんに直接出馬の説得をしたことがきっかけなんです。その時は、大阪府連からの依頼で私が担当しただけだったんです。その知事選では、自民党と公明党の大阪府連の推薦で橋下さんは当選しています。だから、橋下さんや松井代表との関係がいいのは自然なことなんです。

――では、菅長官が橋下さんの政界入りの道を拓いたわけですね。

菅　ええ。その大阪府知事選がスタートですからね。

――今後、憲法改正を進めるにあたって、憲法改正に積極的な日本維新の会と慎重な公明党との関係をどのように考えていますか。

菅　維新は、憲法改正については、とても明確ですね。公明党は慎重だと言われていますが、自民党として丁寧に説明し、理解を得られるよう努めていきたいと思います。いずれにせよ、参院選後の話だと思っています。

――二階幹事長は、安倍政権が、参院選に向けて憲法改正を推進しようとしていることについてどう考えていますか。

二階　期限を決めて憲法改正に取り組むという意見もあるけれども、やはり参院選もあるから、期限を決めない方がいいと思う。ただ党内議論をおおいに推奨します。それとやはり憲法は大事なテーマですから、与党だけでなく野党の意向も聞いて進めなくてはいけません。そういう意味でも慌てないほうがいいでしょう。国民投票の問題もある。しっぺ返しを食らう可能性もありますからね。

――永田町では、衆参ダブル選の声も出ていますが、菅長官はこれについてはどのように考えていますか。

菅　衆議院の解散総選挙の決定権は安倍総理にありますから、総理が「やると言えばやる」、「やらないと言えばやらない」ということだけです。いずれにせよ、総理が決められることです。自分たちはまず目前にある参議院選挙に勝つことを第一に取り組む以外にありません。

――参院選については、改憲に必要な三分の二以上の議席の確保が難しいから「ダブル選にするべきでは」という声もあるようですね。

菅　私は、そういうことではないと思います。

元々、参議院で三分の二の議席を確保するのは難しい話です。三年前の参院選の勝利によって自民党単独で過半数の議席をいただきましたが、そのこと自体二七年ぶりですからね。そもそも、今回改選となる六年前の平成二五年の参院選で大勝したこともあり、参議院は現有で目一杯の議席を確保していると思っています。

――参院選については、どのように臨まれますか？

菅　選挙は国民の方々が判断されることであり、私たちがやろうとしている政策を一つひとつ丁寧に説明して、その重要性を訴えていきたいと思っています。政権として、今日まで取り組んできたことをご判断いただき、ご理解いただくことが大事だと思っています。

――二階幹事長は、この夏の参院選について、どう臨まれますか。

二階　必勝を期して全力を挙げる。その一語に尽きます。結局、選挙というのは一つひとつが重要で楽な選挙なんてないんです。手を抜いたら、他の選挙にもその士気が移るんです。だから一戦一戦が非常に重要。

――二階幹事長は、〝ダブル選〟についてどう考えていますか。

二階　ゼロとは言えません。ただ、ダブル選があっても慌てないようにしろ、と私は言いたい。常在戦場という素晴らしい言葉がありますが、国会に出てきている時点で、戦場に出てきているのと一緒。政治家は、さまざまなものを犠牲にして、続けさせてもらっているわけですから、たえず準備はしなきゃいけません。

第一章

内閣官房長官・菅義偉の戦略

安倍政権最大のキーマン直撃!

菅義偉官房長官による新元号「令和」の発表の時まで箝口令《かんこうれい》は厳守され、事前に漏れることはなかった。西村康稔《にしむらやすとし》内閣官房副長官らも携帯電話も預けるなどして、万難を排して新しい時代の幕が開くのを待ったという。

平成三一年(二〇一九年)四月一八日、安倍総理に近い萩生田光一《はぎうだこういち》幹事長代行は、インターネットの番組に出演し、令和元年一〇月に実施される消費税率一〇%への引き上げについて、延期の可能性を示唆する発言をおこなった。

「六月の日銀短観(全国企業短期経済観測調査)の数字をよく見て『この先危ないぞ』と見えてきたら、崖に向かい皆を連れていくわけにいかない。違う展開はある」

萩生田は、さらにその場合、安倍総理が衆議院の解散に踏み切る可能性に言及した。

「増税をやめるなら国民の信を問うことになる」

萩生田は、その後、発言については安倍総理の意を受けたものではなく、個人的な見解だとして釈明に躍起になった。

菅官房長官も、今回の取材で、その可能性を否定した。

「これは明確に申し上げますが、リーマンショック級の経済的な危機が起こらなければ、予定通り消費増税をおこなうことになっています」

安倍政権が自らの課題とする憲法改正は、今後どのように進められていくのか。

菅自身が語る。

「自民党は、自主憲法制定を党是としてきた政党ですから、憲法改正に取り組むこと自体は当たり前のことだと思っています」

しかし、現実的に国会の議論は進展していないように見える。

菅がさらに語る。

「憲法改正については、世論の機運を高めていくことが大事です。憲法改正手続きは衆参の三分の二の議員の賛意がなければ発議《ほつぎ》できません。そのためには、まず衆参の憲法審査会で徹底して議論を深める必要があります。憲法論議を深めながら、国民世論を広め、理解を得ていくということが大事だと思っています」

政権の最優先課題――拉致問題担当大臣として

菅官房長官は、安倍内閣において、拉致《らち》問題担当大臣と沖縄基地負担軽減担当大臣の役職も兼任している。

菅は、安倍内閣にとって、拉致問題の解決は最優先の課題であると語る。

元々、菅は拉致問題については熱心に取り組んできていた。

平成一六年（二〇〇四年）六月二八日から施行された「特定船舶の入港の禁止に関する特別措置法（特定船舶入港禁止法）」も、菅が同僚議員らとともに尽力して、議員立法化した法案の一つだ。

この法案は、当時、北朝鮮の対日工作活動に使われていた万景峰号《マンギョンボン》が新潟港に頻繁に寄港していたことが問題になり、その寄港を防ぐために成立させたものだ。

菅と安倍の結び付きは、この法案を成立させることにより、さらに深くなったという。

安倍総理は、アメリカのトランプ大統領と極めて友好な関係を築いている。

菅によれば拉致問題の解決に向けて、日米首脳の協力関係は非常に有効になっているという。

菅が語る。

「トランプ大統領はこれまでの北朝鮮の金正恩《キムジョンウン》委員長との二回の会談のいずれにおいても必ず拉致問題に言及してくれています。いつも『拉致問題のことはわかっているから俺は言う』と言ってくれるほどです。また、訪日の機会には拉致被害者のご家族との面会の機会を設け、ご家族一人ひとりの話に熱心に耳を傾けられています。このようなアメリカとの緊密な連携は極めて重要ですが、同時に日本が拉致問題解決に主体的に全力で立ち向かう必要があります」

安倍総理自身も、金正恩とのトップ会談について積極的な姿勢を見せている。

令和元年五月六日には、安倍総理は、アメリカのトランプ大統領と電話会談をおこない、拉致問題を解決するために、あらゆるチャンスを逃すことなく、この問題の解決に当たっていくとの決意を伝えている。

「私自身が金正恩・朝鮮労働党委員長と条件をつけずに向き合わなければならない」

菅が語る。

「安倍総理自身も、『今度は自分が向き合う』と語っていますが、やはり、首脳会談でないと決まらないことがあります。政府としては粘り強くさまざまな努力を重ねてきていますが、拉致問題は最終的に、絶対に解決しなければならない、政権としての最大の責務です。引き続き全力を尽くします」

安倍政権の大黒柱——華麗な外交デビュー

菅義偉内閣官房長官は、令和元年（二〇一九年）五月九日から一二日までの四日間の日程で、アメリカを訪問し、米国政府首脳から厚遇を受け、華々しい外交デビューを飾った。

政府の危機管理を担う官房長官の海外出張は極めて異例のことである。が、菅は、あくまでも拉致問題担当国務大臣と、沖縄の負担軽減担当大臣の肩書きで訪問する、という立ち位置であった。前任の拉致担当大臣も、毎年一回は訪米してきた。

自民党の河井克行《かわいかつゆき》衆議院議員は、菅官房長官が訪米する前から、アメリカ政府の要人たちが全員、菅と面会すると見ていた。

〈今回、トランプ大統領は時間が無いらしいが、ホワイトハウスでペンス副大統領と会っている時に、トランプ大統領がふらっと立ち寄る、なんてことがあれば素晴らしいが……〉

実際、菅官房長官は、ペンス副大統領、ポンペオ国務長官、シャナハン国防長官代行らとホワイトハウスで相次いで会談し、北朝鮮の短距離弾道ミサイル発射や、日本人拉致問題、在日米軍再編など幅広い分野で連携することで一致した。ほぼ、河井の見立て通りの結果だった。

アメリカ側も、菅官房長官が安倍政権の大黒柱ということをよく理解している。グアムを除いて一度も海外に出たことのない菅にとって、今回の訪米は外交デビューとなった。この時期に菅官房長官が訪米するのは、当然、政治的な意味合いも含まれている。

今回の渡米は、日本政府がニューヨークで拉致問題解決を訴えるために開くシンポジウムへの参加も、主な目的だ。シンポジウムには、これまで歴代の拉致問題担当大臣が出席しており、菅も、平成三〇年一〇月に拉致問題担当大臣を兼務して以来、出席に意欲を示していた。

菅は、ポンペオ国務長官やシャナハン国防長官代行と会談し、前提条件を付けずに日朝首脳会談の開催を目指す日本の立場に理解を求めた。

新元号「令和」の発表により知名度が急上昇した菅は、世論調査でも「ポスト安倍」の候補者にも浮上した。

自民党内でも、二階俊博幹事長や古賀《こが》誠《まこと》元幹事長が菅について「ポスト安倍」の有力な候補者のひとりと公言した。

菅自身は意欲を見せていないが、外交手腕を発揮して存在感をさらに示すことができるかが注目されたなかでの訪米となった。

菅は、訪米前の五月八日の記者会見で意気込みを語った。

「拉致問題の早期解決に向けて擦り合わせをおこなうとともに、沖縄の基地負担軽減に直結する米軍再編の着実な実施を確認したい」

菅の官房長官就任後の外遊は、平成二七年一〇月のアメリカ・グアム訪問以来で二度目である。

令和元年五月九日午後（日本時間一〇日朝）、訪米中の菅官房長官は、ワシントンでポンペオ国務長官、シャナハン国防長官代行とそれぞれ会談した。

会談では、アメリカの国防総省が弾道ミサイルだったと分析した北朝鮮による飛翔体の発射について、日米が緊密に連携して分析、対応することで一致。北朝鮮の完全な非核化に向け、国連安保理決議の完全な履行が必要との認識も改めて確認した。

菅は、ポンペオ国務長官との会談で、前提条件をつけずに北朝鮮の金正恩朝鮮労働党委員長との日朝首脳会談の実現をめざす日本政府の方針を説明した。さらに、拉致問題の早期解決に向けて協力することも改めて確認した。

菅は、会談終了後、記者団に語った。

「あらゆるレベルにおいて緊密に連携をしていくことで一致した」

飛翔体の発射後も日本政府の方針は変えず、日朝首脳会談の実現を目指す考えも示した。

菅は、シャナハン国防長官代行との会談において、沖縄県宜野湾《ぎのわん》市にある米軍普天間飛行場の名護《なご》市辺野古《へのこ》への移設を着実に進めることを改めて確認した。

五月一〇日午前（日本時間一一日午前）、菅は、ワシントンのホワイトハウスで、ペンス副大統領と約四〇分間にわたって会談した。

菅とペンス副大統領は、北朝鮮が九日に短距離弾道ミサイルを発射するなど挑発行動を続けていることについて「極めて遺憾」との認識で一致した。

そのうえで朝鮮半島の非核化に向けて、国連安全保障理事会決議に基づく制裁を完全に履行していくことを確認した。

会談では米中貿易交渉も話題になった。

菅はペンス副大統領に伝えた。

「両国が対話を通じて建設的に問題解決を図ることを期待する」

会談後、菅は、北朝鮮の短距離弾道ミサイル発射への対応について記者団に語った。

「日米であらゆるレベルで緊密に連携していくことを確認した」

菅は五月一〇日午後、ニューヨークの国連本部で日米などが主催する拉致問題シンポジウムで基調講演した。

菅は、将来的に支援をおこなう可能性を示し、核・ミサイル廃棄を進めるよう北朝鮮に促した。

「北朝鮮が正しい道を歩むのであれば明るい未来を描くことができる。日本は北朝鮮が有する潜在性を解き放つための助力を惜しまない」

さらに菅は、日朝首脳会談実現を呼びかけた。

「北朝鮮との相互不信の殻を破り、新たなスタートを切る考えだ」

また、菅は、拉致問題シンポジウムに先立って、ニューヨーク在住の金融投資業界関係者との意見交換をおこなった。

菅は、この席で、外国人観光客増加や農産物輸出の拡大など菅が手がけた分野の成果を強調し、安倍政権の経済政策をアピールした。

「引き続き大胆な改革を進めつつ、日本経済の成長をさらに拡大させたい」

菅の訪米には拉致問題担当職員だけでなく和泉洋人《いずみひろと》総理補佐官のほか外務省や防衛省の局長級ら官僚約四〇人が随行し、米国内では杉山晋輔《すぎやましんすけ》駐米大使が同行した。

一連の公式日程を終えた菅は、五月一〇日夜（日本時間一一日朝）、ニューヨークで記者団に、今回の訪米を総括し、語った。

「拉致問題の早期解決や米軍再編の着実な推進に向けて連携を確認することができた。大変有意義だったと考えている」

菅の外交デビューはこうして終わった。

好物はパンケーキ

菅義偉官房長官は、健康管理にも力を入れている。早朝の散歩と腹筋一〇〇回が日課である。

令和元年（二〇一九年）五月九日、菅官房長官は、ペンス副大統領やポンペオ国務長官などアメリカの政府要人と会談するため、ワシントンを訪れた。

五月一一日朝、菅は、ニューヨーク市内をスーツ姿で散歩した。ペンス副大統領との会談など米国訪問の日程を終えた「オフ」のひとときである。

アメリカの警護職員に囲まれてウォーキングをした。毎日約四〇分の散歩はルーティンで、外国でもそのスタイルを守った。

甘党で知られる菅は、ニューヨークでカフェ「ブリュー」に立ち寄り、店の名物であるパンケーキを食べた。

アメリカから帰国した翌日も、菅官房長官は、「まったく時差を感じない」と言って元気だった。朝から記者会見をこなし、国会にも臨んだ。

菅は、西村康稔内閣官房副長官らにみやげ話をした。

「セントラルパークでは、犬を自由に遊ばせていた。アメリカもすごく変わってきている」

セントラルパークでは、一部の区域を除き朝の六時から九時までと、夜の九時以降はリードをつけずに、自由に犬たちを散歩させることができるのだという。

菅は、さらに言った。

「朝はおいしいパンケーキ食べて、夜はステーキを食べたよ」

聞いているほうが感心するほど、元気である。

菅官房長官は常に元気で、体調管理をおこない、休むことはない。周囲も休めない。風邪を引いて熱があろうと、余程のことがない限り休むことはできない。

それは安倍総理も同じである。みな健康管理は徹底している。

西村官房副長官も、万が一体調を崩しても休めない。毎日国会があり、閣議もある。官邸の会議もほぼ毎日で、さまざまな案件が西村のもとにやって来る。それゆえ体調が悪くても休めない。何とか乗り切るしかないという。

二〇年以上動かなかった普天間基地移設

菅官房長官は、米軍基地の負担軽減についても語った。

「沖縄県の嘉手納基地より南には沖縄の人口の八割が集中していますが、安倍総理と当時のオバマ米大統領の間で、その地域の米軍基地の七割を返還することが決まっています。その決定を実行に移すのが私の仕事です」

菅が官房長官だけでなく、沖縄基地負担軽減担当大臣も兼務するようになったのは、平成二六年（二〇一四年）九月の内閣改造で、沖縄基地負担軽減担当大臣のポストが新設された時からだった。

平成二八年一二月には、沖縄県最大のアメリカ軍施設である北部訓練場の半分を超える約四〇〇〇ヘクタールの土地が返還された。

これは沖縄が昭和四七年に本土に復帰して以来、最大級の返還にあたり、沖縄県内のアメリカ軍施設の土地の約二割にあたる。

さらに現在では、普天間基地周辺の米軍関係者の住宅地や道路の返還も進められている。

普天間基地移設問題は、民主党政権の失敗と挫折もあり、二〇年以上をかけても微動だにしなかった。

ところが菅義偉が官房長官に就任し、沖縄に対して強い決意と覚悟、熱意で当たるようになった。菅は、慎重な男だ。決して本心を表に出さず、自分の功績を自慢することもない。だからあまり目立たないが、物事を深く掘り下げ、一つひとつ戦略的に物事を考え積み重ねていく能力がある。しかも、その戦略には具体性があり、単なる机上の空論で終わらない。

例えば、辺野古周辺の警備の問題がある。反対派の活動に対して、きちんと法に則った警備をおこなわねばならない。が、基地問題は複雑すぎて、地元の沖縄県警はどうしても遠慮が出てしまう。

そこで菅官房長官が考えたのが、警視庁や規模の大きな県警から機動隊を送り込むことである。これまで沖縄に詳しい政治家は数あれど、菅義偉ほど具体的な手段を考え、実行に移す政治家はいなかった。実際、平成八年（一九九六年）の日米合意から全く動かせなかった普天間基地移設が、今動き出しているのである。

幼児教育無償化と社会保障の大転換

三選を果たした安倍総理の任期は、残すところ二年余りである。残りの任期で何をやるのか。

菅官房長官が語る。

「やることは決まっていて、まずは安倍総理の所信表明演説に書かれていることを実行することです。前回の総選挙の際に、安倍総理は公約として、幼児教育の無償化を訴えましたが、今年一〇月の消費税率の引き上げと同時にこれを実現します。いままでの社会保障制度は、七割が高齢者の方への給付でしたが、これを思い切って子育て世代にも投資しようという仕組みに再構築していきます。全世代型の社会保障制度の実現は、大転換ともいえる取り組みだと思っています」

安倍政権は、子育て世代だけでなく、高齢化への対策も進めている。

二〇二五年を目標に推進しているのが「地域包括ケアシステム」の確立だ。

さまざまな調査によると、八割近くの人たちが「自分の住んでいる地域で最後まで人生を過ごしたい」と望んでいる。

その願いを実現するために、住まい、医療、介護、生活支援などが住み慣れた地域で一体的に提供される仕組みを整備していく。

携帯料金四割値下げを主導

安倍政権では、携帯電話料金の値下げにも取り組んでいる。

この問題も、菅の発言が口火となった。

菅は、平成三〇年（二〇一八年）八月二一日、札幌市で講演した際に携帯電話料金について政府として携帯電話会社に料金やサービスの見直しを促す考えを示した。

「今より四割程度、下げる余地はある」

菅は、NTTドコモ、KDDI、ソフトバンクの大手携帯三社についても批判した。

「利益率は二〇%で、他業種と比べて高い。競争が働いていないと言わざるを得ない」

菅は、第一次安倍政権で総務大臣を務めたときから、携帯電話の問題に関心を払っていた。

大手携帯三社は、国内の携帯事業で莫大な利益をあげている。

しかし、携帯電話サービスは、国民の財産である「公共電波」を利用して提供されている。ガスや電気など公共性の高い事業会社は、「一〇%以上の利益は必ずお客さんの国民に還元する」という姿勢で事業をおこなっているという。

だが、大手携帯三社にその視点はない。

売上額に対してどのくらいの儲けがあるかをあらわす営業利益率は、菅が指摘するように、平均二〇%前後。これは、東証一部上場企業の平均の約三倍に相当している。

他方、携帯電話の通信料は、家計を圧迫している。

総務省の家計調査では、携帯電話の年間通信料を世帯でみると、平成二九年は六万八五五〇円。デフレが続くなかで、この一〇年間で約四割も増え、家計の重い負担となっていることがわかる。

また、世界六カ国の主要都市での携帯電話の料金比較調査でも、大容量のプランでは日本(東京)は最も高い料金水準であった。

菅は、大手三社による寡占《かせん》状況を打開するために、新規企業の参入も進めた。総務省は当初、参入に慎重だったが、結局、楽天が第四の携帯電話事業者として申請し、令和元年一〇月から本格的に楽天が参入することが決まった。

菅が「携帯料金は四割程度下げられる」と発言した背景には、楽天が「既存の携帯電話会社の半額の通信料で参入したい」との事業申請をしていたことがあった。

菅が札幌で発言したのち、政府は、平成三〇年一〇月から総務省の有識者会議「モバイル市場の競争環境に関する研究会」を中心に、携帯電話の今後のサービスのあり方について議論を重ねていった。

平成三一年四月一五日には、業界最大手のＮＴＴドコモが六月から現行の通信料金より最大四割の値下げとなる新料金プランを発表した。

さらに、五月一三日には、ＫＤＤＩも、六月から従来の契約より最大四割値下げする新しいプランを発表し、追随した。

改革は料金の値下げだけではなかった。

これまで消費者にとって不透明な仕組みとなっていた端末の代金と通話・データ通信料をセットにして利用者を囲い込む仕組みも、五月一〇日に改正電気通信事業法が成立したことによって、今年の秋からは禁止されるようになった。

これによって、端末代金と通信料金を完全に分離した料金プランへの移行が携帯電話業界で加速していくことになるだろう。

また、日本では中古の携帯市場が十分に整備されていない。菅は、この分野も活性化させて、国民がそのニーズに合った端末を適切な価格で購入できるようにしたい、と思っている。

携帯電話の料金の値下げに言及した菅の発言には、大手携帯三社をはじめ、各方面から大きな反発もあった。「政治家が民間企業に口を出すのか！」という電話が菅の事務所に連日あったという。

だが、いまやスマートフォンを含めた携帯電話の保有者数は、延べ一億七〇〇〇万人にもなり、災害時の利用を含めライフラインになっている。利用者にとって、わかりやすく納得できる料金・サービスをできる限り早く実現する必要がある。

菅は、今後も、閉鎖的な携帯電話業界の改革をさらに推進していくつもりだ。

菅発言の重み

平成三〇年（二〇一八年）八月二一日、菅義偉内閣官房長官は日本の携帯電話料金について、「四割程度、下げる余地はある」と発言した。

神奈川五区選出の自民党衆議院議員である坂井学《さかいまなぶ》は、平成二九年八月から総務副大臣として電気通信事業を担当していた。

総務副大臣在任時から坂井も、菅と同じように、日本の携帯電話料金は、おかしいと感じていた。

〈携帯電話の料金は、海外と比べても高い。もっと安くできるのではないか〉

国民も、常識的に考えてそう感じているはずだ。

坂井は、担当副大臣として、総務省の担当部局にその考えを伝えた。

「携帯電話の今の在り方、おかしいぞ。長いこと大事に携帯電話を使っている人が割高な料金を払わされるなんて。適正・健全な競争環境にないんじゃないか」

担当者からの答えは、「民間の事業者の料金体系ですから行政は口出しできません。また、現在の法律に則っていますから違法ではないのです」というものだった。

その返事に、坂井は言った。

「それなら、法律を作るなり、変えるなりすればいいじゃないか」

しかし、坂井の発言だけでは、総務省は動かなかった。

ところが、菅が「四割安くできる」と明言したことで、一気に流れが変わったのである。

菅発言から約八カ月、令和元年（二〇一九年）五月一〇日、携帯電話料金の値下げを実現する環境を結果として作る内容を含む改正電気通信事業法が、参院本会議で可決、成立した。

これにより、坂井がおかしいと訴えていたかなりの部分が変わることになる。

例えば、端末代と通信料金の分離、二年縛りや四年縛りといった極端な囲い込み、また、販売代理店による異常な値引き、などである。

今回の法改正を受け、坂井はしみじみ思った。

〈あのとき、彼らが私に説明していた話はなんだったのだろう。菅官房長官の発言から一年も経たないうちに、ここまで変わるなんて……〉

菅の発言には重みがある。

自分が最後まで責任をもって実行するという信頼があるからこそ、当然、総務省も動いた。たとえ、坂井が同じことを言ったとしても、総務省はすぐには動けない。

そのいっぽう、菅には、自分たちを守ってくれるという安心感がある。そのうえ、最後には結果を出してくれる。

役人との信頼関係がある政治家とそれがない政治家。同じ議員バッジを着けていても、対応が異なるのは、きわめて当然のことである。

もし、坂井が、菅と役人が持つ信頼関係を育みたいというのであれば、それだけ信頼してもらえる議員になるしかない。

坂井は、携帯電話料金の一件だけでも、菅の実現力をはっきりと実感した。

「きさらぎ会」と衆議院福岡六区補選

平成二八年（二〇一六年）六月二一日、総務大臣や法務大臣などを歴任した鳩山邦夫《はとやまくにお》が十二指腸潰瘍《かいよう》で死去した。六七歳だった。

鳩山邦夫を囲む「きさらぎ会」の主要メンバー約三〇人弱が集まり、「会長は永久に鳩山邦夫先生のまま」との意見で一致し、会を継続することになった。

「きさらぎ会」幹事長の河井克行衆議院議員は、役員の吉川貴盛《よしかわたかもり》（現・農林水産大臣）とともに菅官房長官を訪ねた。

「邦夫先生は、『何があろうと安倍―菅ラインを支え抜くのがこの会の目的だ』とおっしゃっていました。官房長官、『きさらぎ会』の顧問になっていただけませんか」

菅は快諾した。

菅は、これまで「きさらぎ会」の活動を陰に陽に応援してくれていた。

鳩山邦夫の死去にともない実施される衆議院福岡六区補欠選挙に、邦夫の次男で福岡県大川市長在任中の鳩山二郎《はとやまじろう》が、自由民主党から出馬したい意向を示した。

自民党福岡県連は鳩山を含む複数名の候補者から選考をおこない、県連会長（当時）を務める蔵内勇夫《くらうちいさお》の息子で、林芳正《はやしよしまさ》元農林水産大臣の元秘書の蔵内謙《けん》の公認を党本部に申請。鳩山はこれに反発し、七月三一日に自らも補選に出馬する意向を表明。自民党の公認を得られなかった場合は、無所属での出馬も辞さない考えを明らかにした。

九月九日付で大川市議会が鳩山二郎の辞職に同意し、大川市長を辞職。鳩山の出馬表明を受け、自民党本部は古屋圭司《ふるやけいじ》選挙対策委員長が蔵内に出馬辞退を促したものの、蔵内が応じなかった。そのため二階俊博幹事長は、蔵内、鳩山のいずれも公認せず、当選した候補を追加公認する方針を決定した。

河井ら、「きさらぎ会」のメンバー数十名は、鳩山邦夫に果たせなかった恩返しをおこなうと、何も言われずとも、鳩山会長の息子の二郎を応援することになった。

「補欠選挙で鳩山二郎が立候補をするから、必勝を期そう」

選挙中、「きさらぎ会」のメンバーは可能な限り何度も応援に入った。

福岡六区補選は平成二八年一〇月二三日に投開票され、一〇万六五三一票を獲得した鳩山が、次点で四万〇〇二〇票を獲得した民進党の新井富美子《あらいふみこ》に大差をつけて圧勝し、当選後に自民党の追加公認を受けた。

いっぽう、鳩山同様に自民党の公認を得られず、無所属で出馬した蔵内謙は二万二二五三票しか獲得できず、惨敗を喫《きっ》した。

鳩山二郎が「きさらぎ会」に参加すると、すぐに会の事務局長に就任してもらった。亡き父親の代わりを務めてもらおうという思いである。

「きさらぎ会」のオーナーであった鳩山邦夫は、口癖のように何度も言った。

「この会には二つルールがある。逆に言うと、二つしかない。一つは、何があろうと安倍―菅ラインを支えていく。二つ目は、『きさらぎ会』の会合では、当選回数や役職、上下関係は一切関係ないから、みんな自由に楽しくやろう」

鳩山邦夫は、大勢でにぎやかに会食するのが好きだった。店は鳩山が好きな中華料理店がほとんどだった。多い時は毎月のように会合を開き、永田町から近い定番の「赤坂飯店」や「四川飯店」をはじめ、神田の上海料理の老舗「新世界菜館」、フカヒレで有名な「登龍」などでワイワイと楽しんだ。

また、東京プリンスホテルで夏季研修会も定期的におこなった。さまざまな専門家を呼んで講演をしてもらい、夜は会食。そして、新年会か忘年会のいずれか年に一度は、安倍総理と菅官房長官に来てもらうのが常となった。

当初は五人程度だった「きさらぎ会」も、最も多いときは一二五人にまで達する自民党内の最大グループに成長した。

増殖する支持グループ

平成三〇年（二〇一八年）六月、自民党の河井克行衆議院議員は、無派閥の若手国会議員たちを中心とした、定期的な情報交換と懇親を深める十数名の「向日葵会《ひまわり》」を発足させた。会の名前は、会員からの提案により、太陽のもとで咲き誇る強く明るいヒマワリにちなんで名付けられた。

無派閥の議員からさっそく申し出があった。

「情報交換、意見交換の場として、お互いに連絡を密にしたい」

河井は、毎週木曜日に昼の例会をおこなうことを決め、講師を招いての夕食会も定期的に開くことにした。

「きさらぎ会」の時と同様、数人から始めたメンバーも少しずつ増えていった。無派閥の議員に加えて、派閥やグループに入っている人たちも参加し、計一三人となった。

平成三〇年六月二七日、「向日葵会」の「広島お好み焼きを食べる会」に安倍総理を招待した。場所は、新橋柳通りにある広島お好み焼きの名店「広島焼ＨＩＤＥ坊」。広島県出身の河井が月に一、二回は通う馴染みの店である。同年九月に自民党総裁選をひかえた時期で、河井は無派閥の議員たちに安倍三選を広めたいという考えもあった。

当初、安倍総理は「二〇分か三〇分」という約束であった。が、参加者の歓迎ムードをことのほか喜んだ安倍総理は結局二時間近くもいて、会合は大いに盛り上がったという。

河井は、この時の参加者全員が、総裁選で安倍晋三に票を投じてくれたに違いないと信じている。

「きさらぎ会」のメンバーは当初、無派閥議員が多かった。人数が増えるにつれ顔ぶれも多彩となり、既成の派閥に所属する議員も増えた。

が、「きさらぎ会」の趣旨は「安倍晋三を応援すること」である。そのため、平成二九年一〇月二二日の衆議院総選挙が近づくと、屋上屋を重ねないように活動を控えるようになった。

そのため、鳩山邦夫会長亡き後に国会議員となった新人には「向日葵会」に入ってもらうようになった。「向日葵会」は、平成三一年四月三〇日現在、会員は一五人となった。

「向日葵会」は、「きさらぎ会」と同様に、安倍晋三と菅義偉の応援団である。「向日葵会」幹事長の河井は、入会する議員に対して、「安倍総理と菅官房長官を支えますね？」と必ず確認しているという。

菅官房長官は多忙にもかかわらず、「向日葵会」の新年会をはじめ、数カ月に一度は会合に参加していっしょに食事をするという。

ふさわしいポスト

平成三〇年（二〇一八年）九月三〇日、自民党衆議院議員の菅原一秀《すがわらいっしゅう》のもとには多くのマスコミが押し寄せていた。一〇月二日に発足する第四次安倍改造内閣の組閣がその日おこなわれ、菅原もまた、閣僚のひとりに任命されるのではないかとの憶測が飛んでいたからだった。

菅原自身、そういうことがあってもおかしくないだけの経験を積んできたとの自負もあった。

そのうえ、前年一〇月に組閣された第四次安倍内閣では、梶山弘志《かじやまひろし》が規制改革、地方創生担当の内閣府特命担当大臣に、小此木八郎《おこのぎはちろう》が防災担当の内閣府特命担当大臣に就任していた。ふたりとも菅原と政治行動をともにしてきた無派閥議員であった。

またしても無派閥議員が登用される可能性があるかもしれない。

自民党国会対策委員長の森山裕《もりやまひろし》も、予算委員会の与党筆頭理事として汗を流してきた菅原の入閣に期待を寄せていた。

菅原にも、初入閣への期待感がないわけではなかった。

だが、その一方で、冷静に情勢をうかがっている菅原の目は、今回の入閣はないと見切ってもいた。というのも、この組閣には、直前におこなわれた総裁選の論功行賞の意味があったたからである。

思ったとおり、安倍総理からの呼び出し電話はなかった。このときの組閣では、国務大臣のポストは、清和会（細田派）に三、志公会（麻生派）に四、平成研究会（竹下派）に二、宏池会（岸田派）に三、志帥会《しすい》（二階派）に三、水月会（石破派）に一と割り振られた。連立を組む公明党に一。無派閥の議員は、菅官房長官が留任し、石田真敏《いしだまさとし》が総務大臣として初入閣しただけだった。

菅原が菅から電話を受けたのは、翌一〇月一日のことだった。

「組閣はそういうことになったから。菅原さんには党のほうで頑張ってほしい。議院運営委員会の筆頭理事と、国会対策委員会の筆頭副委員長をよろしく頼む」

細かいことや、菅原の心情にはあえて立ち入らず、ただ用件だけを伝えて電話を切った。

菅は、これぞといった政治家や人材に対しては、とことんチャンスをあたえる。さまざまな場面に立ち会わせてもくれる。総理官邸を非公式な形で訪れ、安倍総理の、政治から離れたリラックスした表情を見るという経験もなかなかできることではない。ことに初当選から無派閥を貫いている菅原にとって、菅についてきたからこそ、今の自分がある。

しかも、今回のように、おそらく期待していたポストに就《つ》けないときにも、その人にとってふさわしいと思えるポスト、その人が経験を積めると思えるポストを代わりに用意する。

相手の気持ちを汲《く》んだ配慮は、さすがに「叩き上げ」の苦労人らしさがにじみ出ている。

「ガネーシャの会」

坂井学は、四期以下の若手衆議院議員十数名で作る「ガネーシャの会」の会長を務めている。菅は、基本的に「ガネーシャの会」に出席しない。時々、段取りをして、出席してもらうことはある。

最初のころは、菅と縁のあった若手議員たちが名前も付けずに集まっていた。が、回を重ねるにしたがって、「さすがに、名前をつけないと不便だ」という話から、あるひとりの議員が、「ガネーシャの会」を提案し、みんなが「それでいいじゃないか」と賛同し決まった。

また、坂井が会長になったのも、会のスケジュールなどを管理し連絡する係が必要だったためである。そのため、会長といっても事務局長のような役割である。

最近、マスコミが自民党内の「菅グループ」の動きに注目するようになり、新聞紙上に名前が取り上げられる機会も増えたが、会の名前を付けたときには、まさかこんな大ごとになるとは想像もしていなかったという。そのため、今になって坂井は後悔している。

〈いい加減に名付けてしまって……。もうちょっと考えて付ければよかった〉

菅グループの集まりは、総裁選に向けての集まりだとマスコミは騒いでいるが、坂井にしてみれば、勝手に騒いでいるだけのように思える。

坂井は自分が会長を務める「ガネーシャの会」のことしか知らない。菅は何人かの無派閥議員と交流を持っていると聞くが、「ガネーシャの会」のメンバー間では、「菅には、総裁選出馬を狙っているという意識はない」というのが共通認識だ。

もしも、菅自身が、本気で総裁選への出馬を望むというのであれば、そのときは、坂井も応援しようと思っている。しかし、現時点で、一度たりとも菅は「総裁選出馬」の話や意欲の一端さえのぞかせたことはない。

「ガネーシャの会」のメンバーの中には、菅に対して「総裁選出馬」を暗に訴える者もいた。だが、その話に、菅はまったく乗ってもこない。

坂井にとって、菅の一番の魅力は、政策を実現する力であり、それを形にするために最大限の努力を惜しまないことだ。そのため、菅は実行力を駆使して、誰よりも自らが動く。

菅には口癖がある。

「何かを判断するときに、国民から見て普通の人が普通に考えておかしいと思うもの。それが、そのままであってはダメだ。普通の人が普通に考えておかしいと思うものは、変えるべきだ。その勇気を持つべきだ」

坂井から見た菅義偉という政治家は、「覚悟の政治家」であるという。

安倍総裁「四選」論

自民党衆議院議員の河井克行は思う。

〈菅官房長官は、安倍総理とともに最初からこの政権を作り上げた。それを育てて、見事に花開かせようとしている。安倍政権は、日本の議会政治史に残るに違いない〉

安倍総理がたびたび海外へ行けるのも、官邸が留守番役としてしっかり目を光らせているおかげである。党の運営も、二階幹事長に任せておけば安心である。

河井は、安倍総理と菅官房長官のふたりが、強い絆で結びついていると感じていた。

安倍総理は菅官房長官のことを大切に思っているだろうし、菅官房長官も一二〇%の忠誠心で動いていると見える。当然、意見の違いはあるだろうが、常に同じ方向を向くように、ふたりは毎日すり合わせをし、お互いのことを心に留めるようにしていた。

また、菅官房長官は、二階俊博幹事長のことを心底尊敬し、信頼している。総理は総司令官であるが、党をまとめる幹事長と官邸をまとめる官房長官のふたりもまた、同じ方向をむいていることも、安倍政権の強みになっているという。

河井は、安倍総理と菅官房長官のことを心の底から尊敬しているという。それ以前に、一人の政治家として好きであった。

ふたりは、戦うことを厭《いと》わない。必要な戦いから逃げようとはしない。永田町を見渡してみても、安倍晋三と菅義偉のような政治家は少ない。総理と官房長官がふたり揃って戦う政治家であることは、歴代のツートップにもなかなか見られなかった。

六年半という長期政権になれば、普通は守りに入る。が、安倍総理も菅官房長官も、まったくその様子はない。現在も、外国人人材の受け入れ、水道の民営化、漁業権の民間開放など、慎重論や反対の声が強い政策にも着手している。

つまり、安倍総理は既得権益と戦っているのである。加計《かけ》学園問題も、安倍総理が獣医師会の既得権益を解き放とうと積極的に動いた結果、既得権益側が激しく抵抗した結果である。安倍政権とは、同じ改革思考のツートップが、思い切った改革を積極的におこなう政権なのであるという。

河井は、「安倍四選」論者である。外交を考えれば、総理は安倍晋三以外には考えられない。アメリカのトランプ大統領について、日本のマスコミはやたらと危機説を煽《あお》っているが、実際はまったく違うという。

河井は、トランプ大統領は再選されると見ている。すると、あと五年間はトランプ政権が続くことになる。

ロシアのプーチン大統領も、二〇一八年三月一八日に再選された。通算四期目で、任期満了の二〇二四年まで四半世紀近くにわたって長期支配することが決まった。

中国の習近平《しゅうきんぺい》主席も、永世とはいえ二〇年がひとつの節目である。二〇一三年に選出されたのだから、少なくとも二〇二三年までは安泰と見ていいだろう。北朝鮮に関しては、選挙や政権交代はない。

インドでは、二〇一九年四月一一日から総選挙（下院選挙）が始まり、五月一九日まで七回に分けて実施された。インド総選挙を制したインド人民党のモディ首相は、大統領府で就任式に臨み、第二次政権を発足させた。任期は二〇二四年まで続くことになる。

つまり、海外の主要国どの国を見ても、長期政権である。すでに「世界の安倍」と認識されている安倍総理を、自民党独自のルールに縛られて降ろす必要はまったくない。

河井は、安倍晋三が総理を続けることが最も日本の国益になると考えている。

菅総理待望論

小泉内閣で総務大臣、郵政民営化担当大臣を務めた竹中平蔵《たけなかへいぞう》東洋大学教授は、政治家としての能力としては、当然、菅は総理大臣になる力を持っていると考えている。だが、菅自身からは、そういった野心を感じられない、という。

かつて名官房長官と呼ばれた後藤田正晴《ごとうだまさはる》や、戦前に台湾総督府民政長官、初代満鉄総裁、逓《てい》信《しん》大臣、内務大臣、外務大臣、さらに東京市長として活躍した後藤新平《ごとうしんぺい》のように総理大臣にならなかったことによって名を残した実力派の政治家になるのでは、と竹中は菅のことを見ている。

菅義偉自身が「ナンバー2」の殻を破り、トップの座を目指す日は来るのか。自民党幹事長を務めた古賀誠はこう考えている。

〈それは菅ちゃんがこれからどう決断をするかにかかっている。ただ、私はいずれやってほしい。トップを狙ってもらいたい〉

古賀が「菅総理」を待望するのには理由がある。近年、自民党の総理大臣が二世・三世ばかりになってきているからだ。

ポスト安倍の候補とみられる石破茂、岸田文雄、河野太郎、小泉進次郎……。いずれも世襲《せしゅう》政治家だ。古賀にはこれが物足りなく映る。

〈裸一貫でやってきた菅ちゃんみたいな人に、一度は総理をやってもらいたい。おれも裸一貫だったから、怒られることはないだろうが、菅ちゃんは地盤・看板・鞄がないところからのし

上がってきた。それだけの力もついてきている。そういう人に、総理をやらせたいものだ〉

機会さえ回ってくれれば、菅は十分、総理の職責をこなせる器だ。古賀は太鼓判を押している。むしろ官房長官の今より楽に仕事ができるのではないか。

菅にはいわゆる「子分」がいない。だが、現在の自民党で子飼いの手勢を引き連れている政治家などほとんどいないのが実情だ。

菅が総理の座を目指し、手を挙げる。そんな日が来たら、古賀は最後の力を振り絞る覚悟だ。菅総理実現のために命がけで支える。今からその肚《はら》だ。

〈おれにはできなかったことだ。そこまでの決断力も勇気もなかった。総裁選には出られなかった。仮にやっても負けていただろう。菅ちゃんは、おれよりも決断がぶれない。期待したい〉

自民党内にも潜在的には世襲政治家が大手を振る状況への憤懣《ふんまん》はある。「見ていろ」との気概を持った人材も少なくはない。

菅は無派閥。これは天下取りの邪魔にならないのだろうか。古賀は問題ないという立場だ。〈派閥の後押しはなくても大丈夫。悔いを残さないためには、まず意地だ。「やれなかった人が勝手なことを言って」と菅ちゃんに叱られるかもしれないが〉

菅には「良質な保守」を担ってもらいたい。古賀はそう考えている。言い換えれば、「新しい保守本流」だ。今、求められている新たな潮流の旗頭になることに期待している。〈年齢もちょうどいい。岸田（文雄）や野田（聖子）よりも前に出てもらわなきゃ困る。岸田は党三役の政調会長に就いて着実に成長している。また、総務会長も経験した予算委員長の野田聖子も素晴らしい。ただ、菅ちゃんは修羅場をくぐってきている。岸田や野田は、これからくぐる。総理を目指すのはそれからでいい〉

繰り返すが、菅はトップもできるし、補佐役にも収まれる。ただ、今の世の中で泥水をすすって這《は》い上がった人間が総理となることの意味は計り知れない。実現すれば、国民にも輝きが出るだろう。古賀はそう思う。

〈そうすれば政治家は今みたいにバカにされなくなる。総理が家系で決まるようでは情けない〉

「ポスト安倍」は誰か

令和元年（二〇一九年）夏の参院選は、安倍政権にとって非常に大きな勝負となる。

焦点は、三二ある一人区でどれだけ勝てるか。平成二五年の参院選で自民党は六五議席を獲得し圧勝したため、今回の選挙で改選議席を維持するのはかなり至難の業《わざ》だ。

しかも、次の参院選は、一二年に一度の統一地方選と同じ年におこなわれる亥《い》年の選挙となり、過去自民党が苦戦することが多かった。

平成一九年の参院選でも、当時の自民党は、小沢一郎《おざわいちろう》率いる民主党相手に惨敗し、結果的に第一次安倍政権が退陣するきっかけとなっている。

選挙を差配する二階幹事長の役割は非常に大きい。

平成三〇年九月の総裁選で三選を果たした安倍総理だが、ここに来て「四選」の話も浮上している。

二月一八日夜、東京・白金台の中国料理店に安倍総理や、林幹雄《はやしもとお》幹事長代理、岸田文雄政調会長、野田聖子衆院予算委員長ら当選同期の九人が集まった。

平成五年の衆院選で初当選を果たした同期のメンバーは仲が良く、初当選後も定期的に同期会を催していた。

会合では次の総裁選をめぐってこんなやりとりがあった。

安倍総理が岸田政調会長に話を向ける。

「僕は次は出ない。次の総裁候補は岸田さんだよね」

が、岸田は反応せずにポーカーフェイスを崩さなかった。

そこでポスト安倍に意欲を燃やしている野田聖子が、意欲を見せた。

「総裁候補には、私もいる」

　すると、林が言った。

「四選もあるかもね」

　林が発言すると、その場はシンと静まりかえった。

　林は何気ない冗談で言ったのだが、その場にいた議員たちには真実味をもって受け止められたようだった。

　総裁任期を「連続二期六年」から「連続三期九年」へと延長した平成二九年の党則改正は幹事長の二階の主導によるものだった。二階に近い林の発言には、岸田も野田も思わずリアリティを感じたのだろう。

　二月二七日には、自民党の加藤勝信《かとうかつのぶ》総務会長が、正式に「四選」に言及した。

　加藤は、派閥こそ竹下派ながら、岳父の加藤六月《かとうむつき》が安倍総理の父・晋太郎《しんたろう》の側近だったこともあり、安倍家との関係が深い。

　第二次安倍政権発足以降、加藤は、官房副長官や初代の内閣人事局長、一億総活躍や女性活躍などを担当する内閣府特命担当大臣、厚生労働大臣、そして党三役の総務会長と要職を歴任している。

　加藤はこの日、都内の講演で語った。

「総理がどう判断するかわからないが、国民から『さらに』という声が出てくれば、後々の状況は生まれてくるかもしれない」

三月一二日には、二階幹事長も、この日午前の記者会見で、発言している。記者から四選の可能性について問われ、二階は語った。

「党内外、特に海外からの支援も十分あるわけだから、この状況においては十分あり得ることだ。余人をもって代えがたいという時には、なんら問題ないと考えております」

また、ポスト安倍をめぐっては、石破茂元幹事長や岸田文雄政調会長、加藤勝信総務会長らのほかに、最近では菅義偉官房長官の名前も取り沙汰されている。

先に触れたように、二階幹事長は、月刊誌の「文藝春秋」（二〇一九年五月号）で、政治評論家の篠原文也のインタビューに応じ、菅について以下のように語っている。

「菅さんはこの難しい時代に官房長官として立派にやっておられますね。それは素直に評価に値すると思っています。また、彼はそういうこと（ポスト安倍の総裁候補）にも十分耐えうる人材だとも思っています」

菅義偉のいるべき場所

官房長官として安倍政権を支える菅は、「将来は総理大臣」という思いなど一切ない、と言い切る。

二六歳で政治の世界を目指し、四八歳で国政の世界に入った菅は、仕事に対する情熱とアクセルを踏んでいる足にブレーキを掛けるつもりなどない。

ただ、人には人それぞれの役割がある。

トップに立つ人間は、表舞台に立ち、外交をはじめとしたトップにしかできない任務がある。そして、トップに立つ人間の傍《かたわ》らには、必ず有能な参謀がいる。また、いなければトップとしての任務を果たすことは不可能だ。

その傍らこそが、菅のいるべき場所である。

菅は、自分でわかっているという。

〈私は、トップに立つ人たちが動きやすいように物事を進めていく役割が一番似合っている。ここでパワーを発揮できる〉

国会議員というものは、一国一城の主《あるじ》だ。いろいろなことを自分勝手に発言する。官僚も裏で国を牛耳り、動かしているのは国会議員ではなく自分たちの方だという自負がある。そんな自尊心丸出しの人間たちを収斂《しゅうれん》させ、動かしていくには、しっかりと物事を決められる剛腕が必要だ。

菅は、そういう人間や物事を取りまとめ、一つの方向に向かって突き進ませることに生きがいを感じる。段階を経て最後に盛り上がる形をつくるという段取りには特に長《た》けている。

安倍総理「続投」論

西村康稔内閣官房副長官が見るかぎり、安倍総理自身が四選を考えているとは思えなかった。連続三選を果たし、残された任期の間に、自分がやり残してきた北方領土を含むロシアとの平和条約の締結、拉致問題解決、憲法改正の道筋はつけたい、という強い気持ちを持っているように感じる。

ただし、外交を考えると、安倍が三期で総理を退任するのは、もったいないことではある。米国トランプ大統領と厚い信頼関係を築き、世界最多の会談ができる日本の総理など、これまで存在しなかった。以前は、何日も前からアメリカ側と打ち合わせをし、準備に準備を重ねてようやく電話会談にこぎ着ける、というのが普通だった。とりつく島もなく「電話会談など不要だ」と言われることも珍しくなかった。それが、トランプ大統領と安倍総理の関係においては、用件があればいつでも電話できるし、向こうからも気軽にかかってくる。トランプ再選の可能性がある現在、この良好な関係に終止符を打ってしまうのはもったいない話である。

また、北方領土問題も、プーチン大統領の時代がまだまだ続くなか、ある程度の道筋を立ててもゴールまではまだ時間を要するだろう。やはり安倍総理に続投してもらったほうがいい、という話になるかも知れない。

祖父の岸信介《きしのぶすけ》元総理以来の宿願である憲法改正を安倍総理自身は、「まずは残された時間でどこまでできるか」に懸命に取り組んでいる段階であろう。

「令和」時代のニューリーダー

自民党内では中堅、若手議員を中心に菅への支持、期待感が派閥横断的に広がっている。そのひとつが「偉駄天《いだてん》の会」。インド古代の宗教であるバラモン教の守護神「韋駄天」と、安倍政権の守護神としての菅のイメージを重ね、菅の名前「義偉」の「偉」に置き換えて命名した。さらに、菅の地元である神奈川を中心に、茨城、千葉などの関東地方出身の四期以下の若手が集まる「ガネーシャの会」。ガネーシャとは「韋駄天」の兄弟とされる「歓喜天」が命名の由来となっている。

自民党の若手のリーダー的な存在である小泉進次郎とは、かつては良好な関係であったが、安倍総理を支持するかどうかで袂《たもと》を分かってしまっている。

菅原一秀も、無派閥の衆参の議員が集まった有志の会に所属している。「ガネーシャの会」とはちがい、ベテラン・中堅の議員も参加している。

それとは別に菅原は、五期生や六期生を中心とした無派閥議員約十数名が参加する議員グループを設立し、「令和の会」と名づけた。

このように菅を支持するいくつかのグループを合わせると、ほぼ四〇名にはなり、中規模の派閥と変わらない。これらいくつかのグループは緩やかな連合体で、派閥のような縛りはない。菅の理想とする形に近いのだろう。

新元号「令和」発表以降、菅への期待感は急激に高まっている。菅原も、菅の側近のひとりとしてインタビューに応じる機会が増えた。あきらかに平成三一年四月一日の新元号「令和」の発表記者会見によって、菅に新たな時代を吹きこまれたようなイメージを国民は抱いているのかもしれない。

いまや「ポスト安倍」のトップに躍り出たといってもいい。

菅原も、インタビューでかならず訊かれるのは、安倍総理の後継について、菅自身がどのように考えているのか、ということである。

菅原は、そのような質問を受けたときにはあくまでも慎重な姿勢を崩さない。

「ご本人はそんなことは全く考えていませんし、いま日々刻々考えているのは、安倍政権の要《かなめ》として安倍総理を支えることだけです。それが菅さんの真骨頂です。これからもそうです」

菅が五月九日に訪米する前にもインタビューを受け、そのことを菅に話した。

「菅原さんは、表現力が豊かだな」

菅は笑顔で応じていた。

菅自身、未だに安倍後継について発言はしていない。それだけに、近くにいる菅原たちも慎重に構えざるを得ない。ただ、菅には、ぜひとも総理大臣として日本を引っ張ってもらいたい。それは、菅原ら菅を慕《した》う議員たちの悲願だけでなく、時代の要請だと菅原は思っている。

たしかに、安倍総理は、第一次、第二次をふくめて七年以上も政権を維持してきた。政策的にも人間的にも人心を集める魅力があったからこそ、それだけの長期政権を維持できた。そのことは間違いない。

ただ、かつてマスコミが、安倍総理のことを「銀のさじをくわえて生まれてきた」と評したことがある。菅が、安倍を擁立するために「再チャレンジ支援議員連盟」を発足したときのことだ。岸信介、安倍晋太郎という政治家の血を引いた安倍総理と、「叩き上げ」の菅が同じ夢を見つづけることができるのか。

しかし、ふたりの関係はその後も変わることなく、その懸念は杞憂《きゆう》となった。

国民が求めているのは、ある価値観に偏ることがない、叩き上げのリーダー。言ってみれば、かつて高度経済成長時代に求めた田中角栄のようなリーダー像である。

だが、菅は、同じ叩き上げでも田中角栄と同じ叩き上げではないと菅原は思っている。田中角栄は「列島改造」を掲げ、ブルドーザーの勢いで古いものを退けていった。しかし、民主主義の名のもとに築き上げられた「派閥の論理」からは抜け出せなかった。その派閥の論理は、未だに政界で息づいている。

かつて菅原らと行動をともにしていた茂木敏充《もてぎとしみつ》（経済再生担当大臣）も、平成三一年一月から竹下派会長代行となり、なかなかいっしょに行動をともにすることができなくなってしまった。

菅は、従来の「派閥の論理」をも飛び越えることができる。その手法を、安倍総理を担ぎ上げたときから知っている。自ら派閥の領袖にならなくとも、リーダーとなれる。

叩き上げだからこそそのリーダー。

それこそ、「令和」という新しい時代のニューリーダー像であり、それを体現する人物こそ、菅義偉なのだ、と菅原は信じている。

第二章　二階俊博の屹立——田中角栄の薫陶

幹事長就任要請

二階俊博は、平成二八年（二〇一六年）七月二六日から二八日にかけて、特派大使として南米・ペルーを訪問し、ペドロ・パブロ・クチンスキー大統領の就任式への参列や、クチンスキー大統領との会談をおこなっていた。

二階は、ペルー訪問中に安倍晋三総理からの電話を受けた。

安倍総理からの電話は、平成二八年八月一日に一人で総理官邸に来てほしいというものであった。

〈「一人で来てほしい」ということは、人事面の相談事だろうな〉

二階にはそう察しがついた。

二階は八月一日の午前一一時、総理官邸を訪れると、安倍総理から、こう告げられた。

「幹事長をお引き受けいただきたい。すべてをお任せします」

その言葉を受けて、二階は思った。

〈大変重要な役割を命ぜられた。全力を尽くして、総理を支えていかなくては〉

その直前まで、幹事長の職に就いていた谷垣禎一が、七月一六日、趣味のサイクリング中に

総理官邸入りする二階俊博 自民党幹事長（写真提供：Getty Images）

転倒。当初、谷垣幹事長のけがの程度は軽いとされていたが、八月三日の党役員人事までの復帰は困難な状況であることが判明、幹事長職の続行は難しいとの結論が出ていた。

田中角栄のDNA

かつて衆議院副議長や、自治大臣、厚生大臣、通産大臣などを歴任し、平成二四年（二〇一二年）一一月に民主党顧問を最後に政界を引退した渡部恒三《わたなべこうぞう》は、二階俊博をよく知るひとりである。

渡部は、二階が自民党幹事長に就任してから一カ月近くが経った平成二八年九月二日、都内の料理店で二階と会食した。渡部は、幹事長に就任した二階を激励した。

二階にとって、渡部は、田中角栄元総理が率いた自民党田中派の先輩にあたる。

渡部は、その席で語った。

「最近、新聞を読まなくなったが、二階幹事長になってから読むようになった。田中幹事長以来の大幹事長だ。残りの人は、忘れた」

渡部は、二階を幹事長にした安倍総理の人事を絶賛する。

「やっぱり、戦後の歴代の自民党幹事長を見てきたけど、田中（角栄）幹事長が一番。その次が二階幹事長。安倍総理もワンマンなところがあるけれど、その欠点を補える人事。また中国ともパイプがあるし、安倍総理のようなタカ派なところもないから、多くの人たちが安心感を持って見ることができる。残念ながら、この人事のおかげで安倍政権は続いてしまうよ」

渡部は、田中角栄と二階の違いについても語った。

「ちょっと比較するのは無理。田中角栄は、まさに天才政治家。二階君はそんな天才ではないものの、地味だけど、非常に立派な実績をつくってコツコツとやっていくタイプ。まさに努力の人。一度は自分たちと一緒に自民党を出たけれども、今の自民党では、最高の適任者。二階君のほかに誰がいるのかと思う」

平成五年六月、ふたりは宮澤喜一内閣への不信任案の採決をきっかけに、小沢一郎らと自民党を飛び出し、新生党、新進党と行動をともにした。その後、二階は、自由党、保守党、保守新党を経て、平成一五年一一月の衆院選後に自民党に合流する。

一方、渡部は、衆議院副議長を務めたあと、無所属、そして民主党、とふたりは袂《たもと》を分かった。だが、渡部と二階の人間関係は党を異なることになっても、変わることはなかった。

渡部が語る。

「二階君の良いところは、極めて誠実で、最も信頼できるところ。今一番、信頼する政治家といえば、百人が百人、二階俊博って言うんじゃないか」

渡部は、小選挙区制が導入されたことにより、かつての中選挙区時代のように政治家がそれぞれ人間性を磨いたり、切磋琢磨する雰囲気がなくなったと嘆く。

「田中角栄ブームが起こったように、今の政治家は弱い立場の人の気持ちがわかるような政治家がいなくなってしまった。それは与野党含めてで、与党も野党も、国会議員がみんなサラリーマンになっている。そういうなかで田中角栄の時代を想い出させる政治家は二階俊博ただ一人。一〇年後、二〇年後、三〇年後の日本を考えたら、本当に心配だ」

かつて自民党幹事長や運輸大臣を務めた古賀誠も、二階俊博を古くから知るひとりだ。

古賀が語る。

「政界再編の時期は、政党をコロコロ変える議員がたくさんいました。今、彼らのほとんどは、消えていってしまいました。ですが二階さんは違います。立派に活躍なさっています。それはなぜか。二階さんは、所属する政党の名前こそ変わってきたかもしれませんが、本人の政治家としての姿勢はずっと変わることがなかった。だから他の政治家とは異なり、今も政治家を続けていらっしゃる。やはり、それは本人の姿勢、政治家としての軸足が変わらないからだと思います」

二階は、自民党の議員たちのなかでも中国や韓国などアジアとの強いパイプを持っている。

古賀が語る。

「二階さんは、非常に人脈を大事にします。やはり国と国をつなぐのは、人と人です。それを大事にする二階さんの姿勢は、日本の外交にとっても非常に重要だと思います」

現在、自民党の幹事長として活躍している二階の仕事ぶりについて、古賀がさらに語る。

「二階さんは、小泉政権の時の郵政民営化委員会の委員長を務められたときもそうですが、非常にご自身の役職におけるガバナビリティをとても大事にされます。ご自身の考えがあっても、その役職の重要性を考えて行動されます。

かつて、大平《おおひら》（正芳《まさよし》）先生が福田《ふくだ》（赳夫《たけお》）内閣の時代に幹事長を務めていましたが、国会で難しい局面が続いたときには、大平先生が自民党を代表して野党と交渉して、話をまとめられていました。福田先生と主義主張が違っても、自民党の幹事長という立場である以上は、ともに歩いていくという立場を徹底されていました。

二階さんも、大平先生のように、幹事長としてしっかり職責を果たすんじゃないでしょうか」

小泉政権で総理秘書官（事務）として活躍し、第二次安倍内閣でも平成二四年一二月から平成二六年四月まで内閣官房参与を務め、現在、日本たばこ産業の会長である丹呉泰健《たんごやすたけ》元財務事務次官も、安倍総理が二階を幹事長に据えたことを評価する。

自民党内を見回すと、安倍総裁に敵はない。ライバル的な存在と言えば、石破茂元幹事長だが、いまや党の重職からも離れている。いわば、党内は無風状態と言っていい。そのなかにあって、異彩を放っているのが二階である。

安倍が重視している外交については、特に、対中国政策については、親中国派である二階は、安倍とは一線を画《かく》す。執行部から外れれば、党人派の流れを汲むアンチ安倍派の先鋒となってもおかしくない。政界に幅広い人脈をもっているだけに、ひとたび反旗を翻すとなると厄介な存在だ。

その二階を、幹事長に据え、安倍総理に代わって自民党を束ねる立場に起用した。

二階が、小泉政権時代から力を注いできた「日本の観光立国化」が実現し、いまや観光は日本にとってなくてはならない産業のひとつとなっている。平成三〇年の訪日外国人旅行者は、三一一九万人に達し、三〇〇〇万人を超えた。その旅行消費額も四年前から倍増し、四兆五〇六四億円に達した。海外のそれに比べると、まだまだ伸びしろはある。地方創生にもつながるだけに、安倍総理としても重視したい産業である。それとともに、二階の起用は安倍総理にとってもプラスに働く。

安倍総理を支えるのは、外交的に、特に中国に対して強い姿勢を崩さない識者、政治家が多い。安倍総理が偏った思想、姿勢の人たちで囲まれているのであれば、相手側も、安倍総理をそのような人物と見て、進むものも進まない。そこに、二階がいて、交渉役として間に入ることで日中関係にもよい影響をあたえるにちがいない。

平成二九年三月五日の自民党大会で、総裁任期の党則改正がおこなわれ、それまでの「二期六年」から「三期九年」に変更された。この党則改正の議論に火を点けたのは、安倍総理総裁を支える二階であった。平成二八年の参院選がおこなわれる一カ月前に、当時総務会長だった二階は、最初に言及していた。

おそらく二階独特の勘で延長論について言及したのだろう。

外交は内政力

じつは、安倍総理の政務担当首席秘書官である今井《いまい》尚哉《たかや》と二階との縁は深い。

これまで出会った政治家のなかで、政治家の中の政治家として、今井がひたすら尊敬の目を向けるのが幹事長の二階俊博である。

第一次安倍政権において、二階は国対委員長だったが、当時、衆議院で与党が三分の二の議席を確保していたなかで、円満に、次々と予算や難しい法案を処理する二階の手腕に、今井は目を見張っていた。

平成二〇年（二〇〇八年）九月、麻生政権の下で、二度目の経済産業大臣に就任した二階に、今井は大臣官房総務課長として仕えることになる。

毎日、国会対応で大臣室に入る今井を驚かせたのは、国会対策や政策調整などに長けている二階が、外交においてもその辣腕を発揮する政治家であったことである。

ベトナムやインドネシア、インドといったアジアの大国との人脈はすさまじいものがあった。

また、中央アジアや中東の資源国とも、驚くべきパイプを持っている。

さらに、中国とのパイプは、日本の政治家で一、二を争うといっても過言ではない。国内で力があるだけに外交力も発揮できる。

この時、今井は感じたのである。

〈外交力とは、結局、内政力である〉

こうして二階は、今井が常に意識し、頼りにする政治家となるのである。

角栄曰く「きみは中央競馬に出られるよ」

現在の政界で田中角栄直系の弟子といえるのは、小沢一郎と二階俊博のふたりだけである。

その二階が、田中派幹部の江﨑真澄《えさきますみ》に連れられて、砂防会館近くのイトーピア平河町ビル内にある田中角栄元総理の個人事務所に出向いたのは、昭和五八年（一九八三年）の夏であった。

田中は、二階の顔をじっくりと見ながら言った。

「ここにいる江﨑君をはじめ旧藤山派の人たちのほとんどが木曜クラブ（田中派）にきている。遠藤三郎《えんどうさぶろう》さんの秘書だった二階君が、うちにくるのは、自然な姿だよ。きみは、外から見ると、欠点はなさそうだし、間違いなく当選するよ」

二階は昭和一四年二月一七日、和歌山県御坊《ごぼう》市新町に生まれた。父親の俊太郎は、和歌山県議会議員であった。和歌山県立日高高等学校を卒業し、中央大学法学部政治学科に進学。

大学を卒業するや、藤山派の遠藤三郎の秘書を一一年間務めた。その後、故郷和歌山の県会議員を二期務め、いよいよ衆院選に田中派から出馬しようとしていた。

田中は〝選挙の神様〟と呼ばれていた。その田中に「当選する」と言われて悪い気はしない。しかし、二階はにわかに信じがたかった。思わず、聞き返した。

「そんなこと、どうしてわかるんですか」

田中は手に持った扇子《せんす》をせわしなくあおぎながら、茶目っ気たっぷりに言った。

「おれは毎日、馬を見て暮らしているんだ。この馬は、中央競馬に出して大丈夫か、この馬は地方競馬どまりか、この馬は馬車馬にしかならない、ということをずっと見てきた。大丈夫、きみは中央競馬に出れるよ」

田中は、父親が馬喰《ばくろう》だった関係で幼児期から馬になじんできた。乗馬も得意であった。陸軍でも騎兵科に配属されたほどだ。政治家になってから競走馬の馬主になり、長女の眞紀子《まきこ》の名を冠した「マキノホープ」など有力馬を多く持っていた。

昭和五八年九月一二日、二階の著書「明日への挑戦」の出版記念パーティーが東京プリンスホテルで開かれることになった。出版記念パーティーといっても、衆院選に向けた決起集会のようなものである。地元和歌山から後援者がバス一〇台を連ねてやってくることになった。

田中角栄も、ゲストとして出席してくれることになった。しかも、後援者たちといっしょに写真に収まってくれるという。後援者にとっては、それが楽しみのひとつであった。

パーティー当日は、ロッキード事件で逮捕された田中の裁判の判決を控えているため、テレビ局をはじめとする報道関係者が多数詰めかけた。田中がゲストとして挨拶に立った。田中は、その一流の話術で出席者を魅了していく。そのなかで、のちにたびたびテレビで放映されることなる有名な言葉を吐いた。

「まあ、みなさん、夕涼みをしていれば、アブも飛んでくるし、蜂《はち》にも刺されますよ」

ロッキード事件では、田中は総理大臣時代にロッキード社から五億円を受け取ったとされ、受託収賄罪などの罪で逮捕された。その裁判で、五億円の受け取りを否認していた田中や榎本《えのもと》敏夫《としお》秘書官らに対してロッキード事件発覚以降に離婚した榎本の妻の三恵子《みえこ》が公判に出廷した。

榎本三恵子は、昭和五六年一〇月二六日の公判で、元旦那の主張を真っ向から覆した。そのことを「蜂の一刺し発言」と言われていた。それを皮肉っての発言であった。

天才・田中角栄の薫陶

その年（一九八三年）一一月二八日、中曽根康弘総理は衆議院を解散した。一二月一八日投票の、いわゆる「田中判決選挙」に突入することになった。

告示の三日前、田中角栄から、二階に電話が入った。

「選挙の情勢を聞きたいから、すぐ上京するように」

紀伊半島南端の新宮《しんぐう》市から夜行列車に乗って、目白の田中邸に向かった。

二階は、田中に会うや、自分の選挙活動を伝える地元の紀州新聞と日高新報を見せた。

田中は、ちらと新聞に目をやるや言った。

「きみのところの後援会新聞か」

「いえ、町の新聞です」

「ほぉ、こんなにしてもらっていいな」

田中は、二階に訊《き》いた。

「きみの選挙区には、どのくらい市町村があるんだ」

「三三市町村です」

「そうか。それじゃ、その一つひとつの状況を言ってみろ」

二階は目を丸くした。

「えっ！　一つひとつですか……」

「そうだ」

二階は、言われた通り、三三市町村の状況を一つひとつ報告していった。

田中は熱心に耳を傾け、一つひとつ点検してくる。

「なぜ、そんなに少ないんだ」

「そうか、そんなに取れるのか」

二階は、そのたびに理由を説明した。

二階は、有田郡清水町について報告した。

「清水町の有権者は、四〇〇〇人ですが、私は、一〇〇票しか取れないでしょう」

田中は、ダミ声で訊き返した。

「一〇〇票とは、なんだ！」

二階は説明した。

「ここは今回も出馬される正示《しょうじ》啓次郎《けいじろう》先生の生まれ故郷なんです。ですから、あえて入らないようにしているんです。生まれ故郷の地盤を荒らすようなことは、私の性に合いませんからね」

田中は鼻をならした。

「ふーん、そうか。ま、一〇〇票だったら、ただの泡沫《ほうまつ》候補でも取れるな」

二階は思わず苦笑した。

まもなく、三三市町村すべての点検が終わった。二階は、新人候補のために、わざわざ時間をかけて、一つひとつ点検してくれた田中を心から尊敬した。

〈なんて、頼りがいのある人なんだろう〉

田中は、激励してくれた。

「ここで負ければ、少なくともあと三年間はこれまでと同じように選挙区回りをしないといけない。きみも辛いだろうが、おれもそういうことをきみにさせたくない。だから、なんとしても、石に齧《かじ》りついてでも、この選挙で当選させてもらえるよう頑張れ！　おれがきみのために何をすればいいか、何でも言ってくれ」

　二階は答えた。

「私は県議時代に高速道路の紀南延長を訴え続けてきました。その裏付けをしてもらう意味でも、内海英男《うつみひでお》建設大臣に来ていただきたいのですが」

　内海は田中派の一員であった。

　田中は、すかさず言った。

「わかった。内海君に行ってもらおう」

「ありがとうございます。しかし、内海大臣には、どのように連絡すればよろしいんですか」

「きみは、そんなことは心配しなくていい。内海君のほうから、きみのほうに連絡がいくようにしておく」

　最後に、田中は念を押した。

「大丈夫か！」

　初陣の二階は、激戦必至の強敵を相手に大丈夫なわけはなかった。が、田中派の新人は自分ひとりではない。田中に少しでも心配をかけまいと思い、きっぱりと答えた。

「大丈夫です」

のちに田中は、このときの様子を再現して二階をひやかした。

まもなく、内海建設大臣の秘書官から連絡が入り、応援に来てもらうことになった。

江﨑真澄、林義郎《はやしよしろう》厚生大臣をはじめ田中派の議員も続々と応援に駆け付けてくれた。

ただ、小沢一郎は、選挙を取り仕切る党総務局長に就任したため、自民党本部で陣頭指揮をとらなければならない。そこで、小沢と同期で仲の良かった羽田孜《はたつとむ》を代わりに応援に寄こしてくれた。

羽田孜は、小沢一郎と同じ昭和四四年初当選で、仲が良く、自民党林政調査会長、総合農政調査会長を経て、「総合農政族」と呼ばれていた。

昭和五八年一二月の総選挙では、結局、二階は、五万三六一一票を獲得し、初当選を飾った。実力者の玉置和郎《たまきかずお》に次ぐ二位での当選だった。

初当選後も、田中は二階らに、いろいろなことを教えてくれた。

「いいか、一生懸命勉強して議員立法を成立させていくんだ。そうやって実力をつけていけば、たとえ一年生議員であろうと、大臣の椅子に座って説明や答弁ができる。マスコミに取り上げてもらおうと、おべんちゃらを言っているようでは駄目だ。政治家は行動しないといけない。行動して、仕事をすれば、マスコミは自然についてくる。政治家のなかには、朝刊を読んで、初めて行動する者もおるが、そんなのは政治家じゃない」

田中は自分の手がけた議員立法「道路三法」について語ってくれた。

道路三法というのは、①道路法、②ガソリン税法（道路整備費の財源等に関する臨時措置法）、③有料道路法（道路整備特別措置法）の三法であった。

田中は張り切っていたという。

〈道路整備は、戦後日本の大きな課題だ〉

問題は、整備財源をどこに求めるか、であった。

田中は、昭和二七年当時、建設官僚であった井上孝《いのうえたかし》に調べさせた。井上は、のちに参議院議員となり、田中軍団の一員として加わり、国土庁長官などを務めている。

田中は井上に指示した。

「アメリカでは、整備財源はどうなっているか、大至急調べてほしい」

井上はさっそく調べてきて、田中に報告した。

「アメリカでは、ガソリンの税金を、道路整備財源に充てております」

田中は、ＧＨＱ（連合国軍最高司令官総司令部）もその意向であることを察すると、ガソリン税を道路法案の財源に充てることに決めた。

井上も、よろこんだ。

「自前の財源で道路を整備するのは、夢でした」

ついに、ガソリン税法は、昭和二八年七月、参議院本会議で可決され、同月二三日、公布となった。

田中は、二階らに強調した。

「自らの手で立法することにより政治や政策の方向を示すことこそ、政治家本来の機能である」

田中自身がおこなった議員立法は三四件であるが、メインで動かずとも、なんらかの形でかかわった法案までふくめれば、その数は一〇〇本を超えるという。

田中は当選回数についても語った。

「政治家の基準、評価は難しく、やはり当選回数というのが大きくものをいってくる。時には、抜擢人事をおこなうが、これは、じつにむずかしい。抜擢された者は喜ぶが、同期や他の人に恨まれてしまう。しかし、知事経験者や事務次官経験者は、一期早く大臣になってもらうからな」

田中は、〝選挙の神様〟と言われていたが、絶えず選挙について考え抜いていた。

「昨日、夜中に目が覚めたので、北海道から沖縄まで、我が派の議員の名前を書いて朝までかかって点検してみた。そしたら、これは応援に行ってあげないといけない、この人は役につけてあげないといけない、この人は資金を援助してあげないといけない、といろんなことがわかった。しかし、紙がなかったのでチリ紙に書いた。中身をもちろん見せることはできんがな」

田中は、政治家にとっていかに弁舌が大切かについても語った。

「いいか、政治家の資質は、五〇人の前で話ができる人、五〇〇人の前で話ができる人、一〇〇〇人の前で話ができる人、という具合に分けられる。しかし五〇〇〇人の前で話をし、私語をさせないで、ピタっと聞かせることができるのは、そうはいない。今のところ、中曽根康弘と田中角栄くらいなもんだな。きみらも、そうなれるように頑張れ」

田中は、打ち明けた。

「ある夜遅く、おれの家を訪ねてきた野党議員がいる。秘書が明日にしてもらおうと言ったが、おれは素早く応接間にその議員を通すように命じ、服を着替えて応接間に向かった。こんな夜更けに、しかも党の違うおれのところを訪ねて来るというのは、余程のことだ。その議員は、お金を借りに来た。その金が無ければ大変なことになるのだろう。おれにできることなら、と渡した。だからといって、おれは別にその議員に何も期待はしていないさ。それまで三つおれの悪口を言っていたところを、二つくらいにおさめてくれるだろうさ」

田中角栄からの薫陶は、新人の代議士であった二階にとって、一つひとつが役に立ち、政治家としての血肉となった。

「新潟におれば、雪かきをしている」

二階俊博は、当選まもなく、文京区目白台の田中角栄邸をぶらりと訪ねた。この日、東京ではめずらしく大雪が降っていた。

田中は、二階に言った。

「顎《あご》で人を使ってはいけない。口でいろんなことを語って人を惹き付けようとか、人を指導しようなんて考えても、そんなものには誰も付いてこない。人は、やっぱり汗を流して頑張る人の背中に付いて来てくれるんだ」

田中はふと庭に目をやった。降りしきる雪を眺めながら、自らに言い聞かせるように言った。

「今日みたいな大雪の日に代議士をやってなくて、新潟におれば、おれは、屋根の雪かきをしている。自分の家の雪を降ろせば、今度は近所で人手のない家の雪を助け合いで降ろすことになっているので手伝いに行かなきゃいかん。だから、一日中、寒いなかを雪かきしていることだってある。そのことを思えば、この暖かい東京で働かせてもらっていることをありがたいと思わないといけない。だから、政治をやっていて、辛いとか、きついとか、厳しいとか、そんなことを思ったことは一度もない」

田中はそれから間もなく、二階に言った。

「二階君、今度、おれが地元の和歌山に応援に行ってやるよ」

「地元には、玉置和郎さんも、東力《ひがしちから》さんもいます」

「かまやしない。おれは行く。一万人は集めろ」

「一万人も入る場所がありません」

「なら、学校の運動場でいい」

「雨が降るかもしれません」

「構うもんか。傘を差させればいい」

「先生、ありがとうございます」

わざわざ田中角栄がやって来てくれるというのだ。うれしかった。

ところが、その田中の来訪は幻となってしまった。

田中を支える竹下登や金丸信らによって昭和六〇年（一九八五年）二月七日に「創政会」が結成され、田中派が分裂し、その挙句に田中は、二月二七日に脳梗塞で倒れてしまう。

政界の首領《ドン》としての権勢を誇った田中角栄は、二度と政治の表舞台に復帰することがなかったのである……。

竹下の気配り、金丸の突破力

田中角栄から政治家としての薫陶を受けた二階は、田中が倒れたのち竹下派に加わる。竹下登と金丸信の世話になり、ふたりへの尊敬の念は、今も深い。

二階は、金丸についてその印象を語る。

「三〇年を超える政治生活でいろんな方にお世話になったが、金丸先生はなかでも忘れることができない政治指導者であった」

二階にとって、金丸は政界の師のひとりであった。

「金丸先生は、とても人間味のある方でした。どこか独特な魅力の持ち主で、金丸先生を思い出すたびに、人情味の豊かな方だったなという思いが強くよみがえってきます。金丸先生のように人を惹きつけるタイプの政治家は、今は少なくなってしまいました。ちょっと、とぼけたふりをするところがあって、そこがまた魅力的でした」

金丸は、とぼけたような印象を与えながら、時々ボソッと漏らすちょっとした発言によって、政局をリードすることが多かった。

「よく観測気球なんて言われていましたが、流れをうまく作ったり、その反対に少しトーンを落としたり、そういう絶妙な発言をするのはとてもうまかった。とぼけたふりをしても、まともなところを突いていく」

二階は、金丸とその盟友である竹下登とのコンビについても語る。

「ふたりとも肝胆《かんたん》相照らす仲で、ふたりがいっしょに天下を獲ろうと取り組んだこと、決断をされたことが、それぞれの政治家としての道を大きく開いたと思います。竹下先生も金丸先生の力がなければ、総理大臣になれなかったかもしれませんし、金丸先生も竹下先生の存在がなければ、幹事長や副総裁として重きをなせなかったかもしれません」

気配りの人である竹下登と、どこかとぼけたところがあるが、ここぞの場面で抜群の勝負勘を発揮する金丸信のコンビは、非常にバランスが良かったという。

「おふたりとも意識していたかどうかはともかく、競い合う部分もありつつ、支え合って政治家として大成していったところがあったんじゃないでしょうか」

金丸が支え続け、総理大臣に上りつめた竹下登の魅力についても、二階は語る。

「竹下先生は、周りに敵対意識やライバル意識を抱かせずに、兄貴分のような立場で引っ張っていくような人望がありました。また偉ぶるところが全くなかった。私も若い頃に竹下先生から『自分のことを自分で偉いと思った瞬間に、その人間の成長は止まってしまうよ』とおっしゃっていただき、以来自らを戒めるようにしてきました。竹下さんの真似は誰にもできませんよ」

竹下は、政界屈指の選挙通でもあったという。

「若い政治家に対して、選挙がいかに大事か、選挙を勝ち抜かないと政治をやれないということを強く訴えてらっしゃったことがあります。長くて辛い坂道だが、覚悟してその道を懸命に歩むべきだと時々おっしゃっていました」

竹下は、常に謙虚さを信条としたという。

「竹下さんの徹底した謙虚さ、気配りは、やはり人に見せない自信の裏返しなのかもしれません」

自民党幹事長として采配を振る二階のことを竹下と重ねて評する声もある。

二階が語る。

「竹下先生の慎重さには、到底及びません。一つのことを達成する時でも、慎重に焦らず急がず、時間をかけてじっくりと達成していく。時間をかけながら、与党内だけでなく野党も含めて合意形成をつくっていくその政治姿勢は、本当に見習いたいものです」

第三章

小泉純一郎と二階俊博

小泉―武部―二階ライン

平成一五年（二〇〇三年）一一月二一日、二階俊博の所属する保守新党は解散し、自民党に合流することになった。

二階らは、政策グループ「新しい波」を結成し、会長に二階を選出した。

平成一六年九月、自民党の武部勤《たけべつとむ》は、幹事長に就任した。小泉純一郎総理は、選挙の実務を取り仕切る党の総務局長人事について、武部に訊いてきた。

「総務局長は、どうするかな」

本来ならば総務局長は、総裁派閥が絶対に離さないポストである。小泉総理の出身派閥である森派から起用するのが自然であった。

しかし、武部には、ある人物の顔が浮かんでいた。

〈二階さんに、お願いしよう〉

武部は、小泉総理に進言した。

「二階さんは、どうでしょう」

「おお、いいいな。引き受けてくれるかな」

「私のほうから、お願いしてみます」

武部は、二階との長い付き合いから、二階が能力が高いうえに、アイデアマンであり、包容力があり、人徳もあることを知っている。信用できる人物であった。

武部は、二階に電話を入れた。

「総務局長を引き受けてくれないだろうか」

二階は、自民党に復党してからまだ一年も経っていなかった。

二階は固辞した。

「武部さんとの長年の友情からして何でも協力しないといけないが、大事な選挙を担当する総務局長というのは、まだ自分には、似つかわしくない。別の面から武部幹事長を応援したいと思います」

しかし、執行部人事は武部幹事長体制の組閣のようなものだ。自分のことで滞ることがあっては、新幹事長に申し訳ない。旧保守新党は自民党と連立を組み、さらに一歩踏み込んで自民党と合流したのだ。

このときも、二階は、旧知の古賀誠に相談した。

「どうだろう、引き受けようと思っているが」

古賀は勧めた。

「自民党に入ったからには、早くど真ん中で仕事をしたほうがいい。総務局長は、大変な苦労のいるポストだけれども、やりがいがありますよ」

二階は、半日ほど考えたあと、武部に連絡した。

「私でお役に立つならば、引き受けさせていただきます」

武部執行部の選挙での試金石となるのが、平成一七年四月二四日投開票の衆議院福岡二区と宮城二区の補欠選挙であった。

総務局長に就任した二階は覚悟していた。

〈流れからいって、一勝一敗はない。勝つのなら二つとも勝つ、負けるのなら、二つとも負ける。仮に二つとも負けた場合、責任をとって総務局長を辞任しよう〉

四月二四日、福岡二区補選の投開票がおこなわれた。その結果、山崎拓は、民主党新人の平《ひら》田正源《たまさのり》に約一万八〇〇〇票差の九万六一七四票を獲得し、返り咲きを果たした。

外遊から帰国したばかりの小泉総理は、この夜、羽田空港で記者団にＹＫＫ、つまり山崎、加藤、小泉の盟友の国政復帰に喜びをあらわにした。

「山崎さんは、全般的に何でも相談できるので心強い。外交も内政も経験豊富で、いい助言をして活躍してくれると思う」

衆議院宮城二区の補選では、自民党の秋葉賢也《あきばけんや》が五万八〇二三票を獲得し、五万二三八一票の民主党の門間由記子《もんまゆきこ》を振り切り、当選を果たした。

二階と武部幹事長は、この結果に胸を撫で下ろした。

〈良かった……〉

小泉人事――郵政民営化特別委員長

平成一七年（二〇〇五年）五月一九日午後五時、武部は、小泉総理に呼ばれ、官邸の総理大臣執務室に入った。自民党の中川秀直《なかがわひでなお》国対委員長も、小泉総理に呼ばれていた。

小泉総理は、武部らに切り出した。

「人事を一任してくれるか」

武部は、息を呑んだ。

「はい」

小泉総理は言った。

「衆院郵政民営化に関する特別委員会の委員長は、二階総務局長に、お願いする」

小泉総理は、二階のことを保守党の幹事長時代から注目しているようであった。

武部は、長いときは一時間くらい小泉総理とふたりきりで話をすることもある。そんなときでも、五分に一回は「二階俊博」という名前が出ていた。

そのころ、二階は、自民党本部四階の総務局長室にいた。そこに、小泉総理から直接電話がかかってきた。

「ちょっと、官邸まで来てほしい」

二階は、党本部から総理官邸に向かう車のなかでぼんやりと考えた。

〈いったい何の用だろう。まあ、総務局長という立場だから、今後の選挙のことについて意見でも聞かれるのかもしれない〉

午後五時一九分、二階は、総理官邸の総理執務室に入った。武部幹事長と中川国対委員長の姿もあった。

小泉総理は、いきなり言ってきた。

「衆院郵政民営化に関する特別委員会の委員長をやってほしい」

二階は、絶句した。思ってもみないことであった。

二階は、小泉総理に訊いた。

「しかし、私には総務局長として、総選挙という大事な仕事があります」

小泉総理はうなずいた。

「もちろん、総務局長の仕事も大事だ。しかし、委員長は一カ月だ。その間、兼務で頼む」

二階は、覚悟を決めた。

「わかりました。引き受けます」

この人事について、当時、野党の民主党の重鎮・渡部恒三前衆議院副議長は周囲に語った。

「これは、これまでの小泉人事のなかで最高の人事だ。郵政民営化反対派にとっても、あるいは野党にとっても、非常に攻めにくい人間が委員長になったなあ……」

渡部は、この人事に、心からおどろかされた。

〈二階さんは、郵政民営化反対派の古賀誠さんらとも親しい。二階さんが委員長になった以上、古賀さんたちも表立って反対することはできない〉

野党にも配慮

平成一七年（二〇〇五年）六月三日、後半国会の最大の焦点となった「郵政民営化関連六法案」は、衆議院郵政民営化特別委員会を舞台に、本格的な審議をスタートさせた。

審議に復帰した野党の民主党は、政局に持ち込もうと廃案を目指して対決姿勢を強めた。

自民党内の反対派も、徹底抗戦の構えを見せた。現状維持を願う反対派は、日夜、全国的に反対運動を展開した。

二階は思った。

〈反対派のなかには、ただやみくもに反対しているわけではなく、傾聴に値するという意見も当然ある。慎重の上にも慎重に審議を尽くさなければいけない〉

小泉総理は、「修正は、一切考えていない」とし、原案通り可決する決意で委員会に臨んだ。

これに対し、批判の声があがった。

二階は思った。

〈これは、言わずもがなじゃないか。提案された総理が「いつでも修正しますよ。何かあったら、どうぞおっしゃってください」といった自信のないフラフラしたような法案では困る。総理が「これが最高の法案だ」と自信を持ってお出しになるのは、提出者として、また内閣を預かる人の言として、当然のことだ〉

しかし、議会はコピー機ではない。「総理のおっしゃることは、ごもっともです」と、何も議論せずにただ通すだけでは知恵がない。

国民のために、あるいは、日本の将来のために、改革という名に値するものになるのかどうかを考えれば、必要があれば修正を加えるのは当然のことである。

それゆえ、二階は、早い段階から口にしていた。

「議会としては、修正も視野に入れて対処しなければいけないのは当然のことだ」

新聞には、「二階委員長は、柔軟姿勢だ」と書かれたが、二階は、そのことについて小泉総理に説明もしなければ、あえて弁明もしなかった。同時に、小泉総理も最初に「一切お任せします」と二階に言ったとおり、何の注文もつけなかった。

二階は、審議入り当初から与野党の委員に約束していた。

「できるだけ公平公正にやらせてもらう」

ただし、このような難しい法案は、可能な限り、野党にウェイトを置いて運営しなければ、政治はうまくいかないものだ。

二階は初めから「強行な運営をしてはいけない」と自分に言い聞かせていた。「野党のみなさんのおっしゃることも、できるだけ取り入れていこう」という気持ちに徹した。

二階は小泉総理の心中を慮《おもんばか》りながら、自民党内の状況を見、あるいは野党の立場にも配慮しながら審議を進めた。野党の委員の注文も、ほとんど取り入れた。

「参考人質疑が、もっと必要だ」

という意見にも耳を傾け、参考人質疑をおこなった。

総理に申し上げたいことがある

平成一七年（二〇〇五年）六月七日、自民党の郵政民営化反対派がつくる郵政事業懇話会は、党本部で総会を開き、政府の郵政民営化関連法案に反対する方針を改めて確認した。衆参両院から前回を上回る一〇八人が出席した。

綿貫民輔《わたぬきたみすけ》会長は、総会で政府案に反対するよう呼びかけた。

二階は、武部幹事長に言った。

「引き受けたことですから、私は必ずやり遂げます。ただし、終わったら総理にも申し上げたいことがあるということを、幹事長にだけは話しておきます」

二階には、小泉総理に、こういう点は少し配慮すべきではないかという思いもあった。しかし、自民党に合流してまもない二階には、何も仕事をせずに、先にそれを言うわけにはいかなかった。

武部幹事長は、そのことを小泉総理に伝えたようである。

小泉純一郎という火薬庫

平成一七年（二〇〇五年）七月四日、郵政民営化関連法案は、衆議院郵政民営化特別委員会で極めて整然と採決がおこなわれた。その結果、六法案は、一部修正のうえ自民、公明両党の賛成多数で可決した。

自民党の石破茂理事は、ほっとしたのと同時に、特別委員会を取り仕切った二階委員長の手腕を高く評価した。石破と二階は、ともに自民党を離党した経験がある。石破は、平成九年に自民党に復党したが、二階は、自由党、保守党、保守新党を経て、平成一五年に復党したばかりであった。

〈久しぶりに二階さんの下で仕事をしたが、やはり、この人は肚《はら》が据わっている。二階さんでなければ、おさまらなかったであろう〉

二階も、ひとまず胸を撫で下ろした。

〈与野党のみなさんの理解があって、円満な採決ができた〉

自民党幹事長室、国対、議院運営委員会などの強いバックアップがあったことはもちろんだが、やはり野党の理解があったからこそ円満な採決ができた。それは、一にも二にも時間をかけて熱心に慎重に議論をしたからだと二階は自負している。

議論を封じ込んでいたら、大混乱に陥ったであろう。大混乱に陥ると、そのことだけに対する国民の批判、あるいは与野党の国会議員及びその周辺からの批判が当然起こってくる。結果的には、翌五日におこなわれる衆議院本会議にも影響したであろう。

これにより、決戦の舞台は七月五日午後の衆院本会議での採決に移った。

七月五日午後一時過ぎ、衆議院本会議が開会された。やがて、投票がはじまった。

自民党議員が青票、つまり反対票を投じるたびに野党席から歓声があがり、大きな拍手が沸き起こった。

二階は、衆議院本会議の採決の直前の段階で古賀誠元幹事長の議員会館を訪ねたとき、僅差になることは予想できた。二階の盟友である古賀が、自分に嘘をつくはずがなかった。

そのとき、古賀は二階に言っていた。

「あなたが特別委員会の委員長をやっているのだから、せめて委員長報告まで聞いてから退場しようと思う」

古賀は、これまでの長い人間関係から採決を棄権することを決めていた。本会議に出席するつもりもなかった。

しかし、長年の友人である二階が、採決前、衆議院郵政民営化特別委員長として委員長報告をおこなう。よき友として、せめてその報告を聞いてから退席することにした。

古賀は、二階の趣旨説明を聞きながら自責の念に駆られた。

〈本当は、賛成しなければいけないのではないか。一〇九時間以上も委員長席に座り、ご苦労いただいたのに、申し訳ないな……〉

二階が委員長でなければ、良心を責めることもなかった。が、これまでの政治活動のなかで大きな影響を与えてくれた人との人間関係もある。委員長報告を聞き終えたあと、古賀は、本会議場から退席した。

この行動は、大きな意味を持っていた。賛成票と反対票の差が、わずか五票ということは、三人が反対に回れば、行って来いで反対票が上回る。堀内派（宏池会）には、古賀を慕《した》う議員が多い。仮に古賀が反対票を投じていれば、行動をともにし、郵政民営化関連六法案は否決されていたかもしれないのだ。

二階は、事前の票読みで郵政民営化関連六法案が衆議院を通過することを確信していた。

ただし、自民党議員が青票を投じるたびに野党議員が騒ぎ、歓声が上がった。

数人が連続して青票を投じたとき、二階はさすがに、不安が脳裏を掠《かす》めた。

〈これは、容易ではないな……〉

投票の結果、賛成二三三票、反対二二八票と、わずか五票差で郵政民営化関連法案は可決した。

法案の審議は、参議院に舞台を移した。参議院で法案が否決されても、小泉総理は、衆議院を解散する覚悟でいる。

小泉総理は、きっぱりと言っていた。

「選挙になったら、法案に反対したものは絶対に公認しない」

自民党の造反者は五一人だが、反対票を投じた議員は三七人である。ということは、三七人の対立候補が必要となる。

反対派は、うそぶいていた。

「候補者が埋まるわけがないよ」

しかし、小泉総理は、何があっても埋めるというスタンスでいる。しかも、勝つ可能性のある候補でなければ意味がない。

二階は、和歌山大学における国際観光シンポジウムに出席した際、はっきり言い切った。

「私は、和歌山県出身の政治家ですから、過疎地が困るようなこと、地方が困るような郵政改革をするわけがない。そんなことは、絶対にさせません」

しかし、そういった努力も、反対派にとっては何ら賛否に影響しなかった。

しかも、反対派は、結果的に野党の民主党と手を組んだことになる。これは、いわば倒閣運動といえる。

その結果、八月八日の参議院本会議で法案は否決され、反対派が勝利した。

そして、小泉総理は、国民に信を問うため、総理の専権事項である衆議院の解散権を行使したのだ。

二階は、小泉総理の性格からして、法案が否決されれば、衆議院を解散することは初めからわかっていた。

だが、解散した後の反対派の慌てぶりから推察するに、彼らは、そうは思っていなかったらしい。小泉総理は、総辞職するとでも思っていたようである。

小泉純一郎という火薬庫のまわりで火遊びをしていたのだから、火が火薬庫に燃え移れば爆発するのは当然のことだ。彼らは、小泉総理のことを畑に積んである麦藁《むぎわら》とでも思っていたのであろうか。

二階は思う。

〈小泉総理にとって郵政民営化は、長年、温めていた政策だ。自分の内閣の間にかならずやり遂げるという強い信念がある。否決されても総辞職などするはずがない。それを野党や自民党の反対派は、完全に読み間違えた〉

逆にいえば、反対派は小泉総理の思う壷にはまったといえる。打つ気満々でバッターボックスに立ち、甘い球なら思い切り叩こうと構えているところへ、絶好球を投げたようなものだ。

「政治は、非情なものだねえ……」

小泉総理は、平成一七年（二〇〇五年）八月八日、衆議院を解散した。衆議院本会議で反対票を投じた三七人を公認せず、対立候補を立てることを記者会見で明言した。

小泉総理は、今回の総選挙は、「郵政民営化に賛成か、反対かを国民に問う」と強調している。信を問うには、賛成派の候補者を立てなければ選択肢がない。

反対派の候補だけでは、国民に信を問うことにはならない。

小泉総理は、自民党総裁であると同時に選挙対策本部長、つまり選挙の最高指揮官である。最高指揮官が日本の構造改革の本丸と位置づける郵政民営化について国民に信を問うと判断した以上、この方針はくつがえらない。

小泉総理は、記者会見で自らをガリレオに重ねて「郵政解散・総選挙」への決意を語った。

「約四百年前、ガリレオ・ガリレイは、天動説の中で地球は動くと発表し、有罪判決を受けた。それでもガリレオは『地球は動く』と言った。国会は郵政民営化は必要ないと結論を出したが、国民に聞いてみたい」

その信念に基づいて、たとえ一人になっても郵政民営化を断行すると強調した。

二階は思う。

〈この発言によって、政治というものがいかに厳しいものであるか、いかに大変なものであるか、大切なものであるかというのをあらためて国民のみなさんも理解したにちがいない〉

二階は、平成一七年（二〇〇五年）八月一〇日の午後四時、八月一一日の午後四時と、二日連続で武部幹事長とともに総理官邸に小泉総理を訪ね、いろいろと指示を仰いだ。

そのとき、小泉総理は言っていた。

「政治は、非情なものだねえ……」

一方に非情さがあり、また一方に情の部分も垣間見えた。

また、「必要なところへは、どこへでも応援に出かける」という小泉の気迫と勝利への執念も感じた。

飯島勲総理秘書官は、解散後ただちに武部幹事長、二階総務局長らと造反組にぶつける対立候補、いわゆる刺客《しかく》候補者の選定作業にかかった。作業を進めるのは、少人数がいい。この三人で作業を進めていった。

なかには、武部幹事長の領域で決まる候補者もいるかもしれない。また、例えば近畿の事情は、北海道出身の武部幹事長や長野県出身の飯島ではわからないので、和歌山県出身の二階を中心に選定作業を進めたほうがいいという場合もあった。

自民党の過去の総選挙は、総裁派閥を中心としたもので、党の金庫を預かる経理局長まで抑えるのが常道であった。また、幹事長は、総裁派閥以外から起用するという、いわゆる「総幹分離」の時代には、幹事長が横を向けば総理総裁は解散も打てないこともあった。

しかし、今回は、小泉総理、武部幹事長、二階総務局長ががっちりとタッグを組み、三者の意見が一〇〇％一致した人でなければ公認しないという極めて異例なかたちでの選挙戦を展開することになる。

飯島秘書官は思った。

〈今回は、大勝負をかけるしかない〉

飯島、武部、二階の三人は、候補者選定の基準について話し合った。

「まず、オールジャパンで名前が通っている人で、北海道から九州まで、どこの選挙区の有権者も納得するだけの経歴がある人。同時に小泉改革に賛同し、比例名簿の順位も、復活当選が可能な上位でなくても、『この小選挙区で戦い抜く』という気概を持った人。自分の身柄を党に預けるという覚悟のある人。『この選挙区でないと嫌だ』という人は、たとえ有名人であろうが、どのような凄い経歴を持とうと、不適格です」

例えば、東京一〇区から出馬することになる小池百合子の名前を書ける有権者は、東京一〇区の住人だけだが、小池が法案に反対した小林興起《こばやしこうき》に勝てるかどうか、北海道から九州までのオールジャパンの人たちが興味を持つ。そのような注目選挙区が十カ所あれば、十段重ねになり、二十カ所あれば、二十段重ねになる。国民の注目する選挙区が多ければ多いほど、最初で最後のとんでもない選挙戦を展開できるのだ。

しかも、解散当初は小泉総理に批判的な報道をしていたテレビ局や新聞社も、話題に飛びつくというメディアの原理を考えれば、否応なしに注目選挙区の動向を追わざるを得ない。刺客候補という花火を打ち上げただけで、日本中が大騒ぎになるだろう。

そのままの状況で公示日まで突っ込んでいったら、どうなるか。自民党に注目が集まり、民主党の影は薄くなる。そうなったら、しめたものだ。自民党は、まちがいなく勝利する。

飯島は強く言った。

「そして、どの選挙区になってもやり遂げるという熱意とパワーを、この次の総選挙まで持続できる人でないと困る。法案に反対した非公認組は、自民党に復党できない。今回の選挙で勝っても、負けても、この次の総選挙で人生最後の大勝負を懸けてきます。この次の、いつあるかわからない選挙のために、ずっと選挙運動をおこなっていく。そんな彼らを潰して、必ず小選挙区で再選を果たすという熱意とパワーがなければいけない。今回、自分が出る選挙区は、新しい自分の城下町、領土という意識で懸命に戦える人でなければ、失格です。候補者が相当なタマでも、『私は、どういうポストがもらえるんでしょうか』とか『比例のトップでないと困る』とか、そんな生ぬるい人はいりません」

飯島は、力を込めた。

「そして、武部幹事長と二階総務局長がまちがいなく合意し、総理総裁である小泉が了解した人を候補者として最終決定します。そういうかたちで最後までやらせてもらう。それ以外の持ち込みは、全部カットします。もちろん、『こういう優秀な人材がいる』という情報はもらいます。が、それを鵜呑みにすると、火傷《やけど》することになるし、気の緩みにもつながる。独善的と言われようが、なんと言われようが、今回は小泉、武部、二階の三人の意見が一〇〇％一致した人を候補者に立てたいと思います」

武部と二階は、飯島の意向に理解を示してくれた。そして、そのような選考基準で選ばれた候補者を次々と刺客候補として発表していくことになる。

二階総務局長は、武部幹事長とともに刺客候補の擁立に汗を流した。

不退転の決意

二階は衆議院解散後、武部勤幹事長らとともに候補者擁立に向けた作業を急ピッチで進めた。

周囲には「民主党に漁夫の利を奪われるのでないか」「公明党の選挙準備が間に合わないのではないか」といった自民党の敗北を予測する声もあった。

が、二階は自信を持っていた。

〈自民党が負けるわけがない〉

小泉総理も、命懸けで臨んでいた。記者会見で強調した。

「もし、与党が過半数を割ったら、総理大臣を辞する」

国民は、小泉総理の不退転の決意を感じ、ハッとしたにちがいない。

小泉総理は、候補者調整も妥協せず、武部や二階らに強く命じた。

「郵政民営化に賛成する候補者を、すべての選挙区に立てろ。それも、誰でもいいということでは駄目だ。いいタマを選べ」

武部は、解散になった直後は、どうなるものか、と不安を感じていた。が、事前の公募の二二二人と緊急公募の八四二人で合計一〇六四人もの応募があったと聞いて、その不安はかき消された。

〈これは、国民の間に物凄い改革志向があるということだ〉

自民党は二世議員が多いと言われているが、今回の選挙に関しては、そのようなことはない。

全選挙区中、わずか三選挙区しか二世はいなかった。そのかわり、公募で集めた新人を数多く輩出している。

八〇〇人以上いた候補者の中から、二六人を選出した。

そのうち二二人が当選することになる。

「チップを払ったようなものですよ」

平成一七年（二〇〇五年）八月一三日午後、自民党本部を訪れた小泉総理は、休日返上で候補者調整に当たる武部幹事長、二階総務局長や党職員を激励した。

そのいっぽうで、郵政民営化関連法案に反対した前職が出馬する選挙区へ送り込む「刺客」と言われていた新人候補者らと直接会い、直々に出馬の決断を求めた。

小泉総理の悲壮な決意が国民の共感を呼んだのか、この総選挙は小泉ブームが再燃しそうな気配が出てきていた。

九月一一日、総選挙がおこなわれた。投票が締め切られた午後八時の時点で、テレビ各局はいっせいに自民党の勝利を報じた。

東京は、二五選挙区のうち、じつに二三選挙区で自民党候補が当選した。

比例東京ブロックは、重複立候補をふくめて三〇人を擁立したが、愛知《あいち》和男《かずお》元防衛庁長官をはじめ、なんと名簿順位最下位の清水清一朗《しみずせいいちろう》まで当選。名簿搭載者が足りなくなり、社民党に議席を譲るという前代未聞の珍事まで起こった。

そのころ、二階は、党本部四階の総裁室で小泉総理、武部幹事長、安倍晋三幹事長代理らと開票状況を見守っていた。この状況に総裁室は騒然とし、その場に居合わせていた人たちからは嘆きにも似た声があがった。

「誰が、こんなことを選挙公示の前から予測できたか……」

二階は思った。

〈いまさら何をいっても、議席が返ってくるものではない。名簿に何人も並べておけばいいのだろうが、並べられた人の立場や、それぞれの候補者のプライドもある。それに、候補者には供託金が必要だ。みすみす供託金を没収されるようなことはできない。比例のブロックは、北海道から九州まで一一ある。そのなかで、たった一人だけオーバーしただけのことだから、それ以上を望まなくていいんじゃないか〉

二階は言った。

「これはこれで、チップを払ったようなものですよ」

小泉総理は、党の総裁であり、選挙対策本部長でもある。立場上、「それでも、いいよ」とは言えない。が、二階に向かって満足げに含み笑いを浮かべた。

二階は、武部幹事長と苦笑いをした。

「これだけは、最大の失敗だったな」

次々に当確が出るなかで、小泉総理は、さすがに笑みがこぼれていた。が、二階が見る限り、つとめてよろこびの気持ちを抑えているようであった。公明党への配慮があったのか……。

なお、九月一二日に開かれた自民党役員連絡会でも、このことについて特に言及した人は誰もいなかった。開票の結果、自民党は、二九六議席と圧勝した。

竹下哲学の模範生

二階が、この郵政選挙でなによりうれしかったのは、女性候補の頑張りであった。

公示前、自民党の女性前職は、郵政民営化に反対し、非公認となった野田聖子らをのぞき七人であった。公募してきた女性、また各界から推薦された女性を慎重に精査し、前職の七人プラス新人の一九人の計二六人を公認した。

彼女たちは、「刺客」と呼ばれたり、キャリアや容姿にマスコミの注目が集まったが、有権者の期待が集まり、なんと二六人全員が当選を果たしたのである。

二階は、感慨深かった。

〈よくぞ、あの短期間で勝ち上がってきてくれた。一〇年も、二〇年も、場合によって半世紀におよんで伝統的に培われた男性優先社会を打ち破って当選したのだから、見事なものだ。同時に、女性候補者が立候補したことで女性の政治への関心が高まったのではないか〉

海部俊樹《かいふとしき》は、この選挙に思った。

〈天の時、地の利、人の和があり、そして、二階さんの機敏な行動力と卓越した発想の幅の広さがあいまって、いい方向に総合的に動いたのではないだろうか〉

一方、公明党は、この総選挙で選挙区から立候補した二三九人の自民党候補を推薦した。そのうち、なんと二二四人が当選した。落選したのは、一五人だけであった。わずか三四日間の選挙戦で自公の選挙協力がうまくいったのは、選挙の実務を担当した武部幹事長、二階総務局長と公明党の冬柴鐵三《ふゆしばてつぞう》幹事長の信頼関係によるところが大きかった。

武部幹事長は、のちに自民党勝利の要因について、こう表現した。

「二階の頭文字のN、同じように中川政調会長のN、武部のT、竹中平蔵のTで、NNTTだ」

渡部恒三は、自民党の大勝に複雑な心境であったが、最大の功労者は二階だと思っている。共に事を成すとき、誰よりも頼りになる男だ、と渡部は評価する。

〈小沢一郎が二階を手放さずにいたら、民主党の党勢は拡大し、小沢政権が実現していたのではないだろうか……〉

かつて竹下登元総理は、政治の要諦についてこう言っていた。

「汗は、自分でかきましょう。手柄は、人にあげましょう」

渡部は、二階こそ、その竹下哲学の模範生であると見ている。政治家は、おおよそ「真面目だが、行動力がない」というタイプと、「行動力はあるが、信用できない」というタイプに分かれる。二階のように誠実で行動力があるという両方そろった政治家は、滅多にいない。

二階は、この総選挙によって比例当選議員が中心ではあるものの二階グループの議員数が増加することになり、一定の政治的影響力を持つことになった。

平成一八年九月、安倍晋三内閣では自民党国会対策委員長に、平成一七年（二〇〇五年）一〇月に発足した第三次小泉改造内閣において経済産業大臣として入閣する。

平成一九年九月の福田康夫《ふくだやすお》内閣では総務会長に、福田改造内閣では、再び経済産業大臣に就任する。

平成二〇年九月の麻生太郎《あそうたろう》内閣でも経済産業大臣に引き続き再任された。

平成二一年一一月には、志帥会《しすい》（伊吹派）へ合流し、二階グループは解消された。

平成二四年一二月、伊吹文明《いぶきぶんめい》が衆議院議長へ就任するにともない、派閥を離れると、志帥会は伊吹派から二階派へと衣替えした。

その後、平成二五年一〇月には第二次安倍内閣で衆議院予算委員長に就任。与野党に広がる人脈を駆使して、衆議院において史上最速で予算案を通過させた。
平成二六年九月、第二次安倍改造内閣で党三役の総務会長に就任。
そして、自民党「ナンバー2」の幹事長就任となったのである。

第四章

自民党幹事長・二階俊博の胆力

一致団結しなければ意味がない

自民党の二階俊博幹事長は、第一次安倍内閣と第二次安倍内閣の違いは、安倍総理に対する党内の評価、世間的な評判が大きく向上した点だと考えている。二階の長い議員経験から見ても、これはやはり、安倍総理自身が自信を持って政治に取り組んでいるからにほかならない。

昔から、総理大臣が就任すると、党内からなるべくその内閣を早く終わらせようとする勢力が現れる。政治目標のひとつとして、内閣を潰しにかかるようなグループが存在するのである。

しかし、第二次安倍内閣に関しては、少なくとも自民党内には、総理の座から引きずり降ろそうなどと考えている者はいない、と二階は見ている。皆が、安倍の政治手腕に満足しているのだ。

外交ひとつとってみても、世界中をまわって国際的に見事なコミュニケーションを実現している。このことに対して、党内からは賞賛の拍手が鳴り止まない。

なぜ、安倍外交は順調なのか。それは、安倍総理自身が祖父の岸信介元総理、大叔父の佐藤《さとう》栄作《えいさく》元総理、父親の安倍晋太郎《あべしんたろう》元外務大臣と、大物政治家に囲まれて育ってきたという家庭環境も大きい、と二階は考えている。

さらに、これまでの外交が成功し続けていることの好影響もあるだろう。

平成二七年（二〇一五年）八月、二階率いる志帥会は、秩父での夏期研修会で同年九月の自民党総裁選を前に全会一致で安倍総理の再選を支持する旨《むね》を記した書状を作成している。

二階は語る。

「派閥なんてね、一致団結しなければ何の意味もない。ひとりでも欠ける者が出たり、消極的賛成なんてあったりしたら価値がないんだ。さらに言えば、当然、決断は早い方が良い」

この時、全員の意見を揃えるために、二階は一人ひとりに意見を聞き調整をおこなった。派閥内、党内の人員がバラバラの動きをしているようでは、ダイナミックな政治はできない。

例えば、民進党の分裂などを見ていると、そのことがよくわかるという。

多少の意見の食い違いで、仲間割れをするようでは、団結して政治に取り組むことはできない。構成員全員の意志を一致させられるということこそが、自民党の歴史の重みだと二階は感じている。

なお、二階と公明党とのパイプは太い。平成二七年一二月、消費税の引き上げに関連して、導入される軽減税率をめぐり、その対象品目の拡大が争点になった。その際も、二階は、公明党の漆原良夫《うるしばらよしお》中央幹事会会長に相談し頻繁に、意見交換をおこなった。二階は、漆原とは付き合いが長く、同じ新進党に所属していた時期もある。気心が知れた仲だ。

軽減税率については、公明党に迷惑をかけないようにと、細心の注意を払いながら調整した。結果的に、この時は、軽減税率の対象品目について、生鮮食品と加工食品の「食料品全般」とすることで正式合意した。

大晦日、被災地に

平成二八年（二〇一六年）一二月二二日の昼前から二三日の夕方まで、新潟県糸魚川《いといがわ》市で大規模火災が発生した。

糸魚川駅近くの中華料理店で発生したこの火事は、強い南風が吹いていたことや、発生地域が昭和初期に建造された雁木造《がんぎづくり》の商店街や木造住宅の密集地域であったため、日本海方向に拡大、延焼した。

その規模は、多発的に出火する地震や津波の二次災害を除いて、単一出火の延焼では、日本国内で過去二〇年間で最大となった。

人的被害は、消防団員一五名を含めて、負傷者一七名で、死者は発生しなかった。

その一方、建物への被害は激しかった。慶安三年（一六五〇年）創業で新潟県最古の酒蔵として知られている「加賀の井酒造」の酒蔵、相馬御風《そうまぎょふう》に所縁《ゆかり》の品を所蔵し過去の糸魚川での大火を免れて一九五年にわたって存続してきた割烹「鶴来家」、北大路魯山人《きたおおじろさんじん》、美空《みそら》ひばりなどの多くの著名人が宿泊したことで知られる旅館「平安堂」などが焼失した。

この災害からの復興にいち早く動いたのが自民党幹事長の二階俊博であった。

二階は、被害状況を聞き思った。

〈これは自然災害以外のなにものでもない。被災者生活再建支援法が絶対に適用されるべきだ〉

被災者生活再建支援法は、自然災害の被災者への支援を目的とした法律で、阪神・淡路大震災をきっかけに平成一〇年に成立した。

この法律が適用されると、住宅の被害程度に応じて、全壊した自宅を新築で再建した場合は最大三〇〇万円、大規模半壊で新築した場合は最大二五〇万円などが支給される。また、新潟県、糸魚川市の制度で上乗せ額は全壊が一〇〇万円、半壊が五〇万円である。

新潟県内では、平成一六年の中越地震で適用された。また、平成一九年の中越沖地震を契機に、それまで家財道具購入などに限られていた用途が住宅再建などにも拡大された。

だが、この法律はこれまで地震による被害などが中心で、火災による被害での適用はなかった。しかし、二階は適用するべきだと強く思っていた。すぐさま、自民党として取り組みはじめた。

一二月二七日には、自民党災害対策特別委員会・総務部会の合同会議を開催した。

この会議で、すでに現地視察をおこなった自民党新潟県連の報告や要請を踏まえて、今回の火災災害を強風による「自然災害」と位置づけて、被災者生活再建支援制度を活用することができないか、政府に早急の検討を求めることを決定した。

こうした声を受けて、政府内でも検討が進んでいく。松本純《まつもとじゅん》防災担当大臣、麻生太郎財務大臣らが調整し、最終的に安倍総理大臣が適用を決断した。

一二月三〇日には、第二回の自民党災害対策特別委員会・総務部会の合同会議が開催された。この席で、松本防災担当大臣は、糸魚川大火で住宅被害を受けた人に被災者生活再建支援法を適用し、支援金を支給することを明らかにした。こうして火災では初めてとなる支援金の支給をおこなうことが決まったのだ。

自民党の幹事長代理を務める林幹雄は、ホッと胸をなでおろしていた。

〈良かった。住宅再建のメドが立ち、被災者の方たちも安心して年が越せるな〉

林は、会議終了後、自民党幹事長室を訪れ、二階に言った。

「幹事長、すぐに適用が決まって良かったですね」

そう言って、林は幹事長室を引き揚げようとした。その林に、二階から声がかかった。

「よし、これから現地に行くぞ」

林は驚いた。

「えっ、幹事長、今からですか？」

二階が続けた。

「せっかく決まったんだったら、すぐに報告しに行こう。それに現地の視察をして激励もしなきゃダメだ。この寒空の下、被災者の方たちは不安になっているだろうから励まさないといけない。それだけじゃなく、今後についての要望もあるだろうから、それも聞いて次の取り組みに進まないといけない」

「わかりました」

林はすぐに糸魚川市まで視察に向かう調整に取りかかった。なにせ年の瀬の一二月三〇日である。一年のうちで最も飛行機や新幹線のチケットが取りにくい時期だ。

すぐに調べた。飛行機も北陸新幹線も、ほぼ売り切れだった。林は困った。

〈どうするか、こうなったら、ヘリをチャーターするしかないか……〉

そう思ってヘリコプターの運航会社に問い合わせてみた。だが、それも無理だった。

〈最悪、バスをチャーターして一晩かけて行くしかないか……〉

そう思っているとき、たまたま羽田空港発富山空港行きの最終便である全日空三二一便が一三席ほど空席があることがわかった。

林はすぐに言った。

「よし、それを押さえてくれ」

富山市から新潟県の西端にある糸魚川市まで車で一時間ほどだ。

林は、富山市で一泊したのち、翌日の朝早くから視察するスケジュールを組んだ。

と同時に、米山隆一《よねやまりゅういち》新潟県知事（当時）や糸魚川市の米田徹《よねだとおる》市長など現地の首長にもすぐに連絡した。

二階と林のほか、視察に同行したのは、副幹事長で北信越ブロック担当の左藤章《さとうあきら》、副幹事長の堂故茂《どうこしげる》、自民党政調会長代理で災害担当の片山《かたやま》さつき、自民党災害対策特別委員長の三原朝彦《みはらあさひこ》、自民党災害対策特別委員長代理の佐藤信秋《さとうのぶあき》、自民党災害対策特別委員会の事務局長の坂本哲志《さかもとてつし》、自民党国土強靱化推進本部事務総長の福井照《ふくいてる》、環境副大臣の伊藤忠彦《いとうただひこ》、自民党新潟県連会長の長島忠美《ながしまただよし》、地元の新潟県第六区選出の高鳥修一《たかとりしゅういち》、新潟県選出の塚田一郎《つかだいちろう》らであった。

じつは、被災者生活再建支援制度の適用のほかに、もう一つ心配事があった。

それは、火災により大量に出現したがれきの処理費であった。火事の場合は、本来がれきの処理は自己負担になる。

だが、自然災害の指定を受けるとそれも自己負担がゼロになる。被災者にとってみれば、その方が経済的な負担は軽減されるし、復興に向けた足がかりにもなる。

がれきの処理費をめぐっては、糸魚川市は、原則として八割を負担し、所有者の負担は二割を上限にする方針を示していた。

二階は、糸魚川市役所で米山知事、米田市長らと意見交換した際に語った。

「災害廃棄物（がれき）の処理費は被災した方々の心配事なので、個人負担はゼロにしよう」

その後、二階たちは、被災現場を視察した。火災からまだ一週間ほどだったため、市の中心部には深刻な火災の影響が残っていた。

二階は、報道陣に対し、個人負担ゼロの方針について語った。

「この方針通りやる。一つひとつ市長や知事とよく相談しながら対応したい」

二階の発言を受けて、米田市長は、この日午後の記者会見で語った。

「力強い言葉をいただいた。国が費用を何割負担するかなど、詳細は年明けに協議したい」

視察を終えると、二階たち一行は北陸新幹線で夕方に帰京した。

二階の行動は、その後も迅速だった。

現地でのヒアリングをおこなうと、すぐさま聞いた五項目の要望について、自民党の災害対策特別委員長の三原朝彦に指示を飛ばした。

「委員長、この要望を今すぐ各省庁に伝えてくれ。三一日でもやっているはずだ。それで年が明けた六日におこなう三回目の対策会議でその結果が報告できるようにしてくれ」

林は、一瞬も気を緩めることなく、大晦日の最後の最後まで仕事に徹する二階の凄まじさに驚嘆した。

年の明けた平成二九年一月五日、この日は自民党の仕事始めであった。

安倍総理は、自民党役員会の席で二階に礼を言った。

「二階幹事長に心からお礼を申し上げたい。三一日の大晦日に被災地に行き、現地の要望を改めて聞いて対応してくれてありがとうございます。国民に自民党がいかに仕事しているかアピールしてくれて、本当に感謝しています」

一月一二日、糸魚川市は、被災した建物のがれき撤去費用について、全額を国と市が負担すると発表した。

その後の調整もあり、最終的には、国が費用の九割を負担し、残る一割を市が負担することで調整がついた。視察時に二階が提案した通りの結果になったのだった。

稲むらの火の教訓

なお、二階の地元・和歌山県広川町《ひろがわちょう》には、「稲むらの火」と呼ばれる古い物語が残っている。

これは、地震後の津波に対する警戒心を強めることの必要性と、自己犠牲の精神について説いた逸話だ。

幕末の安政元年（一八五五年）一一月五日、安政南海地震が発生した際、村人たちは祭りの準備に追われていた。

千葉県銚子市でヤマサ醤油を営む七代目の濱口梧陵《はまぐちごりょう》は、生まれ故郷の和歌山で篤志家として知られる実業家だ。濱口は、地震後の津波の発生にいち早く気が付き、村の高台にあった、刈り取ったばかりの稲わらに火を放ち、逃げまどう村人たちに高台に避難するよう知らせた。村人たちは、その消火のために集まり、津波から逃れることができたという。

この「稲むらの火」の教訓をきっかけに、二階は、国内でその地震のあった一一月五日を「津波防災の日」と定めた。さらに、国連に津波対策を働きかけ、日本ほか一四二カ国が共同提案国となって、平成二七年一二月、国連総会第二委員会で全会一致で選定された。一一月五日が「世界津波の日」として制定された。

今後、早期警報や住民避難など津波対策の重要性を広めるため、各地で啓発運動がおこなわれることになる。日本はその活動を後押しする方針だ。

二階は意気込んでいる。

「日本が提案者であるという責任を感じながら、津波対策を各国に呼びかけたい」

機密は懐刀にも漏らさない

安倍総理による衆議院解散の情報が流れはじめていた平成二九年（二〇一七年）九月一五日、二階は、外遊先のインドから戻った直後の安倍総理とふたりだけで食事をしている。

その後、自民党本部に戻ってきた二階に、幹事長代理の林幹雄は、直接聞いた。

「総理と、選挙の話は出ませんでしたか」

「いや、出なかったよ」

二階は瓢々と答えたという。

同じ日の午後三時、与野党幹事長会談のあとで、公明党の井上義久《いのうえよしひさ》幹事長が林に聞いてきた。

「林さん、選挙の話、聞いてない？」

「いや、聞いてないですよ」

林は答えた。

「二階さんにも聞きましたが、そんな話は出なかったと言ってましたよ」

「マスコミがざわざわしていて、すごいんだよな。本当に選挙になるなら、準備しないといけないし」

井上はそうこぼしながら、去っていった。

翌一六日、林が千代田区永田町一丁目の自民党本部に行くと、二階も出てきていた。

「幹事長、選挙の話でマスコミがもちきりですよ。臨時国会で解散だとか言ってますけど、どうなんですか」

林に問われると、二階はいつもの調子で言った。

「なら、総理に確認してみようか」

「じゃあ、私が電話します」

林はそう言って、安倍総理に電話をかけた。

すると、安倍は逆に林に聞き返してきた。

「あれ、林さん、幹事長から聞いてない？」

二階は、二階の懐刀《ふところがたな》と言われている林にまで安倍総理から伝えられていた衆議院の解散について漏らさなかったのである。

もし、マスコミが報道するように、臨時国会で解散がおこなわれる場合、公認の調整など準備はたくさんある。

林がそのことを伝えると、安倍は「そうか。林さん、選対委員長代理だもんな」と言い、さらに続けた。

「月曜日に国連総会に出席するためにニューヨークに向かわなければならないんだけど、その前にちょっと幹事長と一緒に来てくれませんか」

林はその場で二階の了解を取り付けて、九月一八日の月曜日に安倍総理と会うことになった。

九月一八日の月曜日、安倍総理は、午後二時過ぎにニューヨークに向けて羽田空港から出発する。その直前に総理の私邸に行くことになった。

しかし、選挙近しの風向きを感じて、与党の幹部には常に番記者がマークしていた。これでは動きが取れない。

林は、何食わぬ顔で赤坂の議員宿舎の玄関を徒歩で出て、記者が見えなくなってから二階の車に乗り込み、合流した。

それから、安倍の私邸がある渋谷区富ケ谷に向かった。

私邸の一階に車で乗り入れると、エレベーターで二階へと上がった。そこに安倍総理が昭恵《あきえ》夫人を伴って待っており、ふたりは応接室へと通された。

いきなり、安倍は切り出した。

「解散の話は、国連から戻ってから明確にするけれども、冒頭解散も頭に入れて公認調整を急いでください。解散時期については、国連総会から戻って判断するので、まだ口外しないでください」

林は類推した。
〈「冒頭解散も頭に入れて」ということは、これは解散するということだな〉

排除の論理と引き締め

じつは、平成二九年（二〇一七年）の衆院選の事前の情勢調査の結果は芳しいものではなかった。当選一回、二回の若手はこれまでの選挙では風で勝ってきていた。みな吹き飛んでしまうのではないかという予想もあった。一時は、「七〇議席減」という数字まで上がっていたほどだ。

二階は野党の実力や選挙態勢を正確に把握していた。「大負けはしない」との確信もあった。それでも、こんな思いはあった。
〈多少は議席を減らすかもしれんな。とはいえ、勝つ見込みがあるからこそ、解散に踏み切ったわけだ〉

九月二三日から二六日にかけて、自民党は衆議院選挙の議席予想を調査している。これによれば、自民単独で二七二議席。公明を合わせると、三〇四議席となっている。公示前の自公勢力は三一九議席だから、一五議席を失う計算だ。九月初旬の調査と比べても、五議席マイナスとなっている。

小池百合子東京都知事が九月二五日に、「希望の党」の結党を発表しても、二階は動じなかった。

〈飛び上がっている場合じゃない。よく見極めなきゃいかん〉

九月二九日には、小池百合子の「排除」発言も飛び出した。

案の定、希望の党はここから失速を始める。

〈「排除します」「さらさら受け付けません」の「一言」だもんな。怖いもんだ。特にテレビは持ち上げるだけ持ち上げて、落とすときはガクンと落とす〉

総選挙が公示されてから二日後の一〇月一二日、二階幹事長は、自民党の全候補者に向けて緊急通達を送った。新聞各紙が序盤情勢として与党の優勢を報じた直後であった。

二階の緊急通達は、「あたかも我が党が優勢であるかのような報道がされているが、一瞬たりとも楽観を許さない極めて厳しいものであることを肝に銘じてほしい」という内容であった。

この緊急通達は、自民党の候補者たちの気を引き締めるのに大きな効果があった。

自民党に追い風が吹き始めても、二階は「いい気になるな」「風が吹いていない選挙区もある」と、手綱《たづな》を引き締めるのを忘れなかった。

〈自民党には若い候補者が多い。あまりいい気になられた日には、手痛い目に遭う可能性がないとは言えない。そこはしっかり油断せずに頑張っていかないと。この点は仲間に何としても伝えなければいかん。幸い、引き締めの効果は多少あったんじゃないか〉

一〇月二二日の投票日直前の一〇月一四日から一五日にかけての調査では数字がさらに動く。自公合わせて三二二議席との予想が出た。公示前の議席にさらに三議席上積みできることになる数字だった。

総理も驚いた抜擢人事

この衆院選では、小泉進次郎筆頭副幹事長の人気が凄まじかった。聴衆が二〇〇〇人規模で集まった。安倍総理の人気に匹敵するかもしれないと林幹雄は感じた。

応援演説の引き合いも殺到して、幹事長室ではさばききれず、総理遊説と同様に遊説班に任せることになった。

遊説班のなかに小泉班を別に作って、そこで調整するのだ。都道府県連からの「進次郎を寄こしてほしい」のリクエストには、遊説班にSOSを送るように通達を出した。

じつは、自民党の人事で話題になったのが、小泉進次郎の「筆頭副幹事長」起用だった。

これには、伏線があった。

平成二九年（二〇一七年）八月三日の内閣改造で、石破派の齋藤健《さいとうけん》がわずか当選三回で農林水産大臣に抜擢されていた。

林幹雄幹事長代理は、二階に提案した。

「うちも、当選三回の小泉進次郎を筆頭副幹事長にしませんか」

二階もそのアイデアに応じた。

「いいね。小泉を口説いてみてくれ」

そこで林は、小泉進次郎を口説き始めた。

が、それに対して小泉は、当初固辞する姿勢を見せていた。

「筆頭副幹事長は、当選五回とか六回の人がやるべき重職です。自分のような若手が担当したら、幹事長室のバランスが崩れます」

林は、渋る小泉に対して、重ねて口説いた。

「何を言っているんだ。あんたの親父さんは、まだ当選三回の若手議員だった安倍晋三官房副長官を幹事長に抜擢している。それを考えれば無理な人事ではないよ」

それでも、小泉は固辞し続けた。

「父は父、私は私です」

そう言ってにべもない。これには、林も唸るしかなかった。

次の日になり、今度は二階が動いた。

林は、二階から言われた。

「小泉を呼べないか」

林が調べてみると、小泉は福島からの帰りの車中であった。

林は頼んだ。

「じゃあ、その足でこっちへ来るように言ってくれ」

料理屋で会合中だった二階は、隣にも部屋を取らせて、そこで福島から戻ってきた小泉と会った。林も同席した。

この時、官邸からの指示で「筆頭副幹事長」はすでに五回生の柴山昌彦《しばやままさひこ》（現・文部科学大臣）に内定していた。

それでも、二階は小泉に対して約束した。

「承知してくれるなら、君を筆頭にする」

すると、小泉も提案してきた。

「筆頭副幹事長を、二人にしてくれませんか。自分がその役職に就くと、順番が乱れるからやりにくい。副幹事長も衆院議員だけで一五人もいます」

「副」がつくとは言え、筆頭副幹事長はそれほどの要職だ。小泉の提案を聞くと、二階は即答した。

「わかった。それなら、二人体制で行こう」

小泉を報道担当の筆頭副幹事長にすることで、その場の話はまとまった。細かいことはスタートしてからまた詰めればよい。

小泉が受諾したところで、二階は林に命じた。

「総理に知らせておきなさい」

小泉が帰ってから、林は安倍総理に電話を入れた。

「筆頭副幹事長を二人体制にして、小泉君も筆頭にします」

安倍総理は林の話を聞くと言った。

「おお、グッドアイデアだね」

そして続けた。

「確かにそりゃあいい人事だけど。本人が引き受けるかな？」

「いや、もう受けました」

「ええっ!?」

安倍ですら驚いた小泉の筆頭副幹事長就任劇は、改造人事の大きな目玉となった。

進次郎の提言

小泉進次郎が筆頭副幹事長になったことで、執行部の約束事で早速変わったことがひとつある。

自民党役員会の後の幹事長の記者会見で、これまでは「総裁はこう言った」「総務会長はこう言った」と、幹事長自身が発言内容を発表していた。これに対して、小泉が「幹事長が全部言うのはおかしい」と疑問を呈したのだ。

「幹部の発言内容を伝えるのは、幹事長ではなく、誰か別の方が担当して、幹事長はご自分の発言をしてから記者の質問に応じる形の方がいいと思う」

林は思った。

〈そう言われればそうだな〉

林は、二階に報告し決めた。

「では、小泉進次郎がこれまで二階幹事長が報告していた役員会の様子を代わって報告する。そのあとに幹事長が発言して、それから記者の質問を受け付ける。そういうスタイルでやってみましょう」

実験的にそのようにやってみたところ、評判は良かった。

小泉は「幹事長室特命担当」として、選挙対策や広報など、広く党務全般に携わる。二階の小泉への評価も上々だ。

〈進次郎は真面目にやっているし、頭もいい。ここでよく頑張っておけば、将来、頑張った分だけ得られることもある。私から言うのもどうかとは思うが、今後、政治家をやっていく上で今回の仕事は大いに参考にはなるだろう〉

当選四回となった現在、小泉進次郎が党務を経験したことの意義は計り知れない。

〈政治のとらえ方、把握の仕方が違ってくる〉

さて、この衆院選で希望の党代表（当時）の小池百合子東京都知事に対しての小泉進次郎のコメントも見事なものだった。

小泉進次郎は、衆院が解散された九月二八日午後、国会内で記者団に小池知事を挑発するように語った。

「小池さんに出ていただき、夢と希望を語る自民党と、希望を語る希望の党、希望対決でいいじゃないですか」

さらに語った。

「運動靴とヒールを使い分けるのではなく、わかりやすく一つの靴を履いていていただきたい」

二階は、小泉の選挙応援を評価する。

〈進次郎筆頭副幹事長のおかげで自民党が若い層にもフレッシュなイメージを持ってもらえた。今回の衆院選にも貢献している。立派なもんだ。進次郎は自民党でも一、二を争う人気者だ。人っちゅうのは何を考えているかわからん。若くてチヤホヤされている奴を側で見ておって、嫉妬するような議員ばかりでは党は大きくなれない。私は幹事長として進次郎に党務を堂々とやらせているが、ベテランにはそういう包容力がなければいかんのじゃないか〉

「公認」か「推薦」か

この衆院選で、林幹雄が選挙対策委員長代理を務める選挙対策本部は、大車輪で働くことになった。まずやることは、公認候補の決定だった。これは当然、現職が優先される。問題は現職議員がおらず、候補者が決まっていない選挙区だった。

候補の選出については、自民党の各都道府県連からも推薦が届く。ところが、地域によっては一筋縄ではいかない場合もある。

この時期、衆議院の解散がなければ、現職議員の死去にともなう補欠選挙が青森四区、新潟五区、愛媛三区の三選挙区で平成二九（二〇一七年）一〇月二二日に執行される予定であった。

青森四区と愛媛三区は候補者が決まっていたが、新潟五区では調整が遅れていた。

自民党新潟県連内でゴタゴタがあり、その影響で、公認候補が決まらなかったのだ。何事もなければ、元新潟県知事の泉田裕彦《いずみだひろひこ》になるはずだった。が、自民党の新潟県議団が反対していた。

そのタイミングで総選挙に突入したものだから、候補者が決まらない。新潟は、一区から六区まである。地元の自民党新潟県連からは一応の公認候補「候補」が上がってくるのだが、泉田が出馬しようとしている問題の新潟五区は白紙で届いた。

そのため、新潟五区の公認候補は、自民党本部で決定することになり、結局、泉田が公認となる。

泉田は、選挙戦では無所属で出馬した前魚沼市長の大平悦子《おおだいらえつこ》を破り、初当選を果たす。当選後は、志帥会（二階派）に入会した。

公認候補がすんなり決まる選挙区ばかりとは限らなかった。全国で二〇ほどの選挙区で、候補者選びが難航した。

山梨二区、埼玉一一区、岡山三区では、与党系の候補者が競合したため、「勝った方を自民党公認にする」という厳しい状況となった。

埼玉一一区の小泉龍司《こいずみりゅうじ》は、かつて郵政民営化をめぐって反対票を投じたため、平成一七年九月一一日の衆院選では自民党の公認を得られず、無所属で出馬し落選していた。小泉は、その後、自民党を離党していた経緯があった。

だが小泉は、平成二一年八月の衆院選に無所属で出馬し、国政復帰を果たす。その後は平成二四年一二月、平成二六年一二月の衆院選で、無所属ながらも当選を重ねていた。

また、小泉龍司は、無所属のままで自民党の志帥会に特別会員として入会していた。自民党内には、「もう復党させてもいいのではないか」という意見もあった。

だが、自民党埼玉県連は強硬に反対していた。

埼玉では、候補者が自民党の「公認」か、「推薦」かで、色分けされた。「推薦」候補は、無所属での出馬になるので、比例復活ができない。

「公認」か「推薦」か。その差は、天国と地獄ほども大きい。

結局、小泉は、一〇月四日付けで自民党に復党したうえで、今回の衆院選では無所属で出馬した。

小泉は、自民党の「推薦」を受けて無所属で出馬した今野《こんの》智博《ともひろ》との三度目の対決も制し、六選を果たす。その後、自民党から追加公認を受ける。

こうした構図は、他にもあった。山梨二区でも同様の対立となった。

長崎《ながさき》幸太郎《こうたろう》（現・山梨県知事）は、平成二四年一二月の衆院選で、山梨二区から無所属で出馬、自民党総務会長、通産大臣や労働大臣を歴任し、富士急行会長でもあった堀内光雄《ほりうちみつお》の長男の妻である堀内詔子《のりこ》を破り、当選する。平成二六年一二月の衆院選でも無所属で出馬し、当時総務会長であった二階の支援を受けて、自民党公認の堀内を再び破り、当選した。

山梨二区では、自民党本部と自民党山梨県連が睨み合うかたちとなり、自民党総裁である安倍総理も困り果てた。

「幹事長と選対委員長に一任する」

そう言わざるを得なかった。

長崎は、この衆院選では、自民党から復党を認められたものの、公認は得られなかった。結果的には「勝った方が自民党」というルールが優先された。

そのため平成二九年の衆院選では、長崎は無所属で出馬し、自民党の推薦を受けて、やはり無所属で出馬した堀内に破れ、落選する。

ただし選挙後、長崎は二階幹事長から自民党幹事長政策補佐に任命された。

神奈川四区では、かつてみんなの党に所属していて、平成二九年九月二七日に自民党に入党したばかりの浅尾慶一郎《あさおけいいちろう》と自民党現職の山本朋広《やまもとともひろ》のふたりが公認をめぐり、争っていた。

山本朋広は、防衛副大臣であったが、希望の党の出現によって、自民党に留まるかどうか逡巡しているという報告があった。

官邸サイドには「山本がもし離党した場合、マスコミに攻撃の口実を与えることになる」と危惧する声があった。

それでなくても神奈川八区を選挙区としていた自民党の衆院議員で、第三次安倍内閣の内閣府副大臣だった福田峰之《ふくだみねゆき》が九月二四日に自民党からの離党し、小池新党への参加を表明していた。その騒動の直後でもあり、連鎖反応が起こる可能性もあった。

山本の離党を食い止めるためには、自民党公認を確約するしかない。

二階幹事長から、林に電話があった。

「なんとかならないか」

浅尾を自民党に入党させたのは二階の力あってのことである。

林は答えざるを得なかった。

「いや、それは難しい」

山梨二区、埼玉一一区、岡山三区でも「勝った方が自民党」という原則を貫いている。ここだけ例外を認めるわけにはいかない。

だが、防衛副大臣は制度上一人しかいない。そのたった一人の副大臣が離党でもしようものなら、どんな騒ぎになるかわかったものではない。

結局、安倍総理と二階幹事長のトップ会談により、山本朋広が自民党公認になり、浅尾は無所属で出馬することになった。

ところが蓋を開けてみると、立憲民主党から出馬した早稲田夕季《わせだゆき》が予想外の強さを見せて、小選挙区で勝利し、初当選。自民党公認の山本朋広が二位で比例復活当選、無所属の浅尾は三位となり落選の憂き目を見ることとなる。

群馬一区も、複雑な地元事情があった。

中曽根康隆《なかそねやすたか》が出馬を表明したのは、自民党の公認候補の一本化がほぼ決まった後だった。

もともと群馬一区は、佐田玄一郎《さたげんいちろう》と尾身朝子《おみあさこ》の二人が公認争いをしていた。

自民党群馬県連は尾身を推していて、佐田は公認から外された。

そこに、中曽根康隆がさらに手を挙げたのである。

かつて群馬一区を地盤としていた尾身幸次《おみこうじ》元財務大臣を父に持ち、前回の衆院選で北関東ブロックの比例単独で当選していた尾身朝子は、一年以上も前から群馬一区で出馬する準備をしてきた。

しかし、圧倒的人気を持つ中曽根康弘元総理の孫が出馬を表明した。中曽根康隆は、議員でもなく、父の中曽根弘文《なかそねひろふみ》元外務大臣の元秘書に過ぎず、派閥にも属していない。ただ「大勲位の孫」というだけであった。

事前の情勢調査によれば、尾身朝子と中曽根康隆の支持は拮抗していた。もし、前回比例復活で、今回、希望の党から出馬する宮崎岳志《みやざきたけし》が、保守分裂の合間を縫って得票を伸ばした場合、尾身と中曽根康隆のふたりが共倒れになる可能性もあった。

自民党本部としては、保守分裂を避けるためには、あとから手を挙げた中曽根康隆の選挙区からの出馬を断念させるしかなかった。

林は急遽、中曽根康隆を東京に呼び、訴えた。

「このまま両方落選したら、あなたの責任だということになり、『中曽根が出馬したせいで野党に議席をとられた』ということになる。自民党県連からは除名されるだろうし、中曽根家の名誉ある系譜に汚点を残すことになる。それでもいいのですか」

中曽根康隆の後援会長も巻き込んで話し合いがもたれた。

林は、中曽根康隆を説得した。

「次の選挙まで時間はある。それまでにしっかり地盤を固めて、次の公認を狙ってくれ。今回は尾身朝子の応援にまわってくれないか」

話し合いの末、自民党の公認候補を勝たせるために、中曽根康隆は、北関東ブロックから比例単独で出馬することになった。

が、比例単独出馬といっても、選挙区と重複する候補者が優先されるため、掲載順位は下位の三〇位であった。衆院選の結果次第では、その順位までまわってこないかもしれない。

中曽根康隆は、尾身の応援にまわり、尾身の決起集会に二〇〇〇人の支持者を集めた。

選挙の結果は、自民党の圧勝によって、「次回を待て」と説得された中曽根康隆まで、比例で当選することとなったのだ。

元々、北関東ブロックは苦戦すると、林幹雄は考えていた。

しかし、自民党は比較的野党が強い埼玉県で大健闘した。一区の村井英樹《むらいひでき》、二区の新藤義孝《しんどうよしたか》、三区の黄川田仁志《きかわだひとし》、四区の穂坂泰《ほさかやすし》、七区の神山佐市《かみやまさいち》、八区の柴山昌彦、九区の大塚拓《おおつかたく》、一〇区の山口泰明《やまぐちたいめい》、一一区の小泉龍司、一二区の野中厚《のなかあつし》、一三区の土屋品子《つちやしなこ》、一四区の三ツ林裕《みつばやしひろ》巳《み》、一五区の田中良生《たなかりょうせい》が小選挙区で当選した。

比例復活だったのは、立憲民主党の枝野幸男《えだのゆきお》代表に敗れた五区の牧原秀樹《まきはらひでき》と希望の党の大島《おおしま》敦《あつし》に敗れた六区の中根一幸《なかねかずゆき》だけであった。

北関東ブロックでは、自民党は七議席を獲得することができたため、掲載順位下位の三〇位の中曽根康隆だけでなく、三三位の神田裕までが当選することになった。

福井県を地盤とする志師会の山本拓《やまもとたく》は、前回は比例単独での当選だったが、今回は選挙区からの出馬を目指していた。だが、選挙区からの出馬はかなわず、福井一区は稲田朋美《いなだともみ》、二区は高木毅《たかぎつよし》、北陸ブロックの比例単独から山本拓という陣容に決まった。

福井県は、平成二五年の区割り変更により、定数が減らされたいわゆる「減員区」だった。それまで小選挙区が三つあったものの、二つに減らされた。

自民党では、減員区の煽りを受けた現職議員は、二回の選挙までは比例で優遇される。結局、山本拓は、前回の衆院選に続き、北陸ブロックの比例一位で当選を果たした。

平成二五年には、福井県のほかにも、山梨県と佐賀県、徳島県、高知県が対象となり定数が減員している。また、平成二九年の区割り変更では、鹿児島県、熊本県、三重県、奈良県、青森県の五県が定数減の対象になった。

自民党系候補が競合した岡山三区では阿部俊子《あべとしこ》が当選した。

実は阿部は、平成一七年の衆院選に初出馬した時から、四回連続で比例復活当選であった。阿部の選挙区には郵政民営化の際に造反して以来、自民党を離党していた平沼赳夫《ひらぬまたけお》が選挙区での当選を続けていた。

平沼は、平成二七年一〇月二日、およそ一〇年ぶりに自民党への復党を果たしていたが、高齢と脳梗塞での後遺症を理由に引退を表明し、次男の平沼正二郎《しょうじろう》に譲ろうとしていた。

岡山三区は、自民党岡山県連による調整も進まなかった。結局、阿部俊子と平沼正二郎の二人を無所属で出馬させ、勝った方を追加公認とする方式で選挙戦に突入することになった。自民党岡山三区支部長の阿部は、「推薦」にとどまった。

選挙前の下馬評では、平沼赳夫の後援会を引き継いだ平沼正二郎が組織力があり優勢に見られていた。だが、結果は、阿部が当選し、平沼正二郎は落選となった。

突然の解散の影響を最も受けたのは、鹿児島一区のケースだ。

鹿児島一区の現職は、法務大臣などを歴任した保岡興治《やすおかおきはる》であった。保岡は、膵臓がんのため、突然、政界引退を表明することになった。

後継者には、長年保岡の秘書を務めていた長男の保岡宏武《ひろたけ》が擁立された。が、準備も間に合わず、自民党鹿児島県連も寝耳に水の状態であった。そのため、自民党の推薦で出馬するのか、公認で出馬するのかを巡り、混乱した。

その後、二階幹事長と塩谷立《しおのやりゅう》選対委員長の協議で「公認出馬」と決まったが、今度は比例重複での立候補の届け出ができなかった。公示直前の一〇月七日から九日が三連休で法務局の窓口が開かず、供託金を収められなかったのだ。

父親の興治は、高齢だったために、比例での重複出馬を想定せず、事前に供託金を収めていなかった。

突然の立候補になったこともあり、結局、保岡宏武は、立憲民主党の川内博史《かわうちひろし》の七万六六六九票に対して、七万四八三一票に終わり、一八六八票差で落選した。

平成二九年一〇月二二日に投開票がおこなわれた衆院選は、蓋を開けてみれば、自民党の大勝で、事前の予測を上回る議席を獲得した。公示前二八四議席だった自民党は、小選挙区で二一八議席、比例区で六六議席で、合計二八四議席だった。

議席自体は、プラスマイナスゼロの現状維持だが、定数が一〇議席削減されたなかでは十分な結果であった。

一方、連立与党の一角をしめる公明党は、五議席減の二九議席だった。

二階にとっても、幹事長として衆議院選挙の差配をしたのは初めての経験だった。「減らして当然」という空気の中で何を思っていたのか。

〈負ければ、責任を取らなければならん。石もて追われることになるかもしれん。そこは度胸を決めていた。勝った場合のことは考えなかった〉

二階は、自民党の勝因は一つしかないと思っている。

〈日常の政治活動、選挙活動を党全体でしっかりやっておったということだ。この点を国民の皆さんが評価してくれたんだろう〉

安倍三選の立役者

二階俊博幹事長は、平成二九年（二〇一七年）末、訪問先の北京で翌年九月に予定されている自民党総裁選への対応を問われ、明言した。

「次も安倍さん」

二階は政府首脳・与党幹部の中でもいち早く「安倍三選」の支持を表明した。最初の三選支持表明は、平成二九年一月で、その後もことあるごとに「安倍総理のあとは安倍総理」と発言し、二階の持論ともいえた。

二階は思う。

〈平成二九年一〇月の衆議院選挙は絶対に勝てる戦いではなかった。神様でもそんなことは言えない。総裁も幹事長もリスクを背負った戦いだった。安倍総理は国政選挙で五連勝を遂げている。こんなリーダーは他にいない。総理はいっそう安定感を増している。自信も持っておられる〉

二階は「安倍三選」に向けて考えていた。

〈一国会議員として、当然。懸命の努力をしたい〉

一方、安倍政権には憲法改正という重要課題もある。

〈自民党は憲法改正をここまで言った以上、改正への手続きに万全を期すということは至上命令。とにかく焦らないことだ。そこは慎重の上にも慎重にやるポーズだけでも必要だろう。国民投票の問題もある。しっぺ返しを食う可能性はあるわけだ〉

今後の政権運営についても考えている。

〈ある程度緊張感を持ってやっていかないといけない。安全コースの尾根をたどって歩くことだけを考えていたのでは、本当の支持者はついてこない〉

野中広務、綿貫民輔の復党実現

二階は、自民党を離党した野中広務と綿貫民輔《わたぬきたみすけ》のふたりを自民党に復党させるという離れ業をおこなった。

自民党は平成二八年（二〇一六年）六月、元幹事長・野中広務の復党を決定した。復党を推し進めてきたのは谷垣禎一幹事長（当時）ら自民党京都府連と「全国土地改良事業団体連合会」（全土連）会長を務める二階俊博総務会長である。

全土連は自民党の支持団体の中でも屈指の地力を持つことで知られる。野中は平成一五年に政界を引退した後も全土連の会長職にとどまり、辣腕を振るってきた。だが、民主党政権の下、土地改良事業予算の削減が進むなかで、「政治的中立を明確にする」と平成二三年に自民党を離党していた。

鳩山政権で民主党幹事長だった小沢一郎は、野中や二階とは因縁浅からぬ関係にある。小沢は平成二二年度の予算編成で土地改良関係の予算を半減させている。野中は民主党政権との間で政治的距離をどう取るかで苦渋の決断を迫られたのだ。二階もそのことは十分に察知していた。

〈確かにそういうことはあったかもしれない。ただ、野中さんは、自民党と喧嘩して飛び出したわけではない〉

野中の後任として全土連会長の椅子に座ったのは二階だった。形の上では野中から土地改良事業を二階が引き継いだことになる。野中は平成三〇年一月二六日に逝去するまで、全国土地改良事業団体連合会名誉会長の任に就いていた。

〈今回の復党と全土連、土地改良とは直接の因果関係はない。だが、そういうふうに理解する人もいるだろう。まあ、そんなことはどうでもいい〉

二階の胸にはこんな思いがあった。

〈自民党の幹事長をおやりになり、党勢拡大にも随分貢献された野中先生が今は事情があって、党を離れられている。党内で復党を議題に取り上げれば、みんな「ああ、そうかな」と思うだろう。しかし、普通のときはみんな忙しく人のことを振り向かないで、それぞれに跳ねているわけだ。このまま置いておけば、日が経つだけ。思い切って、党へ帰ってもらうようにしたほうがいいいんじゃないか〉

二階はそう考え、野中の復党を実現した。党内では特に誰からも強い異論はなかった。

〈早く党に帰っていただいて、よかった〉

二階に言わせれば、土地改良は日本の農業関連予算の中でも大きな存在感を醸し出している。民主党政権が削減してきた土地改良関連予算。平成二四年の政権奪還に当たり、二階にも心中期するものがあった。

〈自民党政権で土地改良予算を取り戻す。これは一つの目標だ〉

このことも伏線となり、野中の復党につながっていった。

二階は、平成二八年七月一〇日の参院選の比例区で自民党公認候補で、農水省出身の進藤金日子《しんどうかねひこ》を全国土地改良政治連盟から組織内候補として擁立した。

全国土地改良政治連盟が組織内候補を擁立するのは、民主党政権時に小沢一郎幹事長が予算削減を打ち出した翌平成二二年におこなわれた参議院選挙への擁立を見送って以来、九年ぶりのことであった。

進藤は、この参院選で初当選を果たし、選挙後、二階派に入会した。

進藤は、「政治で奪われた予算は、政治で取り戻すしかない」と語っている。

元衆議院議長の綿貫民輔も平成二八年一一月二日、自民党へ復党を果たした。

綿貫は幹事長や建設大臣を歴任し小渕恵三の後、平成研究会の会長まで務めた大物だ。郵政民営化関連法案に反旗を翻し、平成一七年に国民新党を旗揚げしたことで自民党を除名処分になっている。国会議員として党を除名された者が復党するのは初めてのことだ。

綿貫は現在、全国治水砂防協会会長を務めている。二階は同協会の理事職にある。

綿貫の復党に当たっても、二階は汗をかいた。野中にせよ、綿貫にせよ、自民党史に名を刻む功労者である。だが、二階らが働きかけなければ、復党が実現することは恐らくなかった。

〈永田町では時間が経てば、人のことは忘れてしまうもんだ。今の若い人たちは歴史の流れを知らない。知る努力もしない〉

野中と綿貫は、共に経世会・平成研究会の幹部でもあった。同じく経世会の流れを汲む二階と縁があったからこそ、復党が実現したとも言える。

〈清和会など、他派閥の人間に同じことができたかといえば、それは難しいだろう。特に昨日今日当選してきたような者は野中、綿貫という名前すら知らんだろう。何にしても、ふたりをこのままにしておくのはもったいないことだった〉

大訪中団

二階俊博幹事長は、平成二九年（二〇一七年）の大型連休前、五月一四日に北京で開催される現代版シルクロード経済圏構想「一帯一路」の国際協力首脳会議に出席する意向を表明した。「一帯一路」はもともと日米が主導する自由貿易の枠組みである環太平洋パートナーシップ協定（TPP）に対抗して生まれた。中国主導の経済圏を築き、その影響力を安全保障に及ぼす意図が込められている。首脳会議には、アジア各国の首脳が顔を揃えた。例外は日本政府だ。安倍晋三総理はもちろん欠席。中国側から打診があった世耕弘成経済産業大臣も出席を見合わせ、松村祥史《まつむらよしふみ》経産副大臣の参加でお茶を濁した。

日本政府の冷たい対応に直面した中国が、日本のトップとして白羽の矢を立てたのが二階である。

共産党独裁の中国では元来、党組織が重く見られる傾向にある。幹事長として、自民党では総裁に次ぐ地位を占める二階は「副総理」格としてもてなしを受けた。

今回の訪中には官邸から今井尚哉《いまいたかや》総理秘書官も参加した。一部には今井を二階の「お目付役」と観測する記事もあった。だが、今井の参加を決めたのは、二階だった。総理以外の外遊に総理秘書官が同行するのは極めて異例のことである。

経済産業省出身で安倍政権の「シナリオライター」とも目される今井が加わったことで、この訪中は官邸と党を挙げてのもの、という意味が加わった。

これに榊原定征《さかきばらさだゆき》日本経団連会長も加わる。経済界にはもともと安倍政権の対中政策に不満の声があった。

「一帯一路は大きなチャンス。日本もこれを生かしてやっていくべきじゃないか」

人口にして一四億人に近い中国。加えて、周辺諸国も加えれば、一帯一路にはとてつもない需要が見込まれる。日本企業がビジネスチャンスと捉え、それを取りに行くのは自然なことだ。

一帯一路経済圏会議について二階は思う。

〈政府はもともと反対だった。だが、今井秘書官を連れて行き、党と政府、財界を挙げての出席という形に持って行った。中国について何も知らん者にとって、これは大きい〉

二階は、これまでも中国とは深い関わりを持ち続けてきた。日中関係では、「井戸を掘った人」ということがよく言われる。田中角栄元総理などをはじめ、政界や経済界、文化人など多くの先人たちが両国の友好のために力を尽くしてきた。

平成一二年一月、当時小渕恵三内閣で運輸大臣を務めていた二階は、初雪の降りしきる北京を訪れ、多くの要人と会談する機会を得た。

そのとき、日中双方から話が出た。

「今年は、二〇〇〇年という日中交流の歴史の大きな区切りの年です。日中関係は、過去に先人たちが築いた二〇〇〇年にわたる堂々とした交流の歴史がある。この両国の友好関係は、さらに今後新たな二〇〇〇年へと継続発展していかなければならない。ちょうど、折り返し点のような記念すべき年に、日中間にこれを記念する行事が何も計画されていない。何か心に残るような記念の行事を計画していただきたい」

中国では、縁起が良いとされる初雪が舞う天安門の広場を眺めながら、中日友好協会の幹部たちと二階たち一行は、谷野作太郎《たにのさくたろう》駐中国大使（当時）も交えて、熱い意見交換をおこなった。

二階は、日中両国を代表する彼らの熱意に動かされて、その場で提案した。

「二〇〇〇年の年だから、二〇〇〇人の日本からの友人たちといっしょに、中国をふたたび訪れたい。そして、人民大会堂で、今日まで日中友好に貢献された両国の偉大な先人の遺徳を偲ぶとともに、これからの日中友好関係をさらに発展させるための催しにしたい」

出席者一同は、二階の提案にすぐに同意してくれた。

二階は、帰国するやいなや、すぐに「日中文化交流使節団二〇〇〇」の結成に取りかかった。趣旨に賛同してくれた関係者の協力もあって、たちまちにして二〇〇〇名の同志が集った。

日本画家で日本美術院院長や東京芸術大学の学長などを歴任した平山郁夫《ひらやまいくお》画伯に団長を依頼し、五二〇〇人もの規模になった「日中文化観光交流使節団二〇〇〇」による訪中を実現させることになった。

平山郁夫日中友好協会会長を団長に、二階を特別顧問として、当初予定していた二〇〇〇人をはるかに越えて、北海道から沖縄まで、また離島の小笠原をふくむ全国各地から五二〇〇人もの参加者を得た訪中使節団となった。

二階は、のち北京の清華大学の清華海外名師講堂で学生たちを前に、その時のいきさつをユーモアを交えて振り返った。

「日本の各地から、日中観光交流・文化交流の必要性を思う同士のみなさまの各方面からの参加を得て、私は訪中団の募集を始めた。みるみるうちに二〇〇〇名が実現し、しばらくすると三〇〇〇名を超え、ついには四〇〇〇名を超えました。二〇〇〇名の計画が四〇〇〇名になったのですから、中国のみなさんも喜んでくれるだろうと私は思っておりました。

ところが、外務大臣であられた唐家璇《とうかせん》さんが来日された。私は多くのみなさまを中国にお連れする以上、せめて外務大臣には出てきてもらってご挨拶くらいしてもらいたいと思っておりました。唐外務大臣は、『中国という国は、四という数字よりも五が好きなんだ』とおっしゃるんですね。この意味は、四〇〇〇人では足りない、五〇〇〇人連れて来なさいと言われているのと同じです。みなさんも経験があるでしょうが、運動会でトラックを一生懸命回っていて、ようやく回り終えたと思ったら、『もう一回り』と言われたようなものです。その時、仲間の人に相談したら、『計画が駄目になる。四〇〇〇で精一杯だ』ということでした。

しかし、私は『五〇〇〇名オッケーです』とお答えしました。そして、みんなとまた一生懸命頑張って、ついに五〇〇〇名を突破して五二〇〇名となった。

そしたら、なんとおっしゃいましたか、『中国にも消防法があるんです。とてもそんな人数を人民大会堂へ受け入れられません』と言われたのです。『冗談じゃありませんよ、あなた方がもっと連れて来い、もっと連れて来いと言ったんじゃないか』と反論して、ついに五二〇〇人でこのことを実行することができました。中国の当時の幹部のみなさまもおっしゃるんです。『我々の国でも人民大会堂で五〇〇〇名の人を受け入れたことはない』と。

それでは私達は中国側のみなさんより多くの人を集めて来たんで、これは誠に失礼なことかなと思ったのですが、それでも中国側は温かく迎え入れてくれて、このセレモニーは成功のうちに進みました」

二階は、平成一四年五月には、胡啓立《こけいりつ》中国人民政治協商会議副主席を団長に、何光暐国家旅游局長をはじめ中国から四〇〇〇人を越える友人たちを東京に迎えた。

このときは、小泉純一郎総理をはじめ、多くの国会議員が参列したうえで、「日中友好文化観光交流式典」が盛大に挙行された。

さらに、この年九月、「国交正常化三十周年記念日中友好文化観光交流事業」として、なんと、一万三〇〇〇人の日本国民と八三名の国会議員による訪中団が北京を訪問した。

一行は、人民大会堂での当時の江沢民《こうたくみん》国家主席、胡錦濤《こきんとう》国家副主席をはじめとする国家指導者が出席した大々的な交流式典に参加した。

九月二一日、二二日の二日間、一万三〇九〇人の大交流が北京で大々的に挙行されたのである。人民大会堂の大交流大会は、中国側の参加者をふくめると延べ一万五〇〇〇人の規模となった。

二階は、この時のいきさつについても、のちに清華大学で語った。

「国交正常化三十周年記念事業としてこの人民大会堂へみんなで一緒に行きたいという声が起きてきまして、関係者のみなさんに声をお掛けしたところ、今度は先の五〇〇〇名の下敷きがありましたから、その上に一万三〇〇〇名の人が集まりました。当時の国家旅游局長と私の間では、いつも色々な会議で会う度に、その時、食事はどうするのか、これ以上は入りませんよ、では一日二交代でやろう、と考えたことを覚えております」

翌日、万里の長城の八達嶺において、一万三〇〇〇本の記念植樹をおこなった。プレートに刻まれた一万三〇〇〇人の参加者の名前とともに、今も記念樹は、大きく元気に育ち続けている。言わば、「日中友好の森」である。

二階は思っている。

〈この記念植樹に参加してくれた人たちのお子さんやお孫さんが将来、この地を訪れたときに、自分の親や祖父母がこの地に木を植えたのだということを思い起こしていただくことも、日中

友好のためには大事なのではないだろうか〉

習近平、中日友好講話全文

二階俊博は、日中の観光・文化交流の推進を目的とした東京芸術大学名誉教授である洋画家の絹谷幸二《きぬたにこうじ》を団長とする「観光文化交流団」三一一六人もの民間大使を伴い、平成二七年（二〇一五年）五月二一日、中国を訪問した。

五月二三日、中国の習近平国家主席は、二階と同行した三一一六人の訪中団に対し、日本側の想定を超える形で歓待した。

面会はこの日夜に人民大会堂でおこなわれた習主席と訪中団との夕食会で実現。

二階は、安倍総理から託された親書を習に手渡した。

習主席は、夕食会で、訪中団を前に語った。

「みなさま、こんにちは。二〇〇〇年前、中国の大思想家の孔子《こうし》は、『友、遠方より来る、また楽しからずや』」と述べた。

二階は、冒頭に日本人のほとんどの知る孔子の言葉を持ってくる習主席のつかみの上手さに感心した。

習主席はつづけた。

「本日、三〇〇〇名の日本各界の人々が遠方から訪ねて来て、北京の人民大会堂に集い、日中友好交流大会を共に開催した。これは、近年における両国民間交流の大きな出来事であり、我々は非常にうれしく感じている。

まず、私は中国政府と人民を代表して、また、個人的な名義で、日本の友人らの来訪に対して、熱烈な歓迎を申し上げる。我々は、みなさんを通じて、多くの日本国民に対しても、心からの挨拶とすばらしいお祝いを申し上げる。

日中は一衣帯水《いちいたいすい》であり、二〇〇〇年以上にわたり、平和友好が両国国民の心の中の主旋律であり、両国民は相互に学びあい、各自の発展を促進し、そして、人類の文明のために重要な貢献をおこなった。

一週間前、インドのモディ総理が私の故郷の陝西省《せんせい》を訪問した。私はモディ総理と共に、西安において、中国とインドの古代の文化交流の歴史を振り返った。隋、唐の時代、西安は日中友好往来の重要な窓口であり、当時、多くの日本からの使節や留学生、僧などがそこで学習し、生活をしていた。代表的な人物は阿倍仲麻呂《あべのなかまろ》であり、彼は、大詩人の李白《りはく》や王維《おうい》と深い友情を結び、感動的な美談を残した。

私は、福建省で仕事をしていた時、一七世紀の中国の名僧隠元《いんげん》大師が日本に渡った物語を知った。日本に滞在していた期間、隠元大師は、仏教を普及させただけではなく、先進的な文化や科学技術を持ち込み、日本の江戸時代の経済社会に重要な影響をもたらした。

二〇〇九年、私は日本を訪問した際、北九州などの地方を訪ね、両国国民間の割くことのできない文化的な淵源、歴史的関係を直接的に感じた。

近代以降、日本は拡張的な対外侵略の方向に向かい、日中両国は悲惨な歴史を経験することになり、中国人民に重大な災難をもたらした。七〇年代、毛沢東《もうたくとう》主席、周恩来《しゅうおんらい》総理、鄧小平《とうしょうへい》氏、田中角栄氏、大平正芳《おおひらまさよし》氏など両国の古い指導者らが、高度な政治的智慧をもって、重要な政治的決断をおこない、さまざまの困難を克服し、日中国交正常化を実現し、また、平和友好条約を締結し、両国関係に新しい世紀を切り開いた。廖承志《りょうしょうし》氏、高碕達之助《たかさきたつのすけ》氏、岡崎嘉平太《おかざきかへいた》氏などの有識者が積極的に奔走し、多くの仕事をおこなった。

歴史は証明しているが、日中友好事業は両国および両国人民にとって有利であり、アジアと世界にとっても有利である。これは、我々が一層大切にして、一心に擁護する価値のあるものであり、引き続き努力を続けていく」

習主席は、三〇〇〇人を超える日本の民間大使に呼びかけるように語りかけた。

「来賓のみなさまおよび友人のみなさま！

隣人は選ぶことができるが、隣国は選ぶことができない。『徳は孤にならず、必ず隣あり

（本当に徳のある人は孤立したり、孤独であるということはない）』である。日中両国の人民の誠意と友好、および徳をもって隣を為すようにしさえすれば、かならず世代を渡り友好を実現することができる。日中両国は共にアジアと世界の重要な国であり、両国の人民は勤勉で、善良で知恵に富んでいる。日中の平和、友好、協力は人心の向かうところであり、大勢である。

中国は高度に日中関係の発展を重視しており、日中関係は歴史の風雨を経てきたが、中国側のこの基本方針は終始変わっておらず、今後もまた変わることはない。我々は、道を同じくして、日中の四つの政治文書の基礎の上に、両国の隣人としての友好と協力を推進していくことを願っている。

今年は中国人民抗日戦争および世界反ファシスト戦争勝利七十周年である。当時、日本の軍国主義が犯した侵略行為を覆い隠すことを許さず、歴史の真実は歪曲することを許さない。日本の軍国主義が犯した侵略の歴史を歪曲し美化を企てるいかなる言動に対しても、中国の人民とアジアの被害を受けた人民が応えることはなく、正義と良知がある日本の人民も応えることはないと信じている。『歴史を忘れず、将来の戒めとする』。歴史を銘記することは、未来を創るためである。戦争を忘れないことは、平和を擁護するためである。

我々は、日本の人民もあの戦争の被害者であると考えている。抗日戦争が終結した後、中国の人民は徳をもって恨みに報い、百万人の日本人が帰国するのを手助けし、数千名の日本の戦争孤児が成人するまで養い、中国人民の心の広さと大きな愛を示した。

今日、日中双方は『歴史を鑑とし、未来に向かう』精神に基づき、平和の発展を共に促進し、共に世代を渡る友好をはかり、両国で共に美しい未来を創り、アジアと世界のために協力して行かなければならない。

みなさま、日中友好の基礎は民間にあり、日中関係の前途は、両国民の手に握られている。両国関係が不調であればあるほど、両国各界の人々の積極的な行動がより必要となり、民間交流をより強化する必要があり、両国関係の改善・発展のために条件と環境を作り上げなければならない。

『青年が立てば、国家も立つ』

本日、多くの若者もここに坐っている。中国政府は、両国国民の民間交流を支持し、両国各界の人々、特に若い世代が積極的に日中友好事業に身を投じ、交流・協力をおこなう中で理解を増進し、相互信頼を樹立し、友情を発展させていくことを励行する。

『先人が植えた木の木陰で、後代の人々が涼む』

私が真に期待するのは、両国の青少年が友情の信念をしっかりと持って積極的に行動し、友情の種を不断なく播《ま》き、日中友好を大樹に育て上げ、これをうっそうと茂る森にまで成長させ、そして、日中両国人民の友好を世々代々と継続させていくことである。

最後に、日中友好交流大会の円満な成功と日本の友人の中国滞在が愉快なものとなるようお祈り申し上げる。ありがとう」

翌日の五月二四日付の中国共産党中央委員会の機関紙「人民日報」は、「習近平主席は中日友好交流大会に出席し重要講話を発表」という見出しで、大々的に習主席の演説を報じた。

新潟県知事選に勝利

森友・加計学園問題で苦境に立っていた安倍政権を救ったのが、平成三〇年（二〇一八年）六月一〇日投開票の新潟県知事選だった。

二階幹事長の下で幹事長代理兼選対委員長代理を務める林幹雄にとっても、新潟県知事選挙は負けられない戦いであった。

自民党内にはかなりの危機感があった。もし、この知事選で敗れれば「安倍では来年夏の参院選に勝てない」との見方が自民党内に広がり、総裁選で安倍の対抗馬と目されていた元幹事長の石破茂への支持が広がりかねなかった。

この選挙は、現職の新潟県知事の米山隆一が「週刊文春」にスキャンダルを報道されたことを理由に、四月一八日に辞任を表明したことによっておこなわれることになった。

元々、米山は、平成二八年の新潟県知事選挙で、共産党や社民党、自由党などの支持を受けて当選していた。

自民党はこの選挙で長岡市長の森民夫《もりたみお》を擁立したものの敗れていた。

そのため、二階や林ら自民党執行部にとって、なんとしても負けられない選挙であった。

林たち自民党執行部にとって重要なのは、まず誰を候補者に擁立するかだった。急な選挙のため、すぐに白羽の矢を立てないといけない。

二階は、すぐに動いた。

「花角君に連絡をとってくれ」

二階は、花角英世《はなずみひでよ》の人柄について、思っていた。

〈本人の人柄と今までのキャリアから新潟県知事にふさわしい。この選挙に勝てるのは、花角君しかいない〉

実は、国土交通省出身の花角は、二階との縁が深かった。二階がかつて小渕恵三内閣から森喜朗内閣にかけて、運輸大臣に就任していた際、花角は大臣秘書官を務めていたのだ。

花角のことを「抜群の人材」と目をかけていた二階は、幹事長として、この選挙に全力を注いだ。

関係者によると、この新潟知事選にかける二階の意気込みは強いものがあったという。

〈元々、二階さんにしてみたら、花角さんは自分の優秀な部下で、家族のような存在。花角さんが出馬するからには、責任をもって当選させなくては、という意気込みが感じられました〉

二階派では、派閥独自の選対を作り、派として全面的に支援をすることにした。

自民党県連の事務所のなかに、選対を置き、派閥の秘書が常駐し、派閥に所属する各議員もその秘書も、積極的に新潟入りをしていた。まさに角栄流だ。

当初は、政党色をあまり出さないようにと議員が表立って応援することを避けようというムードもあったが、最終的には、全面的に応援することになった。

投開票日の六月一〇日、ふたを開けてみると、花角は、五四万六六七〇票を獲得。五〇万九五六八票を獲得した前新潟県議の池田千賀子《いけだちかこ》に対して、四万票近くの差をつけて勝利した。

林は、振り返って思う。

〈もし負けていたら、政局になる可能性もあった選挙だったな……〉

実際、新潟県知事選挙で与党側が敗北していたら、九月の自民党総裁選で三選を目指していた安倍総理の戦略に影響を与えた可能性は高い。まさに新潟県知事選はターニングポイントだったといえるだろう。

選挙後、自民党の役員会が開かれた。安倍総理も上機嫌で参加し、言っていた。

「新潟の知事選挙は良かった。ありがとう、勝つと負けるとでは、大違いだ」

がけっぷちだった政権を救った二階は、翌日の記者会見で、知事選の勝利と総裁選を絡めた記者からの質問に語った。

「昨日の結果が総裁選にすぐに影響するとか、そんな飛躍的な考えは持っていませんが、選挙に勝ったことは総裁選にもプラスになっていくには違いありません」

総裁選――幹事長続投

平成三〇年（二〇一八年）九月七日に告示された自民党総裁選は、九月二〇日に投開票を迎えた。

現職の安倍晋三総理と石破茂元幹事長の一騎打ちとなった選挙戦は、安倍総理が議員票三二九票、地方票二二四票で合計五五三票を獲得し、三選を果たした。

細田派、麻生派、二階派、岸田派、石原派などの支持を取りつけた安倍総理の勝利は既定路線といえた。むしろ、注目を集めていたのは、対抗馬の石破元幹事長がどのくらいの票を集めることができるかであった。その票によって、石破の今後の政治生命が左右されるからだ。

永田町では、議員票と党員票の合計が二〇〇票以上を超えるかどうかが争点と思われていた。が、石破は、議員票七三票、党員票一八一票で合計二五四票を獲得し、議員票、党員票ともに選挙前の予想を上回る善戦を見せた。特に党員票では、全体の四五％を獲得し、四七都道府県のうち、地元の鳥取県をはじめ、山形、群馬、茨城、富山、三重、島根、徳島、高知、宮崎各県の計一〇県で、安倍を上回る票を獲得した。

ちなみに、二階が県連会長を務める和歌山県では、安倍が八六九八票を獲得し、二〇〇三票の石破を圧倒。和歌山県での安倍の得票率は、八一・二％で、全国的に見ると、安倍の地元である山口県の八七・六％に次ぐ高い得票率を記録していた。

二階はこれについて語る。

「私がほとんど地元に帰れないから、心配してみんなが一生懸命に安倍総理の応援をしてくれたのでしょう。感謝しています」

二階自身が和歌山において、総裁選で力を入れることはなかったという。

「和歌山だけで勝ってもしょうがないんだから。全国で勝たないといけないわけで」

三選を果たした安倍総理は、平成三〇年一〇月二日、内閣改造をおこない、第四次安倍改造内閣を発足させた。

第四次安倍内閣の閣僚一九人のうち留任したのは、麻生太郎副総理兼財務大臣、菅義偉官房長官、茂木敏充経済再生担当大臣、河野太郎外務大臣、世耕弘成経済産業大臣、公明党の石井《いしい》啓一《けいいち》国土交通大臣の六人だった。その一方、初入閣は一二人だった。

二階派からも、吉川貴盛衆院議員が農林水産大臣に、桜田義孝《さくらだよしたか》衆院議員が東京オリンピック・パラリンピック担当大臣（のち辞任）に、片山さつき参院議員が内閣府特命担当大臣に就任し、いずれも初入閣であった。

二階が語る。

「なかには『閣僚になりたくなったら二階派へ』なんて冷やかす人もいますが、そんなことはまったくありません。ただ政治家はやはり政策をしっかり勉強していれば、自然と閣僚にふさわしい人は出てきます。それぞれ頑張ってほしいですね」

二階派から三人も入閣するとは、幹事長代理の林幹雄も予想していなかった。

また、同じ日、安倍総理は、党役員人事もおこなった。

党役員人事では、二階俊博幹事長と岸田文雄政務調査会長が引き続き留任し、前内閣で厚生労働大臣を務め、安倍総理とも近い関係にある加藤勝信が総務会長に、総裁選で安倍陣営の選対責任者を務めた甘利《あまり》明《あきら》が選対委員長に就任することが発表された。

幹事長を続投することになった二階が語る。

「できるだけみんなの意見を反映させるような自民党にしていきたいなと思っています。どうしてもマスコミは、党内対立を煽《あお》りがちですが、報道されるほど党内に対立はありません」

二階は、幹事長としての自身の心掛けについても語った。

「自民党には有能な政治家がたくさんいますから、彼らにさまざまな舞台で政治家として働いてもらえるように後押しをすることが大事だと思っています。政治家は足のひっぱりあいばかりなどと言われますが、私はそういうケチなことはしません。いつも自分に常に言い聞かせています」

また、これまで筆頭副幹事長を務めていた柴山昌彦と小泉進次郎が退任し、その後任に稲田朋美が起用された。

二階は小泉進次郎をどのように見ていたか。

「いろんな仕事に真面目に取り組んでくれた。これから、きっと伸びていくと期待しています。まだ若いから、慌てることはない。やがて、彼（小泉進次郎）の時代が来ることはほとんどの政治家が認識しているでしょう」

安倍政権は、総裁三選を果たし、未曾有の長期政権になろうとしている。

二階は、自ら幹事長として支える安倍政権への思いについて語った。

「安倍総理は良くやっていると思います。国民に、不安や心配も与えることはなく、堂々とやっていることは実に立派なことだと思っています。私が三選を可能にする党則改正を提案した時も、党内からは誰一人異論を言うわけでもなく、決まりました。それだけの実績があるからでしょう」

第二次安倍内閣が発足する前は、政権が毎年のように代わる時代があった。

「やはり、政治は継続が大切ですから、政権が安定していないといけません。クルクル代わった時代がありましたが、あの時には、政治が情けない、力を失っているなと思いましたよ」

二階は、大学卒業後、衆議院議員の遠藤三郎の秘書となって以来、五〇年以上にわたり政界を見てきた。

かつての自民党は党内対立は日常茶飯事だった。が、現在の自民党ではかつてのような争いはない。

二階が語る。

「争ってバラバラになっても意味はないということに気がついたのでしょう」

病院嫌い

平成三〇年（二〇一八年）一一月から一二月にかけて、二階の健康問題が永田町を騒がせた。

発端は一一月二八日。この日の午前、二階は、自民党と公明党の幹事長と国対委員長が出席する定例の「二幹二国」と呼ばれる会談に出席する予定であった。

だが、二階は「腰痛」を理由に欠席した。

その後、一二月四日、自民党は、二階がインフルエンザに罹患《りかん》し、議員宿舎で療養することを発表した。

一〇日になると、自民党は、さらに二階が検査のため入院することを発表した。

インフルエンザの診察の過程で、高血圧の症状がみられたためであった。

幹事長の長期不在によって、永田町にはさまざまな噂が飛んだ。

この時期の「日刊ゲンダイ」では、夕刊紙らしく「二階幹事長〝重病説〟で急浮上『後任本命に竹下亘《たけしたわたる》氏』の狙い」と題して、早くも後継の幹事長に竹下亘平成研究会（竹下派）会長が浮上したとの記事を派手に書いている。

林によると、二階が入院したのは、林が二階の三男で秘書を務める二階伸康に頼んだことがきっかけだったという。

林は、インフルエンザとの診断を聞き、すぐに思った。

〈もし高熱が原因で肺炎にでもなったら、大変だ。病院で療養してもらおう〉

林はすぐ伸康に相談した。

「三、四日でインフルエンザは治るはずだろうけれど、もし高熱で肺炎にでもなったら大変だ。オレの名前を出してもいいし、喧嘩になってもいいから、なんとか宿舎から病院に連れていってくれ」

病院に行けば、食事も三食出てきて心配はない。

が、二階は、母親の菊枝が当時としては珍しい女医であるにもかかわらず、大の病院嫌い、医者嫌いであった。林の懸念はその点であった。

が、伸康の説得もあって、二階は入院することを承諾してくれた。

入院後、インフルエンザはすぐに沈静化したが、元々高かった血圧の数値に問題があり、入院期間を延長することになった。

林は思った。

〈せっかくなので、この機会に幹事長に人間ドッグを受けてもらう方がいいな〉

医者嫌いの二階は、検査嫌いでもある。長年人間ドッグを受けていなかった。

林は一計を案じた。

〈自分たちが切り出しても絶対断られる。この際、主治医の先生から頼んでもらおう。それなら幹事長だって断りにくい〉

林は、伸康秘書から主治医に頼んでもらうことにした。

主治医も話を聞いて、二つ返事で了解してくれた。

「わかりました。そういうことなら、私から言ってみます」

主治医の頼みを無下にはできない。

二階も不承不承ながら、人間ドッグを受けることを承知した。

林は、携帯電話を持たせておいたら、真の休養にならないと思い、二階の携帯電話を取り上げて、伸康に預かってもらうことにした。

そのため、多くの人が二階と一時的に連絡がつかなくなり、さらに永田町関係者の疑心暗鬼に火を点けることになったようであった。

今回の入院時には、二階は、持病の腰痛についても診察してもらった。そのため、退院後、二階の腰の状態はだいぶ良くなり、腰に負担をかけないような歩き方ができるようになってきたという。

永田町では、政治家が風邪を引いただけであっても、いつの間にか大病したことになる。

災害対策は次元が違う

二階の入院中には、国土強靭《きょうじん》化に関する予算についても大きな動きがあった。

近年、日本列島は多くの自然災害に見舞われている。平成三〇年（二〇一八年）には、六月に最大震度六弱の地震が起き、六人が死亡した大阪北部地震、七月に二〇〇人以上が死亡し

「平成最悪の豪雨被害」となった西日本豪雨、九月に道内全域が長時間に渡って大規模停電し、死者四一人を出した北海道の胆振《いぶり》東部地震などが発生している。

また、九月には台風二一号による猛烈な高潮と高波に襲われた関西国際空港が機能停止に陥っている。

二階は、こうした災害が起きるたびに現地の視察をおこない、自然災害に対する備えの大切さを痛感してきた。

総裁選を一カ月先に控えた八月二八日には、自民党の国土強靭化推進本部を代表して、二階は、安倍総理に提言をおこなっている。提言では、国会での「国土強靭化推進特別委員会」設置や緊急の災害対策のために老朽化した河川や道路、港湾などのインフラの再点検などを二〇一八年度補正予算編成に盛り込むことを主張している。

安倍総理も、総裁選時には公約の一つとしてこの提言を採用し、全国の河川や道路、港湾を再点検することを訴えている。

今回の予算には、結果的にこの時の提言の一部が採用されることになった。

平成三〇年一二月一四日、政府は、二〇一八年度から二〇二〇年度までの三年間に講じる総事業費約七兆円規模の「国土強靭化」の緊急対策を決定していた。

この緊急対策によって、今後、国費約三・六兆円を投じ、羽田空港、関西空港などの浸水対策や約一二〇の河川の堤防強化などが進めていくことが正式に決まった。

今回「国土強靭化」の緊急対策が、当初の六兆円を越えて、七兆円規模に上積みされる動きが見えたのは、二階の検査入院が発表された一二月一〇日だった。この日の午前中に、二階が本部長を務める自民党の国土強靭化推進本部の会合がおこなわれている。この会合では、当初、関係する省庁からの報告は「六兆円を超える規模で調整している」というものだった。が、夕方になり、さらに関係省庁から「七兆円になる」との報告があった。林によると、この午前と午後の間に、入院中の二階がどこかに電話をして、それによってなんらかの動きがあったというのが実情のようである。

この日、林は、急遽入院した二階に代わって、記者会見をした。

林は、会見で説明した。

「政府から最初に三年で六兆円台と説明があったが、精査の結果、七兆円になった」

今回の一兆円の積み上げについて、新聞各社は二階の要請が背景にあったと書き立てている。

二階は国土強靭化を提唱し、災害対策に全力で取り組むことの重要さを常に訴えてきていた。

二階は災害対策に政治家が取り組むことの大切さについて語った。

「災害対策の予算を削るべき、なんて主張をした政治家もかつてはいましたが、多少反省してもらいたいくらいです。災害対策はまさに国家の土台を守ることなんですから。本来は『財源が余っているから地震対策をやりましょう』とか、『財源がないからやめておきましょう』とかそういう次元のものではないんです」

第五章

内閣官房長官・菅義偉秘録

総裁選再出馬、決心の夜

自民党総裁選を九月に控えた平成二四年（二〇一二年）八月初旬、菅義偉は、宏池会会長の古賀誠に打ち明けた。

「私はこの総裁選で安倍さんを絶対に担ぎたい。彼が訴えてきた『再チャレンジ』を自ら演じるチャンスは、今回しかないと思うんです」

古賀に菅の思いは伝わってきた。だが、安倍が政権を投げ出したのは、そのわずか五年前。

「いや、それはまだちょっと早いんじゃないか。安倍さんの傷は癒えてないだろう。他の陣営から、必ずそこを抉《えぐ》り出されることになるよ」

それでも、菅の意志は固かった。

「でも、今しかないと思います。私は何とか安倍さんを口説くつもりです。古賀さんはどうされますか」

「おれは三〇年議員をやって、七〇歳で辞めると決めている。これは若返り、世代交代を実現させるという意味だ。宏池会も若返りさせる。そういう意味では、林芳正《はやしよしまさ》が手を挙げている。きちんと総裁選に出さないと、林は死んでしまう」

菅は、八月九日夜におこなわれた「内閣不信任決議案の採決」で欠席という自民党の方針に従わず、賛成に回った七人のうちの一人だった。

民主党に政権が奪われてから三人目となる野田佳彦《のだよしひこ》総理は、自民・公明・民主の党首会談で「近いうちに国民に信を問う」ことを約束しておきながら、その直前に開かれた民主党の両議員総会で「解散時期の明示などできるわけがない」と発言していた。

一方の自民党は、三党の党首会談の場において早期解散は合意したものと信じ、他の少数野党が共同で提出していた内閣不信任案の採決に欠席することを決めた。

菅は、はっきりしない党の判断に腹が立った。

〈内向きと外向きで違うことを言うのは、「党内治安」のために野田総理が使う常套手段だろう〉

内閣不信任案は、強大な政府・与党に対抗するために、国民から野党に託された最大の武器である。しかも、一国会に一度しか使えない。今、考慮すべきことは、消費税率引き上げを含む「税と社会保障の一体改革」関連法案の行方などではなく、経済政策、外交・安全保障など、内閣全体のことなのだ。

菅は、この国の未来を憂いた。

〈民主党政権が続く限り、国益は損なわれ、国力が低下してしまう。採決を欠席することは、

内閣を信任することと同じであると考える。ならば出席して不信任の意思を明確に示してやろう〉

同時に、心に誓っていた。

〈近いうちにある衆議院の総選挙で、必ずや民主党政権を打倒し、日本の再生に全力を尽くしてやろう〉

野田内閣に対する不信任案が否決された翌日の八月一〇日、韓国の李明博《イ・ミョンバク》大統領が竹島に上陸した。

さらに、八月一四日には、天皇陛下が訪韓する条件として謝罪を求めるという非礼極まりない発言をする。

なにも竹島だけではない。七月には、ロシアのメドベージェフ首相が大統領時代に続いて北方領土に上陸。尖閣諸島では、中国の漁業監視船が二度にわたり領海へ侵入したのに続き、八月一五日には民間の活動家が上陸した。

民主党外交の失政に次ぐ失政によって、竹島、尖閣諸島、北方領土と日本の領土主権が侵害される事態が止まらなかった。国家観に欠け、責任感も気概もない民主党政権では、国益が損なわれるばかりの状況に、ますます菅は、次期自民党総裁選へ安倍が出馬することを期待するばかりだった。

安倍が総理を退陣して五年、菅はずっと思っていた。

〈もう一度、安倍晋三という政治家は、国の舵取りをやるべきだ〉

そう心に強く思いながら、時が来ることを待ちつづけていた。

その時が、どうやら来たらしい。

民主党政権の存続が危ぶまれ、次の総選挙では自民党が政権を奪回できる可能性が高まっていた。安倍にとって最高のチャンスが到来した、と菅は読んだ。

〈野党自民党の総裁選ではあるが、次の総裁選は次期宰相を選ぶことになる可能性が高い。当然、マスコミの注目度も高まる。それほどマスコミの脚光を浴びる選挙の場であれば、安倍晋三という政治家をふたたび国民のみなさんに見てもらおうじゃないか。安倍晋三の主義主張というものをきちんと表明すれば、国民の期待感は高まり、一気に支持は広まるはずだ。これは、逆に安倍晋三本人にとっても、最高の舞台になる〉

菅は、そう強く確信していた。

しかし、党内には、「安倍の復帰は早すぎる。まだ禊《みそぎ》は終わっていない」というような声も上がっていた。そのことは菅も十分承知していた。

安倍自身も迷っていた。第一次政権の退陣の在り方に対する批判を気にしていた。

菅は、安倍にはっきり言っていた。

「でも、あの辞め方は、必ず一回は批判されますよ」

批判されているからといって、怯んでいては始まらない。

総理大臣を辞める理由となった安倍の体調も開発された新薬によっておさまり、安倍は心身ともに気力がみなぎっている。体調面での心配は払拭できている。

それよりも気がかりなことは、日本が国難ともいえる危機にさらされていることの方だ。東日本大震災からの復興は遅々として進まず、竹島、尖閣諸島など日本の領土が他国に脅かされるまでになってしまった。

また、長引くデフレ・円高によって経済は低迷し、若者たちは未来に夢や希望が見出せずにいる。だが、安倍はずっと日本経済を回復させるための勉強を積み重ねてきている。それを披露するには、絶好の機会だった。

そのうえ、民主党政権の三年間で揺らぎ、悪化した日米同盟関係が、日本にとって死活問題となっていた。この日米関係を再び強固にしなければならない。

日本の命運が、この時にかかっている。

〈日本を立て直し未来へ導くことのできるリーダーは、安倍晋三をおいて他にいない。総裁選で安倍晋三の姿を見れば、絶対、国民から支持されるはずだ〉

この時、安倍に対する国民的支持はそれほど集まっておらず、石破茂の半分ほどと見られていた。菅は、安倍の自民党総裁選出馬をさまざまな人から反対された。安倍に近い人物の中には、「待望論が出るまで待つべきだ」と言う人もいた。

それを、菅は一人ひとり説得して歩いていた。

「待望論は本人が出馬して、国民に訴えて初めて出てくる」

そんな菅に、こういう人もいた。

「これで負けたら、政治生命がなくなる」


平成二四年八月一五日、安倍晋三は、稲田朋美衆議院議員、宇都隆史《うとたかし》参議院議員、熊谷大《くまがいゆたか》参議院議員、萩生田光一前衆議院議員、高鳥修一前衆議院議員をはじめ、「伝統と創造の会」メンバーとともに靖国神社を参拝した。

この日の夜、東京・銀座の焼鳥店で、菅義偉は安倍を口説いた。

ふたりとも酒は飲まない。テーブルの料理にもほとんど手をつけなかった。

「安倍さん、チャンスが来ましたよ。私は、この時を待っていました。次の自民党総裁選には、是非、出馬すべきです。円高・デフレ脱却による日本経済の再生と、東日本大震災からの復興、尖閣や北朝鮮の問題による危機管理といった三つの課題に対応できるのは、安倍さんしかいない。絶対に出るべきです」

菅は、安倍に迫った。

「出馬すれば、安倍さんが勝つと、私は思っています」

総裁選のルールを熟知している菅の頭の中では、緻密な計算がされていた。一回目の党員投票で石破茂に六割を取られたら負けるが、五割前後だったら安倍に勝機あり、と見極めていた。

自分の見立てを話しながら、説得を続けた。

「もちろん、絶対勝てるという保証はありません。三番目になるかもしれません。しかし、勝てる可能性は間違いなくあります」

だが、安倍は首を縦に振らない。

菅は民主党政権のつまずきを並べ立てた。尖閣諸島をめぐる中国との対立、デフレ不況の深刻化、東日本大震災の復興の遅れ……。

「今こそ、日本には安倍さんが必要です。国民に政治家・安倍晋三を見てもらいましょう。総裁選に立候補すれば、安倍晋三の主張を国民が聞いてくれるんです」

菅の声は、どんどん熱を帯びてきた。

「今回、出馬した際の最悪のことも考えました。でも、ここで敗れたところで、一年以内に選挙があるじゃないですか。最悪敗れたとしても、次の選挙に出馬する人たちや地方組織から『応援に来てほしい』とどんどん声がかかります。いずれにしても、次が完全に見えてくるじゃないですか」

そして、決断を促した。

「もう一度、安倍晋三という政治家を世に問う最高の舞台じゃありませんか？　このチャンスを逃したら、次は難しいですよ。この最高の舞台を、みすみす見逃すんですか！」

安倍と菅の話し合いは、三時間にも及んでいた。

なにも、菅はこの日ばかり、安倍を口説いていたわけではない。二年ほど前から、「もう一回、総理大臣をやるべきです」と言い続けてきた。

〈この最高の舞台に、安倍を上がらせないわけにはいかない〉

菅が長年抱いてきた思いが伝わったのか、安倍は首を縦に振った。

「覚悟を決めましょう」

鳩山邦夫と「きさらぎ会」

菅義偉官房長官と同期当選の河井克行は、菅とともに第二次安倍政権誕生に汗を流した。

河井は、昭和三八年（一九六三年）三月一一日、広島県に生まれた。昭和五六年に広島学院高等学校を卒業後、慶應義塾大学法学部政治学科に入学。大学を卒業した昭和六〇年四月、財団法人松下政経塾に第六期生として入塾した。昭和六三年には、アメリカのオハイオ州デイトン市行政管理予算局国際行政研修生として渡り、平成二年に松下政経塾を卒業した。

平成三年、広島県議会議員選挙に広島市安佐南区選挙区から出馬して初当選した。二年後の平成五年（一九九三年）におこなわれた衆議院選公示日の直前に、自民党公認で旧広島一区から立候補したが及ばなかった。

河井が次の選挙に備えて地元まわりをしていた平成八年四月一二日、橋本龍太郎総理と、アメリカのウォルター・モンデール駐日大使との間で「普天間基地の移設条件付返還」が合意され、普天間基地返還の方向性が進むことになった。

河井は、このニュースを聞いて思った。

〈政治が動けば、この国は本当に変わるのだな〉

河井は、平成八年一〇月二〇日投開票の衆院選で、広島三区から出馬して初当選を果たした。

河井の後見人になってくれたのは、当時総理だった橋本龍太郎であった。河井が結婚する時も、橋本総理夫妻が仲人を務めてくれた。

そうした縁もあり、河井は、橋本総理が所属する平成研究会（小渕派）に参加することになった。平成研には、同期当選の菅義偉もいた。ふたりは派閥の会合などで顔を合わせるうちに、徐々に親しくなっていった。

平成一〇年の自民党総裁選で、竹下登や野中広務が推す小渕恵三に対抗する形で、梶山静六が派閥を飛び出して、立候補した。この時、菅も梶山を支持して平成研究会を抜けた。

その後、宏池会に入った菅と、平成研究会に留まった河井の友情は変わることなく、ずっと付き合いは続いていた。

平成二二年三月一五日、総務大臣や法務大臣などを歴任した鳩山邦夫が、自民党に離党届を提出した。

鳩山は、平成五年に一度自民党を離党し、新進党、民主党を経て、平成一二年に自民党に復党し、この時は二度目の自民党離党であった。

鳩山に近い平成研究会の河井克行、田村憲久《たむらのりひさ》、麻生派の岩屋毅《いわやたけし》（現・防衛大臣）、無派閥の古川禎久《ふるかわよしひさ》らは鳩山に同調せずに自民党に残留した。鳩山が離党届を提出する直前、河井は、鳩山が自分に何か言いたそうな顔をしていることに気づいていた。が、鳩山は決して「いっしょに自民党を出てくれないか」とは言わなかった。

河井は、そんな鳩山を立派だと思った。

〈邦夫さんも、またいつか自民党と合流することもあるかも知れない。自民党に踏みとどまる部隊もあったほうがいい〉

それが、河井が離党しない理由であった。加えて、河井の妻の案里《あんり》が、「もし自民党を離党するなら、私は離婚しますからね」と冷たく言い放ったことも大きかったという。

河井の読みは当たった。翌平成二三年になると、鳩山邦夫は早くも自民党への復党を模索し始めていた。

そこで、河井は鳩山に近い有志を五人ほど集め、鳩山を励まし、復党を目指す会を立ち上げることになった。

河井は、メンバーに呼びかけた。

「どういう名前がいいか考えてください」

すると、小難しい漢字や、カタカナ横文字などのアイデアが出てきたが、河井はまったくピンとこなかった。

その時、衆議院議員の今村雅弘《いまむらまさひろ》が言った。

「如月会はどうだろう」

二月（如月）は冬の寒さが最も厳しい時期だが、堪え忍べば春も近い、という意味だという。

確かに、鳩山邦夫にとって今は最も厳しい時期にちがいない。河井は、これは面白いと思った。

「ひらがなにすると、いいんじゃないか」

平成二三年六月、鳩山邦夫と河井克行らは「きさらぎ会」を結成した。河井は鳩山の命により、「きさらぎ会」幹事長に就任した。

平成二三年九月二日、野田佳彦内閣が発足。野党時代には消費税増税に強く反対していた野田だったが、民主党政権発足後、財務副大臣や財務大臣などを歴任したこともあり、消費税の増税に取り組む姿勢を見せていた。

野田の姿勢に対して、自民党内でも消費税増税に前向きな議員は多く、一部には同調する声があがっていた。

だが、自民党の河井克行副幹事長は、疑問に思っていた。

〈野党・自民党が、与党・民主党と足並みを揃えて、消費税増税を容認するのは、おかしな話だ〉

やはり、政権与党に対しては反対の立場を提示するのが健全な野党である。河井は、真っ先に菅に相談に行った。

「我々は、まだ与党ボケが続いているんじゃないだろうか？　もっと闘う自民党であるために、有志を募って勉強会を作りたい」

菅は、即座に賛成してくれた。

「それはいいことだ。どんどんやったらいい」

そこで、河井が事務局を引き受け、派閥を超えた勉強会を立ち上げることになった。

平成二四年五月一五日、河井の呼びかけで、消費税増税に慎重な自民党衆院議員でつくる勉強会「消費税増税を考える会」の初会合が国会内で開かれた。菅義偉、塩崎恭久《しおざきやすひさ》ら一二人が出席し、今後は参院議員にも参加を促すとともに、会の見解をまとめ党執行部に申し入れる方針を固めた。

会合では「増税に向かってひた走る党執行部や、一部の長老議員と同じように見られてはかなわない」「今の時期の増税は反対」との意見が噴出。「消費税増税関連法案に賛成だけさせられ、結局、衆院解散・総選挙はないんじゃないか」との声も上がった。

その後、見解をとりまとめた「消費税増税を考える会」のメンバーは、谷垣禎一自民党総裁のところに申し入れに行った。

菅は、その後もときどき会合に顔を出してくれた。

自民党が野党に転落していた民主党政権時代に河井は、地元広島県の自身の後援会の集まりで、元総務大臣の菅を招き、講演をしてもらった。

講演のあと、河井の妻の案里が言った。

「菅さんはただ者じゃない。あの人は、これから絶対に日本の政治の中枢を担う人になる。だからあなた、よくよくそれを頭に入れて、しっかりとお付き合いさせてもらいなさいよ」

平成二四年六月、河井克行のもとに、菅から連絡が入った。

「話があるから、時間を作ってくれないか」

河井は、菅の指定で帝国ホテルのバーに向かった。菅は酒が飲めないのに、バーを指定するとは妙な話である。

菅は、河井に切り出した。

「今度の総裁選は、安倍晋三を立てようと思う。ついては河井ちゃん、いっしょに応援してほしい」

河井は訊いた。

「立てようと思うって言うけど、安倍さんは本当に出るの？」

第一次安倍政権の失敗はまだみんなの記憶に新しく、マスコミの報道も一貫して「安倍晋三とその周辺は慎重な姿勢を崩していない」という後ろ向きなものばかりだった。いくら周囲で応援しようとしても、安倍本人は出馬しないのではないか。そんな危惧があった。

菅が答えた。

「おれが、絶対に口説いてみせる。だからもしそうなった時は、応援してほしい」

河井はもともと、跳ねっ返りのグループのリーダーである。戦いを厭《いと》わない菅の決意に同調し、闘志が湧いてきた。

河井は悟った。

〈きっと、「きさらぎ会」のメンバーに声をかけてほしい、ということなのだな〉

ただし、一つだけ気がかりなことがあった。

「きさらぎ会」の担ぐ鳩山邦夫と菅義偉は、総務大臣の先輩、後輩である。が、かつて二人は、かんぽの宿の一括譲渡をめぐり激しく反目し合ったことがあった。

日本郵政は、年間四〇億から五〇億円の赤字が続くかんぽの宿を、平成二四年九月末までに売却することが、郵政民営化関連法で義務付けられていた。

平成二〇年末の競争入札の結果、オリックスの子会社のオリックス不動産に施設を一括譲渡することが決まった。が、鳩山邦夫総務大臣は、オリックスへの譲渡契約の手続きが極めて不透明だとして反対を表明。一括譲渡を計画通りに進めるべきと主張した菅義偉と意見が真っ向から対立し、鳩山と菅は公の場で激しく意見をぶつけ合ったことがあった。

河井は一計を案じ、菅と会った翌日、鳩山のところへ飛んで行った。

「菅さんから、今度の総裁選で安倍さんを応援してほしいと相談されました。どう思われますか？」

すると、勘の良い鳩山は、河井が仲介役を買って出てくれたと察したらしい。

「いい。面白いじゃないか。河井くんはどうだ？」

河井は答えた。

「いや、ぼくは安倍さんが本当に立ってくださるのか心配です」

鳩山はうなずいた。

「そこだよ。そこをちゃんと詰めなきゃいけない。おれは乗るよ」

河井は言った。

「でも邦夫先生、菅先生とは以前、あんなに意見のやり取りがあったじゃないですか。これから同じ候補者を担ごうとするなら、腹合わせしなきゃいけないと思う。僭越《せんえつ》ですけど、ぼくが間に入らせていただきますから、おふたり食事しながらいろいろとお話をしていただけませんか」

鳩山はふたたびうなずいた。

「いいよ」

河井は、菅のところへ行き、鳩山の回答と、食事の件を伝えた。

菅もまた、ふたつ返事で了承してくれた。

平成二四年八月はじめ、東京・港区六本木の「中国飯店」の二階で、鳩山邦夫、菅義偉、河井克行の三人で会うことになった。鳩山も菅も多忙なので、約束は昼食時である。「中国飯店」は、鳩山行きつけの店だった。

席に着いたとたん、鳩山と菅は、何のわだかまりもなく話し始めた。

「安倍総裁実現のために、頑張ろう！」

お互いに、心の中では複雑な思いもあっただろう。が、鳩山も菅もそんな様子は微塵《みじん》も感じさせなかった。河井は思った。

〈やはり、度量の大きい政治家はちがう〉

三人での昼食会の後、河井は「きさらぎ会」を緊急招集して、鳩山邦夫会長から安倍支持の考えを話してもらった。当時、十数人だった「きさらぎ会」のメンバーの中には、のちに石破派の事務総長となる田村憲久なども参加していたため、全員が鳩山会長の意向を受け容《い》れたわけではなかった。が、「きさらぎ会」のほとんどのメンバーは安倍支持に回ってくれた。

「きさらぎ会」が真っ先に安倍支持を表明したのに対し、麻生派、高村派が支援を正式に表明したのは、総裁選告示の直前だった。

平成二四年九月二五日、「きさらぎ会」は鳩山邦夫会長の誕生日会を、「中国飯店」の系列の「富麗華《ふうれいか》」で開催した。自民党総裁選は、翌日に迫っていた。

「きさらぎ会」幹事長の河井は、安倍と親しく、「きさらぎ会」会員でもある城内実《きうちみのる》を通じてダメもとで安倍晋三にお願いした。

「総裁候補、来ていただけますか？」

安倍は、承知してくれた。

「いいよ」

良い返事をもらった河井は、ハタと気づいた。

〈そういえば、安倍さんの誕生日は、九月二一日だったはず〉

そこで急遽、安倍の分のバースデーケーキも用意し、鳩山邦夫と並んで誕生日を祝うことになった。

のちに、安倍総理は、「きさらぎ会」の集まりに参加するたびに言った。

「麻生派や高村派が支援を正式に表明したのは、総裁選告示の前日か前々日だった。それにひきかえ、最も早くグループとして安倍支援を打ち出してくれたのは、鳩山邦夫グループだった。ただし、その代表の鳩山さんは、その時、無所属だったので総裁選挙の投票権は無かったけどね」

薄氷の決選投票

さて、自民党の政権奪還が徐々に現実味を帯びる中、平成二四年（二〇一二年）九月二六日に自民党総裁選挙がおこなわれることになった。

安倍のほかに、石破茂、石原伸晃《いしはらのぶてる》、町村信孝《まちむらのぶたか》、林芳正が立候補する中、菅は安倍晋三の選挙対策本部で中核的な役割を担った。

菅は、安倍の総裁選に向けた布石として八月末に、成長戦略をテーマにした勉強会を始めた。名称は「新経済成長戦略勉強会」で、安倍は代表世話人を務めた。菅をはじめ、六一人の国会議員が発起人に名を連ねた。

国難に対処するには、政治に強力なリーダーシップが必要だ。健康状態も万全となった安倍は適任と確信していた。

総裁選に向けて自民党内ではさまざまな動きがあった。その中の一つが安倍と石破を近づけようとするものだ。「日本の復興と再生を実現する議員連盟」、政策集団「のぞみ」が主宰する勉強会に二人は講師として呼ばれ、領土問題について語っている。

安倍・石破両陣営の選対が動いたものではないが、重要な布石とはなった。選挙前から「一・二位連合」や「二・三位連合」など、連携をめぐって諸説が乱れ飛んだ。

派内から町村信孝と安倍の二人が総裁選挙に立候補した町村派（清和政策研究会）は自主投票を決めた。菅ほどの策士でもぎりぎりまで読めない戦いだった。

自民党の総裁選挙では国会議員票が一九九票、地方票が三〇〇票の配分となっている。永田町だけでなく、むしろ「外」での評価が決め手となる可能性もあった。平成一三年、小泉純一郎は地方票の圧倒的な支持を得て地滑り的な勝利をおさめた。そのときの光景は今でも自民党関係者の脳裏に焼き付いている。

菅が選対として最も気を遣ったのは、平成一九年に健康上の理由から安倍が辞任した経緯である。

〈国民のみなさんには多大なご迷惑をお掛けした。その点がどのようにとられるかだ。当然、批判もあるだろう。そうした中にあっても、熱意とリーダーシップに期待してもらえるだろう。日本を一日も早く最悪の状況から脱しなければ。安倍さんに何としても変えてもらわなきゃならない〉

九月二六日、ついに自民党総裁選がおこなわれた。

第一回投票で、安倍は議員票五四票、地方票八七票で合計一四一票。石破は議員票三四票、地方票一六五票、合計一九九票でトップの得票数を獲得した。

ただし、有効投票数の過半数二五〇票以上に達しなかった。そのため一、二位の石破、安倍の決選投票がおこなわれた。

決選投票では、安倍晋三が一〇八票、石破茂が八九票で、安倍が新総裁に選ばれた。

官僚に騙されるな！

官房長官を命じられた菅義偉は、「師」と仰ぐ梶山静六の姿を頭に思い描いていた。

梶山から教わったことで、非常に印象に残っていることがある。

「おまえは大変な時に国会議員になった。おれの時代は右肩上がり。高度経済成長のいい時代だった。これからは人口減少、少子高齢化社会、低成長の中で国民のみなさんに無理なお願いをしなければならない。説明責任を問われるのが与党だ」

梶山は非常に胆力のある政治家だった。菅は、まだ梶山の足元にも及ばないと思っている。そうした思いをずっと持ち続けて仕事をしてきたという。

そんな梶山は、橋本龍太郎総理の下で平成八年一月一一日から平成九年九月一一日まで官房長官を務めており、菅はその梶山官房長官像を忘れられずにいる。

菅の梶山官房長官像とは、「非常に戦略的で、かつ霞が関官僚から恐れられる人物」というものである。梶山は「瞬間湯沸かし器」とも呼ばれていたが、そんな単純な人物ではなかった。

梶山から教わったことは数多くある。その中でも、忘れられないのが、説明責任を常に果たせる能力を持つことだ。

菅は、いつも梶山に言われていた。

「おまえなんか、官僚にすぐに騙《だま》される。官僚は説明の天才だ。官僚には自分たちの思惑があり、政治家に説明するとき、必ずその思惑を入れて説明するから、それを見抜けないとダメだ。なにも官僚だけじゃないぞ。マスコミだって、取材するときに最初から一つの方向を決めてくるから気をつけろ。学者だって経済人も、いっしょだぞ」

自らの考えをきちんと持ち、自ら判断できる力を持たなければならないと、きつく教わった。

この梶山の指導により、菅は官僚や周囲の思惑に取り込まれずに、自分で常に判断する能力を身に着けることができたのである。

その上、慎重に物事を進めるのも菅の特徴である。常に最悪のことを考え、物事を発言するよう心がけている。官房長官として臨む記者会見の場においても、記者からの執拗《しつよう》な質問に対して、菅がイラついて感情的に発言してしまっては政権のマイナス要因になってしまうことは想定済みだ。それゆえ記者に対してではなく、国民や世界を意識して発言するつもりでいる。内閣官房長官の発言は、日本政府のメッセージとなるからである。

菅は、基本的には、梶山スタイルの官房長官を手本としているという。

だが、一つだけ、梶山とは違う点がある。それは、総理大臣との距離だ。梶山と橋本総理の距離は結構、微妙なものだった。しかし、菅と安倍の距離は相当近い。いや、むしろ一心同体といっていいほど近い関係にある。そうでなければ、なかなかうまくいくはずもなかろう。

秘書の鑑

菅義偉は、昭和二三年（一九四八年）一二月六日、秋田県雄勝郡（現・湯沢市）秋ノ宮村に、いちご農家の長男として生まれた。秋田県立湯沢高等学校を卒業後、集団就職で上京。その後、法政大学法学部政治学科へ進学する。卒業後、建電設備株式会社に入社。

昭和五〇年、小此木彦三郎衆院議員の秘書となる。一一年にわたり代議士秘書を務めた後、昭和六二年、横浜市議会議員に当選。平成八年に神奈川二区から自民党公認で、衆院選に出馬し、初当選。平成研究会（小渕派）に所属する。

だが、平成一〇年の総裁選では平成研究会会長の小渕恵三ではなく、師と仰ぐ梶山静六を支持し、派閥を退会。その後、宏池会に入会した。

現在、衆議院議員を務める小此木八郎は、昭和四〇年（一九六五年）六月二二日、小此木彦三郎の三男として生まれた。小此木は、四人兄弟の三番目で、上に兄が二人、下に妹がひとりいる。

父の彦三郎は、小此木が生まれたころは横浜市議会議員であった。小此木の誕生から四年後の昭和四四年一二月二七日の衆議院議員選挙に、神奈川一区から自民党公認で国政に初挑戦し、代議士になっている。

小此木八郎と菅義偉官房長官とは四〇年以上の付き合いになる。

菅が小此木の父の彦三郎の秘書になったのは、昭和五〇年。小此木八郎がまだ小学生のころであった。四人兄弟のために母親が用意してくれた朝食の席に、いつの間にか菅も加わるようになり、いっしょに食べることが自然になっていった。

小此木が語る。

「細かいことは覚えていませんが、当時はまだ自分も子供で秘書なんて言葉すらよく知りませんから、いっしょに朝飯を食べるお兄ちゃんが増えたくらいの感覚でした」

代議士一家の朝は慌しい。地元秘書の菅は、食事を終えると、地域をまわるためにすぐに小此木家を辞する。そのため、八郎少年が若き日の菅とじっくりと話をする機会はなかった。

そのため、菅のことは苗字《みょうじ》が珍しいことと秋田県出身であることくらいしか印象には残っていない。ただし、中学生の頃、小此木が忘れ物をした際に、菅が学校にまで届けに来てくれたことが数回あったという。

小此木八郎が菅を意識するようになったのは、父親の彦三郎の仕事である政治の世界に興味を持つようになり始めた高校生の頃からだった。

菅は、選挙区の横浜市内を駆け巡り、いつも汗をかき、真っ黒に日焼けをして、靴底をすり減らしていた。当時は、事務所に車もないし、今のようなクールビズもない。夏の暑い日でも上着を持って歩き回っていた。

小此木八郎は、高校生のときに、菅の結婚披露宴に出席したことがある。その際、主賓としてスピーチをした後援会の幹部が語っていた言葉が印象に残っている。

「菅は靴がボロボロになるまで、歩いて歩いて歩きまわるから、これまでに何足も靴をプレゼントしたんだ」

地元秘書の鑑《かがみ》ともいえる、そんな菅の姿を小此木八郎は、未だに覚えているという。

彦三郎は、当選回数を重ねるに連れて、政界の階段を上っていくようになる。

昭和五七年には国会対策委員長に就任し、その一年後の昭和五八年には、第二次中曽根内閣で通産大臣として初入閣を果たした。同時に菅も通産大臣の政務秘書官に就任した。

中曽根派の幹部だった小此木彦三郎のもとには、田中派の中堅議員たちもよく会いに来ていた。なかでもとりわけ親しかったのは、梶山静六だった。梶山は小此木彦三郎よりも二つ年上で、ともに地方議員出身ということもあり、議員会館の部屋も近く、肝胆相照らす仲であった。

菅は、昭和六二年、横浜市議会議員選挙に西区選挙区から出馬し、初当選する。市議を二期務めるなかで頭角をあらわし、「影の横浜市長」とも評価された。

昭和六二年一一月に、中曽根内閣が総辞職し、竹下内閣が誕生した。

中曽根が率いていた派閥「政策科学研究所」も、櫻内義雄《さくらうちよしお》がいったん引き継ぎ、そのあとは渡辺美智雄《わたなべみちお》が会長に就任した。

それまで中曽根を総理にするために尽力していた小此木彦三郎は、その思いが強すぎたためか既に派閥に対するモチベーションが低下していた。

この頃、小此木彦三郎はよく言っていた。

「おれは中曽根一人だ。次の会長を誰だろうとおれはやらないよ」

小此木八郎が近くで見ていて、派閥を抜けたいという気持ちすらあるようだった。

派閥の定例会合にも出席しなくなった彦三郎のことを心配して、山口敏夫《やまぐちとしお》や亀井善之《かめいよしゆき》などがよく事務所に顔を出してくれていた。

しかし、彦三郎は、新しく設置された座長というポストに就任することになった。それ以来、渡辺に対しても徐々に好意的になっていった。

平成三年一〇月、渡辺美智雄は、自民党総裁選に出馬することになった。

小此木彦三郎も、渡辺陣営のひとりとして活発に動いた。横浜駅の近くにある百貨店そごう横浜店のホールに聴衆を集めて、渡辺の講演会を開くことを決めた。

小此木彦三郎は、すぐに横浜市議会議員の菅に電話をした。

「おい、ミッチー（渡辺美智雄）が来るからな」

講演会当日、五〇〇人以上入るホールが聴衆で満員となった。準備期間が一カ月もないなかで、菅が中心となって、横浜市内の自民党の地方議員や、小此木の後援者、後援企業の関係者などに声をかけて、集めたようだった。

結局、一〇月二七日におこなわれた自民党総裁選で、渡辺は竹下派の支持を受けた宮澤喜一の前に敗れた。が、小此木の奔走もあり、一般党員の投票では神奈川県は渡辺が勝利した。

この総裁選では、神奈川県以外にも、渡辺の地元である栃木県はもちろん、梶山の地元の茨城県や、山口敏夫の地元の埼玉県でも渡辺は党員投票では勝利していた。

総裁選後、小此木彦三郎は、衆議院第二議員会館の五階にある梶山の部屋にお礼の挨拶に訪ねた。が、梶山は不在だった。彦三郎は、梶山事務所の秘書に伝えた。

「また来るから。ありがとうって伝えておいてくれ」

彦三郎は、五階からそのまま階段を降りて向かおうとした。エレベーターが改装工事をしていたため、階段で降りようと思った。その直後、彦三郎を不幸が襲った。階段を下りる途中、彦三郎は、眩暈《めまい》を起こして転落し、頭を強く強打した。

この事故が原因で、一一月四日、小此木彦三郎は亡くなった。六三歳であった。

小此木八郎によると、この際の彦三郎の通夜や葬儀も、菅が小此木家の兄たちとともに取り仕切ってくれたという。

一言居士

彦三郎が急死したことにより、後継者問題が浮上する。八郎の兄二人も、政治家秘書などの経験はあったが、結局、後継者は大学卒業後、秘書として彦三郎の近くにいた八郎になった。

八郎が総選挙に出るにあたっても、横浜市議会議員の菅が尽力してくれた。

最初は八郎が後継に意欲を見せると、菅は心配していた。

「八ちゃん、政治家になるのは大変だよ」

大学卒業後、秘書になって数年の八郎は、当時はまだ政治の世界のことを詳しく知らなかった。すでに一一年にわたる衆議院議員秘書生活や、市議会議員としての活動を通じて、気苦労の耐えない世界であることを知り尽くしていた菅は心配してくれたのだろう。

だが、八郎自身は、経験は浅くとも、やる気だけはあった。

〈なんとしてもオヤジの跡を継ぐんだ〉

熱意もあり、結局、八郎が後継者として出馬することが決まった。

いざ出馬することが決まると、菅も尽力してくれた。

彦三郎と親交のあった古参の県会議員が選対の責任者となり、その下の事務局長のポストには菅が就任してくれたのだ。

平成五年（一九九三年）七月一八日、第四〇回衆議院議員選挙がおこなわれた。

自民党公認で出馬した小此木八郎は、八万一六七三票を獲得し、定数四名の神奈川一区の三番目で初当選を飾った。

その後、細川護熙《ほそかわもりひろ》内閣で政治改革がおこなわれ、選挙制度も、中選挙区から小選挙区比例代表制へと変わった。

神奈川一区も、三つに分割されることになり、新しい神奈川一区からは、市議会議員の松本純が、神奈川二区からは、菅義偉が、神奈川三区からは小此木八郎が出馬することになった。

三人とも当選し、菅は、平成研究会（小渕派）に所属することになった。菅が平成研究会に入会したのは、八郎の長兄が平成研究会の幹部で、当時総理大臣であった橋本龍太郎を菅に紹介したことがきっかけであった。長兄はもともと橋本と親しく、熱心に応援していた。

菅は、一年生議員の時代から一言居士であった。間違ったことがあれば一歩も退かずに主張した。

当時、分割民営化された旧国鉄の債務のうち国鉄清算事業団へ引き継がれた約二八兆円の処理をめぐって、民営化されたＪＲ各社に対して、追加負担を求める案が運輸省を中心に浮上していた。菅はこの案に反対の立場であった。小此木八郎にも反対にまわるように説得してきた。

「すでに民営化された企業に対して、国の借金の一部を負担させる案は絶対におかしい。いっしょに反対しよう」

菅は、理詰めで小此木を説得してきた。

当時、菅は一回生、小此木は二回生であった。国会議員としては小此木が先輩になる。だが、小此木にとって菅は兄のような存在であった。小此木は、菅の影響もあって、ＪＲに追加負担を求める法改正に反対する論陣を党内で張ることにした。

当時は、主流派の党三役の加藤紘一幹事長や、森喜朗総務会長、山崎拓政調会長らに対して、「４Ｋ」と呼ばれた四人のベテラン議員たちが総務会で活発に党の方針に反対する主張をしていた。「４Ｋ」は、河野洋平《こうのようへい》、亀井静香《かめいしずか》、粕谷茂《かすやしげる》、梶山静六の四人である。いずれも非主流派ながら、一家言あるツワモノぞろいの議員たちだ。

橋本政権当時、竹下登や野中広務が「自社さ」連立に軸をおいたため、かつての政敵・小沢一郎らとの「保保連立」構想を模索した梶山は、官房長官を退任する。

小此木や菅も、総務会に出席して、ＪＲに負担を求める党の方針に反対の意見を述べようとした。

が、小此木が手を挙げても、若手議員が指名されることはなかった。そんなとき、助け舟を出してくれたのが梶山であった。

「さっきから、ずっと手を挙げているから指してやってくれよ」

そう言って、若手議員も発言ができるように議論をリードしてくれた。

小此木の総務会での発言に対して、梶山が誉めてくれることもあった。

「いい加減な発言かと思ったけれど、聞いてみたら、いいことを言うじゃないか」

結局、日本国有鉄道清算事業団の債務等の処理に関する法律案は、平成一〇年一〇月六日に、小渕政権のもとで可決されることになった。

小此木や菅たち反対の立場で活動していた若手議員たちは、本会議では反対票を投じることはしなかった。自席に座ったままで採決に参加をせずに棄権することで、抗議の意志を最後まで示すことにした。

梶山静六に決起を促す

この法案が採決される少し前の平成一〇年（一九九八年）七月一二日、参議院議員選挙がおこなわれた。

橋本龍太郎総理率いる自民党は、四四議席と惨敗を喫した。橋本総理は、その日のうちに辞任を表明した。

この参院選では、自民党は定数三の神奈川県選挙区に現職の斎藤文夫《さいとうふみお》と新人の牧島功《まきしまいさお》のふたりを擁立し、両名とも落選していた。

投開票日、小此木八郎と菅義偉は、斎藤文夫の選挙事務所で選挙特番を見ながら、橋本内閣退陣の報を知った。

どちらからともなく自然と橋本後継の総裁選の話になった。小此木が言った。

「菅さん、梶山先生しかいないよ」

菅も応じた。

「そうだな、ハッちゃん」

投開票の翌日、小此木はすぐさま行動に移した。梶山に総裁選への出馬を促そうと、議員会館の梶山の部屋を訪ねたのだ。梶山の元を訪れると、そこにはすでに一足早く菅がいた。打ち合わせをするまでもなく、ふたりとも考えていることはいっしょだった。

菅と小此木は、梶山に総裁選への出馬を要請した。が、梶山はまだ決断がつかない様子であった。

梶山の所属する最大派閥・小渕派は、会長の小渕恵三の出馬に向けて、一気に動き出していた。梶山が出馬するとなると、大派閥を割ることになる。しかも、小渕のバックには強い影響力を持つ竹下登もついていた。苦戦することは必至だった。

さすがに梶山も逡巡《しゅんじゅん》があるようで、小此木と菅のふたりは追い返されてしまった。

「生意気言っているんじゃない」

しかし、梶山待望論は、菅や小此木だけでなく、江藤隆美《えとうたかみ》や島村宜伸《しもむらよしのぶ》などの旧中曽根派のベテラン議員、麻生太郎など河野洋平グループの議員、野田聖子や浜田靖一《はまだやすかず》などの若手議員を中心に党内に徐々に広がり始めていった。

最初に断られた日から数日後、菅と小此木はふたりで再び梶山の議員会館の部屋を訪ねた。総裁選への出馬を再度依頼すると、梶山はすでに心を決めていたようだった。

梶山ははっきりと言った。

「わかった。俺はまな板の鯉になる。俺は俺でやるから、お前らはお前らで勝手にやれ」

梶山なりの出馬宣言に小此木は感動を覚えたという。

梶山は、佐藤信二《さとうしんじ》、菅義偉とともに小渕派を離脱し、自民党総裁選にのぞんだ。

七月二四日、自民党総裁選がおこなわれた。小渕恵三が二二五票を獲得し、勝利を決めた。が、梶山も予想以上の健闘をみせた。梶山は、八四票だった小泉純一郎を上回り、一〇二票を獲得した。大善戦であった。

総裁選後も、小此木や菅は、梶山事務所で、勉強会をしていた。

梶山は、平成一二年一月三〇日に交通事故にあってから体調を崩し、三カ月後の四月二五日に政界引退を表明。この年六月六日に閉塞性黄疸《おうだん》のために死去した。七四歳であった。

側近から見た菅官房長官

官房副長官として菅官房長官を平成二七年（二〇一五年）一〇月から平成二九年八月まで支え、現在、自民党の幹事長代行を務める萩生田光一も、菅の存在は大きいという。一部の評論家たちは、菅は総理になる野心を持っていると評している。しかし、菅はそうしたタイプの政治家ではないということを、萩生田は熟知している。

〈菅官房長官は、黒子《くろこ》の政治家として超一流の政治家だ。「俺が、俺が」という自我が全くない〉

側で見ていれば、それがよくわかる。常に総理をサポートし支えて行こうという菅のマインドは、官邸内で働く者たちにも伝わっている。だからこそ、みなが菅と同じような動きをし、黒子に徹して総理を守り立てて行こうとする。その菅の強い思いは、萩生田も理解できる。

〈菅さんも私も、ある意味、党人政治家なんだろうな〉

菅官房長官は横浜市議、萩生田は東京都議、そして現在、官房副長官を務める野上浩太郎《のがみこうたろう》は富山県議出身の地方議会出身者だ。三人に共通するのは、肌感覚で日々の国民一人ひとりの暮らしに接してきた。その経験が以前の総理大臣官邸との違いを醸し出しているのかもしれない。

〈官邸って、すごく仰ぎ見る遠い存在でありながら、ちゃんと私たちの生活のことを見てくれているんだね〉

そんな安心感を、菅官房長官を中心に与えている、と萩生田は見ている。

正副官房長官会議という奥の院

安倍総理の政務の首席秘書官を務める今井尚哉によると、官邸内の意思疎通の面でいえば、第一次政権のときにはなかった会合が大きく機能し、政権運営の上で一番の違いとなっているという。

政権発足当初は、安倍総理、菅官房長官、世耕弘成、加藤勝信、杉田和博《すぎたかずひろ》の三人の内閣官房副長官、今井政務秘書官の六人による会合が、毎日、二〇分ほど開かれる。

このメンバーは、のちに加藤と世耕が他の閣僚ポストに移ると、萩生田光一、野上浩太郎に代わっている。現在ではさらに萩生田から西村康稔へと官房副長官は交代している。

「正副長官会議」と名付けられているこの会合は、総理執務室で開かれているため、記者らにも気づかれず、総理の動静にも出ていない。

第一次政権時から、今井は思っていた。

〈官邸の意思疎通が重要だ。官邸の五人の意思疎通こそが政権安定の要諦である〉

その意思疎通の場が正副長官会議であり、総理の考えをみんなが共有し、衆議院、参議院における国会審議への対応もこの場でおこなう。また、総理へ進言する場でもある。

「総理、帰国するべきです」

平成二五年（二〇一三年）一月一六日午前、安倍総理は羽田空港から政府専用機で、就任後の初外遊となる東南アジア諸国連合（ASEAN）三カ国歴訪に出発した。

この初外遊に同行したのは、昭恵夫人、兼原信克《かねはらのぶかつ》副長官補、総理秘書官、外務省幹部らで、政治家は世耕弘成官房副長官ただ一人であった。

一行は、政府専用機で最初の訪問国であるベトナムのハノイへ向かった。世耕は機内で安倍総理夫妻と昼食をともにしながら諸々について懇談した。

ハノイに着陸し、安倍総理が宿舎に入った直後、日本にいる菅官房長官より緊急の電話が入った。

「アルジェリアで、邦人が武装集団に拘束されている」

政府に第一報が入ってきたのは、一月一六日午後四時すぎであった。四時四〇分、外務省に対策室を設置。五時には総理官邸に米村敏朗《よねむらとしろう》内閣危機管理監をトップとする官邸対策室を置いた。

菅は、安倍が現地ハノイに到着後の午後四時五〇分、電話で事態を報告。

安倍は、「被害者の人命を第一とした対処」、「情報収集の強化と事態の把握に全力を挙げること」、「当事国を含め関係各国と緊密に連携すること」を指示し、一切の対応について菅に任せた。

その後、ロイター通信が一六日午後六時半ごろに事件を速報。菅は午後九時ごろから記者会見を開き、事件の公表に踏み切った。

「アルジェリアにおいて現地邦人企業の、社員数名確認中でありますけども、武装集団により拘束され人質になっているという情報があり、現在確認を急いでおります。なお、人数については複数の異なる情報があります」

記者からの質問が相次いだ。

「天然ガス関連施設をイスラム武装勢力が襲撃し、従業員らを人質にとった。人質の中にプラント建設会社『日揮』の社員がいるとの情報があるが」との問いに、菅は「その通りだ」と答え、武装勢力からの要求については「事件が起きたばかりで発言を控えたい」と述べるのにとどめた。

政府に一報が入ってから会見まで約五時間経過していたが、菅は「人質事件という性質上、非公開扱いにしてきた」と会見で理解を求めた。

安倍内閣がスタートしたばかりの大事件に、菅は、岸田文雄外務大臣、茂木敏充経済産業大臣、小野寺五典《おのでらいつのり》防衛大臣の四人で連携し、対応にあたることにした。

発足間もない安倍政権にとって、アルジェリアの人質事件は厳しい危機対応となった。「人命第一」を掲げて関係国と調整を続けたが、現地時間一七日午後（日本時間一七日夜）、アルジェリア軍は武装勢力への攻撃を開始。現地からの情報不足は深刻で、人質となった日本人の安否確認にも手間取った。

安倍総理が日本人に被害が出ているとの第一報を受け取ったのは、訪問先のタイでインラック首相との会談がちょうど始まる時だった。

届けられた外務省のメモには、「軍が攻撃開始。日本人二人殺害」とする中東の衛星テレビ「アル・ジャジーラ」の報道内容が書かれていた。

随行員に驚きが広がった。安倍は落ち着くよう周囲に目配せし、予定通り会談をスタートさせた。タイとの首脳会談は一時間半に及んだ。安倍は終了後の一〇時一五分、ただちに菅に電話を入れた。

菅が近況を報告するも、外国通信社などの報道内容は錯綜し、政府も正確な情報を掴みかねていた。

「情報収集を頼む」

安倍は菅にこう指示して電話を切った。

菅は、一七日午後一〇時半過ぎ、総理官邸で急遽、記者会見を開いた。

「人質解放のため、アルジェリア軍が攻撃を開始したという情報提供があった」

そう発表すると同時に、「現時点で邦人の被害状況は、鋭意確認中だ」と続けた。

こうした状況に、外遊中の安倍総理は焦りを募らせた。現地の一七人の日本人のうち多くの安否が確認できない。首都アルジェに派遣した城内実外務政務官のもとにも情報が集まるが、経済産業省が日揮を通じて得た情報は違っており、政府で確認できない状況がいつまで続くかわからない。

世耕官房副長官は、菅と電話で今後のスケジュール調整についてじっくり話し合った。

「菅さん、このような事態になった以上、ぼくは総理に帰国していただくべきだと思っています」

菅も同意した。

「賛成だ。おれも帰ってもらったほうがいいと思う」

世耕は言った。

「それでは明日朝六時に今後の方針を話し合うので、その時、私は『帰るべき』と主張します」

世耕は、加藤官房副長官にも電話をした。

「帰国すべきと総理に進言しようと思います。菅さんも同意見ですが、どう思われますか」

加藤が答えた。

「ぼくも賛成です」

一月一八日朝六時、バンコクのホテルの安倍総理の部屋に集合した一行は、アルジェリア情勢の分析と今後の対応の打ち合わせをした。

官僚たちの意見は〝外遊続行〟で一致していた。

「このまま予定通りジャカルタへ行くべきです。非常に重要な予定が詰まっているし、ユドヨノ大統領のメンツもある」

「晩餐会はインドネシア全国から縁のある人を呼び集めて盛大におこなわれる予定です。外交日程を最後までこなしてから日本に帰っても遅くはない」

「被害状況が詳しくわからない中で帰国すると、〝慌てている感〟が出てしまう」

同じ意見でまとまった官僚たちに流れが作られ、「予定通り日程継続」が決まりそうになった。

それを、世耕が止めた。

「総理、やはり、ここは帰るべきでしょう。外貨を稼ぐため紛争地で頑張っている人たちがひどい目に遭っている。こんな時は総理大臣が官邸に陣取って指揮を執るべきです」

官僚にとっては安倍政権に対する国民の評価よりも、相手国のメンツが大切である。世耕は、この場にいる唯一の政治家としての意見を述べた。外遊先での情報収集や意見交換は何かと不自由であるし、総理の不在によって国際社会から日本の危機管理能力を疑われる可能性もあった。

いずれにせよ、タイからまっすぐ日本に帰国することは物理的に不可能だった。政府専用機は国際法上軍用機扱いされており、通過国すべてに許可を取らなければならない。が、飛行ルートとなる各国の飛行許可がおりるには時間がかかる。迂回して公海上を飛行するとなると、距離が大幅にのびるため燃料を追加補給しなければならず、給油に三時間もかかってしまう。

安倍の決断は、「とりあえず次の訪問先であるインドネシアのジャカルタへは向かう」であった。が、帰国を少しでも早めるため、首脳会談前の在留邦人との昼食会や視察日程はキャンセルすることになった。

同行スタッフも機内からインドネシア側と連絡を取り、日程の短縮を要請した。緊急事態なので、インドネシア側も理解を示してくれた。

これで一九日の午前四時には羽田に着陸できることになった。

安倍総理は、その後も機内から官邸と電話連絡を取り続け、菅に対し指示を出した。

「朝四時半から長官以下幹部が集まって、これまでの対応について報告してほしい。午前六時からは、対策本部を開けるようにしておいてくれ」

アルジェリア軍による人質救出作戦開始から丸一日が経過した一八日、安否情報の収集は依然として難航し、菅はその日夕方の記者会見で「確たる情報はない」と疲労の色を濃くした。

情報が錯綜するなか、菅は冷静に対応することだけを考えていた。

絶妙の会見

〈官房長官としても、まずまずうまくやってはいくだろう〉

自民党担当として菅を見てきた菅番の記者は、菅の仕事ぶりについてはそんな予想を立てていた。

だが、就任後一カ月で起こった事件で自らの読みを大きく修正しなければならなくなった。きっかけとなったのは、「アルジェリア人質事件」である。

事件発生直後から終息までの菅の切り盛りは番記者の日から見ても、「すごい」の一言に尽きた。中でも「情報の出し方とスピード」には目を見張った。

番記者は菅の会見を取材しながら、こんなことを感じていた。

〈総理は東南アジアを外遊中。不在だった。しかし、アルジェリア情報の要所は現地でのぶら下がりで総理がしゃべっている。確認したわけではないが、菅さんがそうさせているようなイメージがある。あくまで大事なところは菅さんでなく、総理の口から発信している〉

総理がいないのなら、官房長官でいいじゃないか――。「女房役」としてそう考えたとしても不思議ではない。だが、ここでも総理と官房長官の棲み分けに徹底してこだわる。菅らしさが発揮された。

番記者はここであらためて菅の人間性に触れることになる。

〈「おれは総理でもないし、総理代行でもない」。菅さんはそう考えていたに違いない。自分が知っている情報はどんどん伝えてしまえ、と考える人もいる。ただ、菅さんはそうではなかったことを思い知らされた〉

総理が不在の中、事実上、危機管理は菅が仕切っていた。

「日本政府は今、こうして動いています」

政治家であればそう言い切りたいところだろう。だが、菅は黒子役に徹し、大事な点はすべて総理から発表する。

菅のこうした姿勢は番記者にも好意的に受け入れられた。総理を差し置いて自分が前に出ていく。菅に限ってそんなことはない。すべての番記者の胸にはそう刻まれていた。

事件発生から終息までの安倍と菅の公式発言を並べてみれば、要所要所で総理の見解が出て、時局を動かしていったことは明らかだ。

「不肖わたくしが陣頭指揮を取る」

官邸主導にこだわる安倍はそう宣言した。

総理が出席する対策会議を開き、その頭撮りの際に安倍が自ら伝えた。ここ一番の発言は、安倍に譲る。随所に菅による気遣いの痕跡が見える。

一月二〇日午前一時過ぎ、菅は、総理官邸で記者会見を開いた。

このとき、記者からの質問への返答に、菅は非常に気を遣った。

アルジェリア政府から正式に日本人人質の安否情報がもたらされたのは一九日午後九時すぎ。死亡したとする人数や名前も伝えてきたが、日本側がＩＤカードやパスポートなど身元確認の根拠を尋ねても答えはあいまいだった。

別のルートも含めたアルジェリア外務省と軍の情報とでは内容が異なり、死者の数すら合わない。官邸は「それぞれが自分たちのルートからの情報で発表をしている」と不信感を募らせた。

日揮側からは「できるだけ情報を抑えてほしい」という要望も来ていた。

日本側も警察庁からの情報、外務省からの情報、経済産業省からの情報、防衛省からの情報……、それらがすべて一致していなかった。

完全に現地では政府、軍、武装勢力が情報合戦をしていた。

情報が一致していればある程度の確証を持って発言できるが、もたらされる情報がバラバラの状態で、どれが正しくどれが間違いなのか判断しかねる状況だ。軽々しく発言すれば、傷つく人たちを大勢つくってしまうことにもなる。何よりも、冷静に判断し正しい情報を国民に発することが官房長官の役目である。

そんな状況の中で、菅が発することができる言葉は、次の表現であった。

「アルジェリア政府からこれまでに複数の邦人の安否に関し、厳しい情報の提供があり、現在政府として懸命にその事実関係の確認をしている。私たちは、まさに『生命を何としても第一にしてほしい』というお願いをしてきました。しかし、こういう結果に今なりそうなことは極めて残念なことだと思います」

いつかは犠牲になった人数を公にしなければならない日が来ることはわかっていたが、この日、この場では「複数の邦人の安否が厳しい」との表現にとどめた。

日本政府はアルジェリア政府から日本人の安否について死亡も含めた情報提供を受けていた。が、日本政府としてはこの情報を確認できておらず、マスコミに公表するのは時期尚早だった。が、国民やマスコミに向けて「わからない」と言い続けるには限界があった。それでも確定していない情報に対し、踏み込んで言及することには多少のリスクが伴う。政府は、そのギリギリの瀬戸際に立たされていた。

菅は、こうした厳しい状況下であえてリスクを背負い、日本人の人質が亡くなった可能性に触れた。結果として、非常に残念なことに日本人の死亡が確認され、マスコミの猛追もかわし、日本政府の的確で毅然とした対応も印象づけられた。

加藤は、この時の菅の記者会見を見て思った。

〈菅さんが「厳しい情報の提供があり」と発言したタイミングは絶妙だった〉

加藤は、この時の菅官房長官の対応が〝安倍政権最大のキーマン〟と呼ばれる一つのターニングポイントになったと感じている。

番記者も、菅の「厳しい情報に接しています」という言葉を聞いたとき、「死者はいるんだろうな」と察した。

「数については、把握していません」

「まだ今、情報を確認中です」

これで黙っているようなら、記者団はプロ失格である。

「人数は、どうなんですか」

「なぜ、政府は把握していないんですか」

そうした質問が矢継ぎ早に飛ぶことになる。だが、アルジェリア人質事件での記者の反応は違っていた。菅の「厳しい情報に接しています」の一言が効いたからだ。

番記者たちもそれ以上、追及するのは憚られた。

メディアを鎮静化し、追撃をかわす。菅が口にした言葉は、またとない妙手だった。

一月二一日。菅は、被害者について記者会見ではっきりと発表する。

「七人死亡、三人安否不明」

菅が「日本版ＮＳＣ（国家安全保障会議）」の必要性を本当の意味で痛感したのは恐らくこの時だったのではないか。それまでも頭にはあっただろう。だが、危機管理の要諦を身を持って知る機会があったからこそ、菅は本腰を入れて取り組むことになる。

防衛省幹部を一蹴

アルジェリア人質事件が発生した平成二五年（二〇一三年）一月一六日から三日後の一九日、菅官房長官は、邦人救出のための政府専用機の派遣の検討を始めた。

「政府専用機を出そう」

そのとき、防衛省は何かと理由をつけては、頑なに拒否した。

「そこはテスト飛行をしたこともなく、初めての空港での離着陸になります。そんなところに、行けません」

「飛行ルートがロシア上空にかかることになります。外務省がロシア政府から許可を取るのに一週間ほどかかる」

つまり、「できない」を繰り返し、首を縦に振らないのだ。

「自衛隊のパイロットは予行演習をしなければ離着陸できないのか？　アルジェリアに行ったことがないから行けないだと？　それなら機長は、全日空や日本航空に頼む」

「ロシアの上空に行くのに一週間かかるだと？　ロシアだって、この現実を知っているんだろう。ロシアだって、人命救助の飛行の許可に、そんなに時間をかけるはずがない」

菅は、防衛省の幹部官僚らを一蹴した。

難色を示す防衛省の抵抗を跳ね返し、小野寺五典防衛大臣に取り合ってもらい、邦人救出のために政府専用機の派遣を命じた。

官僚たちは、仕事の本質論よりも、前代未聞の仕事にタッチし面倒に巻き込まれたくないという本音が勝りがちである。そこで、総理の了解のもと、閣僚間で方針を決めた。

こうして、一月二二日に政府専用機が現地に派遣されることになった。

菅の一喝により、短時間で派遣が実現したのである。

危機管理と日本版NSC

安倍政権にとって、アルジェリア人質事件の教訓を踏まえた対策をどう整備するかが今後の課題となった。

安倍総理は、テレビ朝日の番組に出演し、「情報収集力は宿題だが、法的なものも含めて、どう課題を解決するかは考えていきたい」と強調。自衛隊による邦人輸送を可能にする必要な法整備を検討する考えを示した。

一方、菅官房長官も記者会見で「今日までの対応の中で、日本版ＮＳＣ（国家安全保障会議）

「の設置は極めて大事だと思う」と指摘。安倍総理が第一次内閣当時から創設を目指している官邸主導の危機管理の体制づくりを加速させる考えを示すとともに、人質事件への対応を検証し、在外邦人の保護対策強化に取り組む姿勢を鮮明にした。

総理の指摘する情報収集力は大きな課題だ。

菅は、官房長官として情報を収集する能力がいかに大切かを痛感していた。

〈すべての情報の内容が違うのだから、たまったものじゃない。各省庁縦割りの悪い例だ。もし、NSCがあれば、そこで全部の情報を取りまとめ、官邸に情報が上がってきたはずだ〉

紛争を抱える国で日本人が拘束された時、現地から正確な情報をどうやって収集し、日本政府としてどう対応するのか。人命を守る上で障害となっている法制度と仕組みを早急に見直すことが不可欠との認識だった。

政府の情報部門と総理官邸の「連接」を重視する。情報こそが的確な意思決定の下支えとなるためだ。人質事件で苦慮した「収集」に加え、「評価・分析」の機能も強化すべきで、それにはNSCが不可欠となる。

さっそく、安倍総理は政府対策本部で、事件の検証と企業などの安全対策に取り組むよう指示した。菅官房長官をトップに、関係省庁による検証委員会が翌週にも議論を始めることになった。

菅は記者会見で「事件が起きる前、事件が起きた後でも迅速に対応できる安全策を作りたい」と強調。検証委員会が事件の教訓を洗い出し、さらに有識者の懇談会が具体策をまとめることになった。

アルジェリア人質事件から一〇カ月後の平成二五年（二〇一三年）一一月二七日、安倍総理肝いりの国家安全保障会議設置法が成立した。

菅は、成立後の記者会見で、NSC設置の意義を強調した。

「常日ごろから問題意識を共有し、全体を見渡す中で、安全保障政策についてさまざまな情報収集、対応が速やかになる」

NSC設置は、もともと第一次安倍内閣で目指した課題だったが、第二次政権で急速にその機運が高まった。きっかけは、政権発足後間もない時期に発生したアルジェリア人質事件に他ならない。

菅は当時を振り返り語った。

「（各省庁が）いっしょになって機動的に物事を決定し、実行する体制がなかった。（政府の対処態勢が整うまで）時間がかかった」

日本と外交関係が深いとは言えない北アフリカの情報収集・分析は容易ではなかった。被害者の安否情報や事件の背景などに関し、情報は外務省や防衛省、警察庁などから総理官邸に寄せられた。だが、情報は錯綜し、精度の見極めは困難だった。

ＮＳＣの設置で、これまで各省庁から縦割りで総理官邸に上がってきた情報は、ＮＳＣの事務局となる「国家安全保障局」に集められ、情報の正確さなどを分析したうえで、総理や官房長官に報告されることになる。

各省庁の情報に完全に依存するのではなく、官邸で独自に分析する能力を高めるため、国家安全保障局のスタッフを重視。外務、防衛、警察など各省庁から約六〇人が集められた。安保分野の経験豊富な官僚と自衛官に加え、北朝鮮や中国などの専門家も採用した。

ＮＳＣの中核となるのは、総理、官房長官、外務大臣、防衛大臣による四者会合で、緊急性のない場合でも二週間に一回程度の頻度で開催されている。在日米軍再編問題、対中関係、北朝鮮の核・ミサイル問題など日々刻々と動く重要課題を協議する。アルジェリア人質事件のような緊急事態を想定した「緊急事態会合」では、案件ごとに関係閣僚が参加、対処方針などをあらかじめ検討する。従来の安全保障会議も九者会合として、ＮＳＣ内に置かれる。

国家安全保障担当の総理補佐官もポストとして新設。「政治家のポスト」を想定しており、初代は法案作成を担当した参院議員の礒崎陽輔《いそざきようすけ》総理補佐官が就任した。

官房長官の一日

菅官房長官の一日のスケジュールはどうなっているのか。

朝は早い。朝五時過ぎに起きて、ウォーキングをする。朝の澄んだ空気を吸い込みながら、自分のペースで四〇分ほど歩くと、頭の中にあるものが自然と整理されてくる。酒を飲まない菅のリフレッシュ法である。

それから一時間かけて新聞各紙に目を通し、六時半からのNHKニュースを見る。重要項目がテロップに出ているので、そこからだいたいの世の中の流れ、問題を再認識し、毎日、午前と午後におこなう記者会見に備える。朝七時過ぎには、政治家、役所、経済界、マスコミ、金融などの専門家と朝食をともにして、生の声を聞くことから一日がスタートする。

また、議員会館で二〇～三〇分間、地元の対応や日程を整理してから官邸に入ることにしている。

官邸に入ると、五～一〇分刻みで面会者がやって来る。経済財政諮問会議や地方分権改革推進本部などの会議にも出席し、昼の時間も役所や専門家の話を聞く機会に充てている。

夕方、官邸での仕事が終われば、夜の会合に最低二カ所、日によっては三カ所、顔を出す。

菅は下戸《げこ》だが、酒の席はまったく苦にならないという。

遅くとも午後一〇時過ぎには帰宅し、零時くらいには寝る準備をする。

官房長官の仕事は、総理を支える女房役であること。省庁間にまたがる施策を調整する役割がある。国会では、きちんと法案を通さなければいけない。また、スポークスマンとして内閣の考えを内外に発信する。これらすべてを抱えると相当な重圧になる。菅も就任した当時は、非常に重圧を感じていた。

〈国家権力というものは、そういうもんだなぁ〉

そんなことを思いながら、それなりに覚悟しないとできない仕事だと肌身に染みた。

官房長官は、総理とともに国家の命運と国民の生命と財産を預かっている立場にあり、一刻の安息も許されないポストだ。

総務大臣を経験していたため、それなりのことはわかっていたつもりだったが、やはり閣僚を経験した人でなければ官房長官は務まらないと思った。

日々が、次から次と襲ってくる重圧との戦いだ。

北朝鮮がミサイルを発射すれば、深夜でも官房長官に一報が入る。防衛省は二四時間体制だ。午前三時には防衛省の会議を開き、その後、午前五時からＮＳＣの会議が開かれる。それらの連絡すべてが官房長官のもとへ寄せられる。四六時中、気が抜けない。

官房長官に就任したばかりのころは精神的にも大変だったが、しばらくするとリズムがつかめてきた。神経をイラつかせないようにコントロールする能力も官房長官には必須な条件であろう。

本音で話せるブレーン

デフレ・円高からの早期脱却をめざす安倍政権は、平成二五年度の経済運営で円高是正を最優先課題の一つと位置付けることを明確化した。これまでの為替状況が厳し過ぎたとの認識から、現状の相場水準でも「行き過ぎた円高の修正過程」と麻生太郎財務大臣が発言した。菅も記者会見の場で、「『過度な円高が是正されている段階』というのが政府の見解だ」と述べていた。

政府として、明確に円高是正を打ち出す方針は、自民党総裁選、衆議院選挙を通じて安倍政権の公約でもあった。

九〇円を超える円安になり始めると、財務省は、菅の会見に注文をつけてきた。

「『過度な円高の是正段階』という言葉は、使わないでほしい」

菅はたずねた。

「なんでだ」

これに、財務省の官僚が答えた。

「いや……、日米関係上、アメリカから円安誘導と厳しく指摘されますし、国際問題になりかねません」

海外から受けている円安批判に、これ以上油を注ぎたくない、という財務省の立場から注文を付けてくるのである。

菅はたしなめた。

「そんなことを言ったって、日本はリーマンショックの時いくらだった？　リーマンショック前の水準よりはるかに円高ではないか」

これで終わりであった。

菅は、官僚の思惑通りには動かない。確かに、財務官僚とは違い金融のプロではないが、学者や経済人に相談する人はいる。総理と意思疎通をした上での発言である。

菅には、各省庁に一人は、本音で話せる人間がいる。

〈その人がそう言うのなら、間違いない〉

そこまで信頼できる人間である。

政権を運営していく中で直面する問題には、菅自身がすべて判断を下せるということばかりではない。自分だけでは判断を間違ってしまう場合もある。そういう慎重な判断を迫られたとき、菅は、ためらわず相談できる相手に訊くのだ。

「どのようにすべきか、率直に聞かせてほしい」

そして、その答えを基準にして、マスコミ、学者、経営者等に相談して最終的な判断を下すようにしている。これは、横浜市会議員時代からの菅の政治手法である。

コリン・パウエルに学んだ会見術

菅は、官房長官に就任した当初、記者会見には苦労した。自分の発した言葉は、安倍政権を代弁する言葉であり、日本政府の言葉として世界に発信される。

例えば、中国、韓国との歴史認識問題では、少しでも踏み込んだ発言をすると、すぐに国際問題にまで発展する。

どこまで発言していいのか。これ以上、発言したら他国を刺激することにはならないか。無難にしていいては安倍政権の主張を伝えられず、かと言って、過激にし過ぎてもいけない。

そのあたりの見極めがむずかしかった。

就任当初は悩み、会見での発言はどうしても慎重にならざるを得なかった。

そのような折、元アメリカ国務長官のコリン・パウエルの著書を読んだ。湾岸戦争時に統合参謀本部議長を務めた元軍人で制服組から叩き上げた、黒人初の国務長官も、記者会見に苦労したという。苦労した末に到達したのが、

「記者には質問する権利がある。国務長官である私には、答えない権利がある」

ということであった。

菅自身が振り返ると、たしかに、質問を受けると、それに対して、真正面から答えないといけないと思い込んでいた。それが自分自身を縛りつけていた。そのことに気づいてしまうと、ふっと肩の力が抜け切ったような気分であったという。

自分の番記者に恥はかかせない

官房長官の定例記者会見は年間約四〇〇回開かれている。一日二回が原則だが、お盆や夏休みの時期には一回になったり、開かれなかったりする。閣議のおこなわれる火曜日と金曜日のみで週に二日だけという時期もある。

一週間に平日が五日間。一日二回だと、週に一〇回。多いときは一カ月に四〇回に及ぶ。このペースで一年間を駆け抜けると、四八〇回。だが、夏休みの期間などを除くと、約四〇〇回

に落ち着く。

「今日は面倒だ。会見はなしにしよう」

長官や官邸がそんなふうに考えることはないのだろうか。

一日二回の長官会見は記者側と官邸の間で「暗黙の了解」となっている。一方的に拒否することはできない。

今では一日二回が慣例だが、昭和四六年（一九七一年）七月に歴代最年少（当時）の四七歳で第三次佐藤内閣の官房長官として初入閣した竹下登は三回おこなっていた。竹下は田中角栄内閣で二度目の官房長官を務めている。

一日二回の会見は政権にとって単なる「義務」ではない。利点もある。今や会見には英語の同時通訳がついて全世界に配信されている。諸外国政府は日々の会見を視聴し、分析する。

番記者から見た菅は「記者を大事にする政治家」だ。少なくとも彼らにとってはそうだ。

「記者を大事にする」とは別に常日頃から酒食を共にし、親睦を図ることではない。むしろ、菅が記者とそうした形で付き合うことはほとんどない。ただし、質問に対して露骨に嫌そうな顔をしてみせたり、皮肉を言ったりすることは一度もない。そういう意味での優しさを持ち合わせている。

例えば、夜回りでのやり取り。番記者は菅番になって以降、ほぼ毎日、取材のため、菅の自宅付近に足を運んだ。

菅は官房長官に就任した直後、赤坂の国会議員宿舎に引っ越している。それまでは横浜にあるマンションに住んでいた。当時の夜回り取材には自宅とマンション入り口の動線の途中に場所を決めて対応していた。

赤坂の議員宿舎では、玄関を入った、受付のようになっているあたりがお決まりの場所だ。夜回りの間は政治家も記者も立ったままだ。

〈菅さんの発言には正直言って、中身が伴わないこともある。録音した内容を文字に起こしてみたら、内容が濃くないこともある。ただ、嫌な顔はせずに毎日話してくれる。メモを作って上司に上げたとき、「あ、こいつは仕事してきたな」と思わせるくらいの事柄はしゃべってくれる〉

つまり、こういうことだ。菅は自分を担当してくれている番記者に「恥をかかせてはならない」と配慮しているのだ。夜回りのメモを見たキャップやデスクが「何だこれは」と言ってくるような内容にはしないよう心掛けている。

官房長官の重責を担っていれば、「今日はしゃべりたくない」「つつかれたくない」という日もあるだろう。閣僚が失言でもした日であれば、尚更だ。それでも菅は真正面から記者を迎え入れる。裏口から帰るようなことはない。この点は官房長官就任前から一貫している。

同じ自民党の大物政治家でも、中には夜回りで露骨にムッとする人間もいる。

だが、菅にはこうしたところがない。一言でいえば、冷静な「安定感」だろうか。本人の気分で記者への対応が変化することはない。

菅に似たタイプに自民党政調会長の岸田文雄がいる。発言の中身はともかく穏やかに応対するという。「自分の番記者に恥はかかせられない」との意識も強く持っている。

官房長官の定例記者会見を見ていると、誰もがあることに気付く。菅の発言が過剰なまでに慎重であることだ。菅は記者が二人以上いるところでは、まず話さない。

長官とたまたま居合わせたとする。その場に他社の記者がいたら、まずしゃべることはない。差しの席でしゃべってくれたとしても、そのまま書いてしまえば、「彼だな」と簡単に察しがついてしまう。菅を取材する場合、記者の数が少なければ少ないほど深い話になる可能性が高まる。一方、それに比例して書いてはまずい度合いも上がっていく。

時折、週刊誌の誌面を飾る定番企画に「主要閣僚・党幹部のオフレコ発言を全部書く」類《たぐい》のものがある。今でこそ「慎重派」で鳴る菅。だが、かつてこうした記事に自らの発言が出てしまった苦い経験がある。

麻生内閣当時の平成二三年、菅は自民党選挙対策副委員長を務めていた。この年の東京都議会議員選挙で自民党は歴史的惨敗を喫する。その選挙前、夜回りのオフレコ取材に菅は応じていた。記者から質問が出る。

「自民党候補全員に応援に出向いている。麻生さんは都議選で負けたら責任を取らざるを得ませんよね」

菅は生返事で答えた。

「まあ、いろいろと考えながら応援しているんだろう」

だが、この発言を一社が「麻生総理、都議選負ければ責任も」と大々的に報じた。オフレコで、軽く言った発言を本人の確認もとらずに自分の主観で報じる記者の無責任さ。記事の中で発言者を特定はしていないが、永田町では菅が言ったものだと誰もがすぐわかる。

この経験があったからこそ、菅は、記者への慎重すぎる応対で知られるまでになった。以来、菅はこんな認識を持つようになった。

〈こう言う場でオフレコでしゃべったことであっても、記者に書かれたらひどい迷惑だ〉

キーワードは禁欲的

番記者で菅を嫌っている者はほとんどいない。もちろん、個々の記者がどう接しているかは藪の中だ。ただ、菅の振る舞いからこんなことが察せられる。どの記者も「菅と一番仲がいいのは俺だ」と思い込んでいるのではないか。菅には「人たらし」のような特性が見え隠れする。

番記者が一堂に会し、菅を囲んで食事をとる会も年に二〜三回はおこなわれる。

菅の故郷・秋田で懇談があった。自民党秋田県連の大会に出席した折のことだ。

菅は、官房長官として官邸から離れられない立場にあるが、参議院選挙の応援で秋田や山形に入った。地方出張の際に開かれることが多い懇談をおこなった。

懇談では食事を共にし、話をする。地方以外では年に一〜二回、都心の飲食店に集まるのが慣例だ。

懇談に集う記者は総勢二〇人近くに上る。地方紙の記者であっても、内閣記者会に加盟し、登録してあれば、「長官番」として扱われる。こうした場には顔を出すのが常だ。

先に触れたように、菅は下戸。記者で飲める者はアルコールを注文する。菅の前にはペリエか烏龍茶のグラスが置かれている。

酒を飲まないから、食べるかといえば、そうでもない。菅はダイエットをしている。食事についても節制を心掛けているので、それほど量を食べることはない。

「懇談」とはいえ、プロ野球や人気女優の話に花が咲くことはない。菅とひざを突き合わせて話す機会はほとんどない。番記者たちはみな、仕事の話を聞きたがる。菅は言葉数は決して少なくない。だが、内容といえば、結果的に何も言っていないに等しいことがほとんどだ。

また、浮いた噂の一つもない。番記者の一人は愛人の有無について「絶対にいない」と言い切る。

菅は毎晩、二件ほどの会合に顔を出す。二件目がお開きとなるのは午後一〇時頃だ。そこから赤坂の議員宿舎に帰宅。夜回りの取材を受けて、一日が終わる。

番記者は政治家と付き合っていく中で女性がいる飲食店に出入りすることもある。時には、銀座のクラブに同行したり、もっと下世話なところに連れていかれることもある。菅番に限っては、そうした店とは無縁だ。

〈菅さんは本当に仕事が趣味の男。人と会って話すのが仕事と心得ているんだろう〉

記者の目から見ると、決して付き合いやすい政治家ではない。はっきり言えば、記者泣かせ。しゃべらないことでは永田町でも群を抜く。口の堅さには定評のある人物である。つい酒が過ぎて口が滑った、ということがないのだ。

普段から禁欲的な暮らし向きに徹している。横浜駅前のタワーマンションが自宅だが、官房長官就任以来、赤坂の議員宿舎住まいを続けている。官房長官は官邸の近くにいなければならないからだ。

それが一年中、朝から晩まで追いかけている番記者の実感である。菅の趣味は政治そのものにある。

〈菅さんは真昼間、珈琲とお茶で腹を割って話せる。これは政治家としての武器だ。永田町には酒を酌《く》み交わしながら信頼関係をつくる文化がある。菅さんにはこれが当てはまらない。朝食だろうが、昼食だろうが、酒席だろうが、関係ない。菅さんにとっては「朝」はもうすでに「夜」なんだろう〉

食べものでは野菜を好む。特に好きなのがサラダだ。酒は飲まないから、甘党でもある。禁欲的――。これは菅を物語るキーワードの一つかもしれない。食事も自らの欲望も等しく管理する。そこで抑制した分は権力と政治の舞台で花咲かせるのだ。欲望はここで満たす。

菅は二四時間政治家である。

同じ秋田がルーツの叩き上げ――菅原一秀三代の悲願

自他ともに〝菅派〟を任じる自民党六回生の菅原一秀が、菅義偉官房長官と出会ったのは、菅原が平成一五年（二〇〇三年）に初当選を果たしてから一年たったころのことだった。

菅原はそのころ、無派閥の立場で、議員年金廃止をはじめ、部会や委員会で自分の思うところをなりふり構わず主張しつづけていた。

どこの派閥にも属さず、どこの組織にも依らず、自分の足で立ちつづける。それは、当選直後、「自民党をぶっ壊す」と謳《うた》っていた小泉純一郎を支援するために、どこの派閥からも縛られない立場にいるべきだと考えたためである。

それとともに、どこの派閥にもあえて属さず、自分の思うことを発言し自分の思うとおりに政治的行動することこそ、叩き上げである自分が、自民党という組織で存在感を示せると思ったからだった。その姿勢は、初当選以来ずっと変わることはない。

そんな菅原を「おもしろい若手」と見てくれたのだろう。菅みずから、菅原に電話をかけてきたのだった。

初めて会ったのは新橋にある料理屋で、そこは、菅の地元・秋田県名産の比内鶏《ひないどり》料理を食べさせる店だった。

ふたりは親子丼をつつきながら、政治向きのことだけでなく、さまざまなことについて語り合った。菅原が、政治の世界に入ったいきさつについて語ると、菅の表情がゆるんだ。

「ほお、ルーツが同じなんだね」

菅が関心を示したように、菅原自身のルーツも秋田県にあった。菅原の父親である甫の実家も母親の黎子の実家も秋田県にあった。そのうえ、父親が卒業した旧制の湯沢中学、母親が卒業した湯沢北高校はのちに合併し、秋田県立湯沢高校となる。湯沢高校は菅の母校である。つまり、菅原の両親は、菅の先輩にあたった。

しかも、菅原の父親はかつて中選挙区時代に湯沢市などを含む秋田県二区から出馬したこともあった。

父親の菅原甫が出馬したのは、昭和四七年一二月一〇日に投開票された第三三回衆院選であった。菅原の父親は、当時、すでに東京・練馬区で建設業を営んでいたが、陳情したことをきっかけに懇意となった飯塚定輔《いいづかさだすけ》元衆院議員の代わりに自民党の公認候補として出馬の準備にあたっていた。

のちに総理大臣となる竹下登の後ろ盾を得て自民党から公認を得られることになっていた。ちなみに、父親の甫が、妻と知り合ったのは飯塚の議員会館の事務所を訪れたときのことである。妻は、飯塚の秘書をしていたのである。

ところが、「自民党の公認は村岡兼造《むらおかかねぞう》だ」という鶴の一声で、父親の甫の公認は吹き飛ばされた。その声の主こそ、「コンピューター付きブルドーザー」、「今太閤」などと呼ばれた、時の総理大臣の田中角栄であった。公認を得られない以上、出馬をあきらめるはずの情勢である。それでも、菅原の父親は、あきらめなかった。無所属で果敢に出馬し、中選挙区制当時、秋田県二区に割り振られた四議席の一角に入るべく、必死で選挙戦を戦った。

だが、完敗だった。

獲得したのは一万〇二五九票。四位で当選した村岡兼造に三万票以上の差をつけられていた。

その選挙のことは、菅原の記憶に非常に強く刻みこまれている。当時小学四年生だった菅原にとって初めて政治に触れた機会だったが、そのとき、菅原は思った。

〈政治家だけにはなるまい〉

父親は、秋田での選挙戦を戦い抜くために、資金的にも無理をしたのであろう。父親が落選した途端に、菅原の家には、複数の借金取りが押し寄せてきて、子供ながらに選挙に出ることの大変さを痛感した。

しかし、それからしばらくして、菅原の気持ちは変わった。むしろ、父親が落ちた総選挙から二年後に書いた小学校の卒業文集には、こう書いていたのである。

「いつか総理大臣になる」

小学生だったので、総理大臣になることがどれほど大変なことかはわかっていなかった。だが、総理大臣になれば、父親の果たせなかった志を実現できる。そう信じて疑わなかった。どれほど苦境に追い込まれようとも、まわりから「無謀だ」と言われても、なお父親の甫が国政に打って出ようとした理由……。

それは、父親の生い立ちにかかわっていた。

というのは、父親の家をたどれば秋田県にルーツがあるが、父親自身が生まれ育ったのは、秋田県から北海道を超えた先の樺太《からふと》だった。父親は、昭和六年に樺太で生まれたのだ。

じつは、菅原にとっての祖父は、菅原の父親が生まれるその前年に妻とともに秋田を発ち、樺太に渡った。炭鉱事業を始めるためだった。事業は順調に伸びた。ところが、菅原の父親が一四歳になった昭和二〇年の八月一一日、樺太にソ連軍が侵攻してきた。

ソ連は日本との締結していた日ソ中立条約を破棄し、すでにアメリカ、イギリス、オランダなどの連合国を相手に戦った太平洋戦争で敗戦が確実になっている日本に宣戦布告してきたのである。菅原一家は、炭鉱事業を投げ打ち、命からがら逃げた。樺太から出た輸送船は三艘。だが、そのうちの二艘は北海道に着く前に、ソ連によって撃沈された。

三艘目の菅原一家が乗った輸送船だけがかろうじて北海道にたどり着き、菅原一家は秋田県にもどった。

その後、父親の甫は一八歳で上京。工務店で働きながら早稲田大学の夜学に通った。祖父が何の縁もゆかりもない樺太で炭鉱事業を創業したように、父親も、裸一貫から建設会社の菅原建設を設立した。

そのような人生を辿りながらも、菅原の父親には、樺太での体験がとても色濃い影として残っていた。

〈ソ連による実効支配がずっと続いている樺太や、北方領土の問題を解決したい〉

菅原の父親の出馬には、それだけの大きな志があったのである。父の志を知ったからこそ、菅原は、政治家となる道を選んだ。

早稲田大学政治経済学部に入学すると、迷うことなく早稲田雄弁会に入会した。近い先輩には東海大学学長を務める法学者の山田清志《やまだきよし》がいて、同期には、ＮＨＫの日曜討論で司会をする伊藤雅之《いとうまさゆき》がいる。

ただ、菅原はすぐには政治家の道には入らず、早大卒業後、総合商社の日商岩井（現・双日）に入社した。一〇年ほど社会経験を積んだうえで東京都議会議員に打って出るつもりだった。

ところが、たまたま練馬区豊玉を活動拠点とする望月泰治区議から、練馬区議選への出馬の打診を受けた。望月は、四期務めた自らの後継となる候補者を探していた。

そんな折に、練馬区内で建設業を営む菅原建設の長男が政治の道を目指していると聞きつけたにちがいない。

望月は、初体面の菅原に、いきなり切り出した。

「ぜひ、区議選に出てほしい」

菅原は日商岩井を辞め、平成三年四月、自民党公認候補として練馬区議選に出馬。トップで初当選を果たした。いよいよ政治家の道を歩み始めたのである。

ところが、その矢先、思わぬ事態に直面した。父親が経営する会社が倒産したのである。担保となっていた父親の家や会社はすべて取られ、菅原自身も負債を負った。菅原はそれでもなお挑戦することをやめなかった。

区議二期目の途中で辞職、平成九年七月六日に投開票がおこなわれた東京都議選に出馬し、三五歳で初当選した。

ところが、二期目も狙っていたところで、ふたたび思いも寄らぬことが起きた。都議会議長も歴任した都議会の有力議員である奥山則男《おくやまのりお》に、元総理大臣の橋本龍太郎が「娘婿を頼む」と言ったという噂が流れた。もし橋本龍太郎の娘婿が国政に出てくるとなると、しばらく国政へのチャンスがなくなるかもしれない。

菅原は、一念発起して方針を変えた。二期目の都議会議員選挙ではなく、一気に国政に打って出ることにした。

菅原は、平成一二年六月二日投開票の第四二回衆議院議員選挙に東京九区から自民党公認で初出馬した。このときは、八万一九一二票を獲得したものの、わずか四〇〇〇票あまりの差で吉田公一《よしだこういち》に敗れた。

初当選を果たしたのはその三年半後の平成一五年一一月九日投開票の衆院選だった。菅原は、前回よりも三万票以上多い一一万二八六八票を獲得し、吉田公一を破った。

振り返ってみれば、祖父にしても、父親にしても、そして、その血を受け継いだ菅原にしても、菅原家には、ゼロからの叩き上げで、のしあがっていくＤＮＡのようなものがある。

菅義偉は、菅原が菅と同じ秋田県をルーツとすることもあり、菅原が受け継いでいる叩き上げの血筋に響き合うものを感じ取ったのかもしれない。

新橋の比内鶏料理の店で初めて会ってからというもの、事あるごとに、菅原にチャンスをくれた。例えば、そのころ、菅が座長としてリードしていた「振り込め詐欺撲滅ワーキングチーム」の事務局長に、菅原を就けてくれた。そのワーキングチームには、経済産業大臣の世耕弘成、外務大臣の河野太郎、参議院議員の山本一太《やまもといちた》とにぎやかな顔ぶれが揃っていた。携帯電話不正防止法という議員立法をつくり、さらに、制限のなかった現金振込の金額を一〇万円までと制限する議員立法をつくった。

さらに、北朝鮮について言えば、万景峰号の入港禁止法も、菅を座長として検討し、ついに議員立法化したのだった。

それにくわえて、菅は、自らが推し進めている政治行動にも菅原を参加させた。知り合って以降の動きで最も大きかったのは、なんといっても、当時「自民党をぶっ壊す」と立ち上がり、郵政改革などをおこなって国民から支持を受けていた小泉純一郎総理の後継を巡る動きだった。

小泉総理は、自民党をぶっ壊しにかかったものの、それが結実したとは言えなかった。むしろ、そのぶり返しとして、かつての派閥の論理が大きな力となりつつあった。その一派は、元官房長官の福田康夫《ふくだやすお》を担ぎ上げようとしていて、党内では福田が後継として最も有力視されていた。しかし、それは国民が求めるものではない。国民はかつての派閥の論理で動く総理大臣を求めてはいない。小泉総理が大きな支持を得たのはそこに理由があった。

菅が後継に擁立しようとしていたのは、小泉政権で官房長官をつとめる安倍晋三であった。そのために、派閥横断的に集まれる場をつくることに日々動きまわっていた。菅の傍らには、菅原のほかに、高村派の中堅議員である山本有二《やまもとゆうじ》、菅が師と仰ぐ梶山静六の息子である梶山弘《かじやまひろ》志《し》がいた。

それが実を結んだのが平成一八年六月二日に発足した「再チャレンジ支援議員連盟」であった。安倍内閣官房長官が推し進めていた「再チャレンジ推進会議」に共感する中堅、若手議員が集まり、安倍の目指す「誰もが、どんなに失敗してもふたたびチャレンジできる社会づくり」を支えようというものであった。つまり、それはそのまま、小泉総理の後継として安倍擁立を目指すものでもあった。設立総会には九四人もの議員が集まった。

菅は、記者団に胸を張って語った。

「派閥の数合わせで物事を決める時代ではなくなった」

一大派閥に匹敵する数を集めた派閥横断的な議員連盟の発足は、小泉後継の有力候補である福田康夫にも大きなプレッシャーをかけたにちがいない。福田は、小泉後継を選ぶ自民党総裁選への出馬をあきらめた。

菅が奔走してつくりあげた第一次安倍内閣は、安倍総理自身の体調不良により、わずか一年で倒れてしまった。しかし、菅は、総理退任後、苦境に立たされた安倍と、よりいっそう強い関係を築いた。

このことが第二次安倍内閣樹立へとつながっていく。

菅原は、第二次安倍内閣発足後、六回にもわたって副幹事長の任に就いている。その時々の幹事長に仕え、それぞれの政治手法を身近で見ることができた。

時には、菅に連れられて官邸にも赴いた。

「再チャレンジ支援議員連盟」発足に向けていっしょに立ち働いた梶山弘志や、現在、経済再生担当大臣である茂木敏充もたいていいっしょだった。新聞の「総理の一日」に載るような公式な訪問ではなく、安倍総理もリラックスしていて、菅、茂木、梶山、菅原のためにみずからワインを持ってきてふるまってもくれた。公式ではないリラックスした安倍総理の顔を見ることはなかなかできるものではない。

その一方、平成二四年一二月に第二次安倍内閣が発足したことにともない官房長官に就任した菅は、菅原に、よく電話をかけてくるようになった。

「駅頭の反応は、どうだい？」

政治情勢にかかわる事件や事柄が起こると、多い時には一日に五回は電話をかけてくることもある。官邸に詰めざるを得ない菅は、自ら街に出て、国民の反応を肌で感じることができない。国民感情をわからぬまま、政府のスポークスマンとして情報を流しては国民の支持を失いかねない。政権を守る立場にいる者が、うかつな一言で、政権を崩壊に追い込む恐れもある。それだけに、菅原らを通じて、菅はありのままの声を常に知ろうとしている。政権を慎重に、慎重にかじ取りをしている。

阿吽の呼吸

菅義偉官房長官は、安倍晋三総理の部屋にひんぱんに出入りして、まめに連絡や話し合いの場を設けていた。

世耕弘成《せこうひろしげ》元官房副長官（現・経済産業大臣）から見ても、ふたりの息はピッタリ合っていた。安倍が菅に対して全幅の信頼を寄せて仕事を任せているのが、近くで見ていてよくわかるのである。

この二人はイデオロギー的に結ばれているわけではなかった。そもそも菅は〝イデオロギーの政治家〟ではない。菅は、自分に与えられた仕事に責任をもって全力を注ぐ。

逆に、菅は専門外の人事や選挙対策、総理の専権事項に係わることには絶対に口出しをしなかった。出世するに従ってその権力を誇示したがる人間は多いが、菅に限ってそうした部分はまったくなかった。

世耕は思った。

〈菅さんは、安倍総理の権限をしっかりと意識して、自分がすべきことと明確に分けて仕事をされているな〉

だからこそ、安倍も菅に安心して仕事を任せられるのだろう。

安倍総理と、菅官房長官の組み合わせ。これも絶妙なコンビだと世耕は思っている。

「菅長官は、全面的忠誠心で支えている。だからこそ、言うべきことも言わなきゃいけないという立場。一〇〇％私心なく支えている」

誰よりも「しんどい」のは、菅官房長官だろう、と世耕は言う。

総理大臣は、多忙でも出張があったり、河口湖でゴルフをしたりと息抜きもできる。だが、官房長官という職務は、一瞬たりとも東京を離れることができないのだ。

そういう人物だからこそ、安倍総理も全幅の信頼を置いているのだ。どんなに厳しい言葉であっても、自分の事を考えて言ってくれているのだ、しっかりと耳を傾けよう、そう思わせる存在なのだ。

官房長官の在籍日数が歴代一位だというのは、そうしたこともあっての記録だ。

かつての小泉政権時代の福田康夫官房長官は、名補佐役として名を馳せたが、癖のある人物だった。新聞雑誌などのマスコミに対しては、嫌味のある対応をした。

対して、菅官房長官はそうした嫌味な人間ではない。ただ、絶対同じ答えしか言わないという評判がある。

「そこはものすごい安全運転ですよ。絶対に自分で解釈したりしない。手元のペーパーの範囲しか言わない」

記者を相手の応答に失敗すれば、安倍政権に「迷惑」がかかる。だからこそ菅官房長官は、自己主張をしない。常に政府の公式見解以外の事柄は言わない。何十回聞かれても同じ事しか言わないのだ。

できない理由はいらない

菅は、官僚との関係性において、横浜市議会議員時代からわきまえていることがある。

「官僚と渡り合うときには、理屈で勝負しなくてはならない」

彼らは頭脳明晰だ。いくら感情論で説得しても動かすことはできない。あくまでも、理論、理屈でねじ伏せなければならない。

この際、菅が官僚に負けないのは、あくまでも国民の目線から見て、「当たり前」のことを主張するからである。

東京と京都にある迎賓館が一般に開放されるようになったのも、第二次安倍政権で菅が進めた取り組みの一つだ。

第一次安倍内閣時代、菅は総務大臣を務めていた。

そのとき初めて、東京・元赤坂の迎賓館の中を観ることがあった。議員秘書時代も、国会議員になってからもそれまで一度も迎賓館を見る機会には恵まれていなかった。

菅はこのとき思った。

〈素晴らしい建物だな。一度、秋田の両親にも見せてあげたい。広く国民にも開放したい〉

だが、当時は、迎賓館は一般国民向けには開放されていなかった。しかし、一年のうちに外国から客を迎える日は数える程しかない。

菅は、国民にも開放して見学できるようにできないかを検討した。

だが、当時の迎賓館の反応は極めて後ろ向きであり、実現に漕ぎ着けることはできなかった。

結局、菅が第二次安倍内閣の官房長官になり、迎賓館を所管する内閣府を担当するようになり、ようやく実現することができた。

菅によると、この際も役所からの抵抗は強く「できない理由だけで本が一冊出せるほど」の反対にあったという。

だが、菅は屈せずに、一般開放を推進し、平成二八年（二〇一六年）度から元赤坂と京都の迎賓館の一般開放が実現した。元赤坂の迎賓館は、平成二八年四月から一般公開されるようになり、平成三〇年度には、約五一万人が来館している。また、京都の迎賓館についても平成三〇年度には一〇万四〇〇〇人が来館している。

迎賓館は、いまや都心観光の人気スポットになりつつある。

政治家と官僚との役割のちがいは明確だ。

世耕弘成（現・経済産業大臣）は、官僚には「伸び伸びと良い仕事をしてもらいたい」と思っている。これは菅官房長官も同意見である。そのために、官僚をある程度信頼して仕事を任せている。

ただし、時にはビシッと指導をしなければならない。官僚は省庁をまたがる案件を非常に嫌うため、官邸主導で役所をまとめることが必要となる。

また、官僚は基本的に「こんなに頑張っています」というアピールと「新しいことはできません」という消極姿勢で動いている。

そんな時に、世耕がよく使うフレーズがある。

「できない理由はいい。何とかやれるように考えてきてくれ」

これは菅官房長官もよく使う〝決まり文句〟になっている。

田中角栄＋野中広務＋改革マインド

平成二五年（二〇一三年）の冬、日本列島は大雪に見舞われた。東北や甲信地方を中心に、大混乱となった道路では車両が立ち往生し、放置されたままの車両が連なり、除雪車や緊急車両の妨げになるケースが多発した。

緊急時だというのに、レッカー移動ができないのである。

菅は、災害が起きるたびに問題視されてきた課題を解決するために法律を整備しようと動いた。所管大臣も早急に法整備をする意向であった。ところが、説明しにきた官僚によると、

「大災害時には新たな法整備をおこなうが、雪害は現行法で対応できる。法案は通常国会に提出したい」というものであった。

菅は言った。

「現行の法律でできるのか。できないだろう。車を強制排除するには、従来所有者の意向確認が必要だ。強制排除により損壊した場合、損失補償の法的根拠もない」

災害時であっても財産価値がある車を移動するには、所有者の許可が原則必要とされる。行政による移動で車が破損した場合の補償の枠組みもなく、地方自治体を中心に法的な整備を望む声が強かったのだ。それゆえ、菅は官僚の返答が信じられなかった。その場で電話で道路局の責任者に確認し、できないという返事だった。

大雪はいつまた降るかわからない。地震もいつ発生するかわからない。すぐやらなければ意味はない。この法律の緊急性を理解していない官僚に腹が立った。

「ダメだ。それは認めない。臨時国会だ」と言い放った。

そう話した二日後、官僚が菅のもとをたずね、こう言った。

「今度の臨時国会でやります。現行法ではできない部分がありました。大変申し訳ないです」

そういって頭を下げた。

菅の秘書官たちが事前に法案や説明の内容をチェックしているので、根拠のない主張が極めて難しくなっている。霞が関全体を見渡すと前向きに仕事をする官僚が確実に多くなってきていることも事実である。

政治家・菅を特徴づけるものの一つに「人事」が挙げられる。中央省庁の官僚の入省年次に異常なほど詳しい。往年の田中角栄を彷彿《ほうふつ》とさせるものがある。

「○○省のAは、Bの何期上なんだ」

「××省のAとBは、つながっているだろう」

そんな言葉が口をついて出てくることがある。番記者は思う。

〈菅さんは決してそんな素振りを見せないが、官僚の実態には詳しい〉

番記者の分類によれば、菅は「ハイブリッド型」。官僚の人心掌握術に関しては田中角栄的な要素も兼ね備えている。一方で燃えたぎる改革マインドもある。さらには野中広務を思わせる老獪《ろうかい》な剛腕政治家の側面も時に見せる。社会党出身の野党議員とも付き合いがあるように、「市民的視点」も持ち合わせている。

〈菅さんの考え方は複合的。総合型といってもいい。たとえていえば、百貨店。品ぞろえの豊富さは他者を寄せ付けないが、専門性には少々欠けるところがあるかもしれない〉

安倍政権発足直後は仕事をしたがらなかった官僚たちが、今では見違えるほど仕事に目覚め、菅が思い描く方向に大きく動き始めている。

政権の危機管理人

菅の役回りは安倍政権のいわば「危機管理人」だ。政権に忍び寄るリスクの芽を摘み取ることが仕事だ。

菅にとって、日韓、日中の歴史問題は、極めて難しい問題であった。

保守政治家を標榜する安倍は、平成一九年（二〇〇七年）の第一次内閣退陣後、毎年欠かさず終戦記念日の八月一五日などの節目に靖国神社への参拝を続けてきた。が、平成二四年一二月、総理に返り咲いて以降は見送ってきた。代わりに内閣総理大臣名で真榊《まさかき》を、自民党総裁名で玉串料《たまぐし》を奉納した。

それでも第一次政権当時に靖国参拝を見送ったことを「痛恨の極み」と悔やむ安倍は、参拝のタイミングを慎重に探っていた。

菅は、安倍が自民党総裁選、衆院選などで、「第一次内閣で参拝できなかったことは『痛恨の極み』だ」と述べていることを、当然知っている。また、安倍には「国民のみなさんに参拝を約束した」という思いがあることもわかっていた。

安倍の周辺は「参拝しなくても中韓は日本批判を繰り返している。ならばいっそ参拝する手もある」と語る。側近の一人の衛藤晟一《えとうせいいち》総理補佐官（当時）は平成二五年一一月、安倍の靖国参拝に対する米国の感触を探るため訪米し、米政府の日本担当者らと会談した。

第二次安倍政権発足から一年間で、東南アジア諸国連合（ＡＳＥＡＮ）一〇カ国すべてを訪問した安倍には、近隣諸国と信頼関係を築いたという自負がある。

そして、安倍総理は就任一年を迎えた同年一二月二六日午前、東京・九段の靖国神社を参拝する。

参拝後、安倍は報道陣に対して説明した。

「残念ながら靖国神社参拝が、政治外交問題化しているが、その中で、政権が発足して一年、安倍政権の歩みを報告し、再び戦争の惨禍で人々が苦しむことがないようにお誓い申し上げた。靖国参拝はいわゆる戦犯を崇拝する行為であると誤解に基づく批判があるが、一年間の歩みを報告し、二度と戦争の惨禍によって人々が苦しむことのない時代をつくるという決意をお伝えするためにこの日を選んだ」

また、中国、韓国に対して語った。

「理解していただくための努力をこれからもしていく。謙虚に礼儀正しく誠意をもって対応し、対話を求めてまいりたい。ぜひ、この気持ちを直接説明したい」

菅も一二月二六日午後の会見で、中国や韓国が強く反発していることについて、「韓国・中国は日本にとって重要な隣国であり、靖国参拝をめぐる問題で両国との関係全体に影響が及ぶことは望んでいない」とし、その趣旨を謙虚に説明していく考えを示した。

また、同盟国である米国が「日本の指導者が近隣諸国との緊張を悪化させるような行動を取ったことに失望している」との声明を出したことについても、「しっかりと参拝の趣旨を説明し、理解が得られるよう努めていきたい」とした。

安倍は「国のために戦い、倒れた方々に対し、手を合わせ、尊崇の念を表し、ご冥福をお祈りするのは当然だ」との考えであり、その考えに菅も異論はまったくない。基本的な考え方は、安倍も菅も同じであり、安倍は参拝で不戦の誓いをしただけなのだ。また、安倍の歴史認識や外交姿勢にも変化はない。安倍自身が述べている通り、菅も、謙虚に誠意をもってその思いを関係国に説明し、理解を求めていくだけである。

一方、靖国参拝から約二カ月経過したころ、衛藤晟一総理補佐官が動画投稿サイト「YouTube」に公開した動画で、安倍総理の靖国神社参拝に対する米国の反応を「むしろ我々の方がdisappointed（失望した）という感じだ。同盟関係にある日本をなぜ大事にしないのか。アメリカ（オバマ政権）がきちんと中国にものを言えないようになりつつある」と発言し、話題になった。

菅は、この事実を知り、早急に対応にあたった。

衛藤に、電話で真意を問いただしたところ、「個人的見解を述べた」ということだった。

そこで、菅は「総理補佐官は内閣の一員ですから」として、衛藤に個人的見解は取り消すよう指示し、衛藤も動画をすぐに削除した。

また、平成二六年二月二〇日午前の記者会見では、「衛藤総理大臣補佐官の発言は、あくまで個人的な見解であって、日本政府の見解ではないことを明言したい」と述べた。

衛藤は、安倍が一番信頼している政治家の一人である。そのため、菅は、衛藤が発言することで、安倍が自分では言えないから衛藤に言わせているんだという見方をする人たちも出てくることを危ぶんだ。そんな誤解を生まないためにも、菅は急いで取り消すよう指示したのである。

同様に、平成二五年七月二九日、麻生太郎副総理・財務・金融大臣が、夜の講演で、憲法改正を巡り「ドイツのワイマール憲法はいつの間にか変わっていた。あの手口を学んだらどうか」などと発言していたことが明らかになったことがある。

このときも、麻生の発言は、誤解されることがわかっていたため、拡散する前に取り下げるよう、菅は求めた。

それから三日後の八月一日午前、麻生は財務省内で記者団に、憲法改正を巡り戦前ドイツのナチス政権時代を例示した自らの発言を撤回するとの談話を発表した。

「憲法改正については、落ち着いて議論することが極めて重要と考えている。この点を強調する趣旨で、十分な国民的理解や議論のないまま進んでしまった悪しき例として、ナチス政権下のワイマール憲法に係る経緯をあげた」と発言の意図を説明。

「誤解を招く結果となったので、ナチス政権を例示としてあげたことは撤回したい」

安倍政権への誤解や障害を事前に取り除いていくことも、官房長官としての菅の仕事である。

日本農業と農林族

安倍は、ＴＰＰ（環太平洋パートナーシップ協定）交渉を菅にとりまとめるよう指示した。

さっそく菅は、茂木敏充経済産業大臣、林芳正農林水産大臣、岸田文雄外務大臣の四人で内密に会合を重ねた。

そこで、まずは政治主導で内閣として基本方針を取りまとめ、ある程度まとまったところで、総理に報告をする。

その結果、甘利明内閣府特命担当大臣が、ＴＰＰ担当大臣に就任した。

その後、安倍内閣はＴＰＰ交渉参加を決断、「聖域」とした農産物の重要五分野にも関税撤廃の波が押し寄せた。

自民党の西川公也《にしかわこうや》ＴＰＰ対策委員長は、平成二四年（二〇一二年）一一月一日、宇都宮市の講演で言い切った。

「日本の農業を弱くしたのは誰の責任だ。一番は農林族といわれる政治家の責任、二番は農林官僚だ。三番は農業団体の指導者の責任だ。罵声が飛んでもひるみません」

西川は、麻生太郎政権の平成二一年、当時の石破茂農林水産大臣が生産調整をするかどうかの判断を各農家に委ねる「減反選択制」を打ち出した際、他の農林族議員とともに「生産調整は堅持だ」と猛反対した。

その西川が、TPP交渉で石破と二人三脚で党内を仕切っている。菅とは頻繁に電話でやりとりするなど総理官邸サイドとも連携。「官邸の毒まんじゅうを食った」との批判も意に介さない。

菅は、西川との腹合わせはなかったが、内心で思った。

〈西川さんらしいな〉

石破は、現状を憂えて農業を何とかしたいと思っている。TPPは日本の農業改革のきっかけになるだろう。だが、その前に農業の危機が見えていた。農水省を中心に官邸と党が危機感を共有していた。

西川の言動にしびれを切らし、「もう黙っているわけにはいかない」と直訴する農水省出身の若手議員には「何を言っているんだ。君たちが何もしなかったからじゃないか」と一喝したほどだ。

農林族はどのようにして力を付けたのか。

戦後の農政は、食糧管理法（食管法）でコメは政府が全量固定価格で買い上げており、農家は生活の安定が保証されていた。しかし、高度経済成長とともに、コメの在庫が急増。政府は昭和四五年に新規の開田禁止など本格的なコメの生産調整に乗り出した。そこに、農家のために米価下落を食い止めようとする農林族が台頭し始める。

農業予算を獲得して農家や農業団体に「分配」し、選挙で票をもらう。農林族と農業団体が農水省を使って日本の農政を仕切る構図ができた。平成一九年産のコメ相場が下落したとき、自民党は農水省に圧力をかける形で余剰米を政府に買い取らせて米価を維持する離れ業をみせた。

西川は、平成二一年の衆院選落選後、現場を歩き回った。耕作放棄地の多さに「これまでやっていたことが農業のためになっていない」と気づいたという。

平成二四年末に国政に返り咲いた後も、TPP交渉については五分野の「死守」を繰り返していたが、平成二五年七月の参院選後、軟化に転じた。衆参の「ねじれ」が解消し、当面、選挙はないとの議員心理が働き、本音を言いやすい環境になった。

儲かる農業——世界は一五〇兆円市場

平成二六年（二〇一四年）六月、政府の産業競争力会議は、アベノミクスの「第三の矢」である成長戦略の目玉の一つとして、抜本的な農業改革の最終案をまとめた。

これまでの規模の小さい農家の保護を優先する政策から、生産性向上や競争力強化を基本に据え、「魅力ある農業」「農業の成長産業化」を実現する農業政策に転換する方針を打ち出した。

農業改革は、一・農業協同組合（農協＝ＪＡ）組織の見直し、二・企業の参入促進策、三・農業委員会制度の見直し、などが柱となる。大詰めを迎えたＴＰＰ交渉が締結された際に、農業の国際競争力を高めておかないと海外からの割安な農産物に押されて国内農業が打撃を受ける恐れがある。このため、大規模な農家を増やして日本の農業の競争力を強化するには、農業組織の抜本改革が欠かせないと判断した。

これらが実現すれば、戦後の日本の農業政策は、政府が平成二五年秋に決めた減反政策廃止の方針を含めて、歴史的な大転換となる。

農業政策の改革については、政府・与党が公約や成長戦略で「攻めの農林水産業」、「（農家の）所得倍増の実現を目指す」と言ってきた。これまでは農家を一律に保護し、産業の自立を阻害しているような状況にあった。

農業従事者は六五歳以上が六〇％を占め、平均年齢は六六歳。若者はなかなか参入しない。小規模の兼業農家が多く、産業としての競争力も高いとはいえない。このままでは農業がいずれ廃れることは目に見えている。

日本の農業は農水省や自民党の部会、農業団体など関係者が作り上げてきたが、必要なことと現状に差がある。

菅は長年思っていた。

〈農林漁業を成長分野と捉え、産業として育成することができるはずだ。成長産業にするには新規参入者、消費者、国全体の視点も必要で、積極的にチャレンジする農業を育てる政策が急務だ〉

秋田のいちご農家の長男坊の菅は、農業にずっと関心を持ってきた。父親が四〇歳でイチゴ組合を作り、「コメでは飯が食えない」と農協から完全に独立した姿を見ていた。

〈農協全盛の時代で、よくやるなあ〉

そんな感情を持っていたが、今になると、父親には先見の明があったと感心するほどである。

これからの日本の農業は、競争して切磋琢磨する環境づくりが大事になってくる。

菅は、その昔、梶山静六から、「お前の仕事は国民の食いぶちを探すことだ」と言われた。

この言葉を肝に銘じている菅は、常々感じるのだ。

〈日本のような島国は、付加価値で勝負しなければ生き残れない。日本の農業は、世界に立ち向かって十分勝てる。だからきちんと戦える仕組みを作るのが政治で、あとは農家の努力だ。今改革すれば将来、勝てる農業に立て直せる〉

平成二六年七月五日、菅は、国家戦略特区の農業特区に指定された兵庫県養父《やぶ》市を訪れた。

兵庫県の山あいにある養父市は、人口減少、過疎化、高齢化が進んでおり、日本の農村が直面する課題の縮図となっている。山に近く平坦な土地が少ない中山間地のため大規模農業を営むのは難しい上、農家の高齢化で耕作放棄地はこの四年で倍になり、後継者不足も深刻となっている。

そのような中、養父市は広瀬栄市長を先頭に、さまざまな対策を進めてきた。この取り組みをさらに加速させたい広瀬市長の熱意と提案を安倍内閣は高く評価し、人口わずか二万四〇〇〇人の養父市を国家戦略特区に指定したのである。六月末には、全国で初めて、農地売買や使用許可等の許認可権限を農業委員会から市に移すことなどが合意され、農地集約、新規参入促進など、岩盤規制といわれた農業分野の改革が本格的に動き出した。

農業には、農地以外にもさまざまな問題が潜んでいると菅は見ている。

その一つが、農機具の問題だ。今の農家は、田植え機やコンバインなど、年に数日しか稼働させない高額な機器を個人で所有している。それを、農機具をリースし、しかも南から北へ、どんどん北上させていくような仕組みができれば、コスト的に相当割安に仕上げることも可能になるはずだ。そんな、発想の転換が今後の農業に必要だ、と菅は見ている。

また、視察現場では、「農業をしたいという若者がいるのに農地が所有できない」「付加価値を高めるために商品を試作しようにも農地には加工場を作れない」などの意見があることを知り、農家の意欲を阻む具体的な規制の壁も改めて認識させられた。

菅は、農業で生活できる仕組みをつくりたいと思っている。農業の六次産業化だ。

〈今の農業だけでは食べていくことはたやすいことではないが、作る農産物、実った農産物に付加価値をつけて販売するようになれば、収入も増える。それを海外に輸出すればいい。世界農業は一五〇兆円市場だ。日本の海外輸出額は第二次安倍政権以降、倍増し今年度は一兆円に迫る。日本の農産物は、海外で非常に高い評価をされている〉

養父市では、愛知県田原《たはら》市が本拠の農業法人「新鮮組」の岡本重明《おかもとしげあき》を招聘《しょうへい》して六次産業化を推進するとしている。

六次産業化とは、一次産業である農業に、二次産業である加工や外食などの三次産業を組み合わせて、一＋二＋三で「六次産業」にしようということで、政府も旗を振っている。

岡本は、農産物を加工したものを観光客に販売したり、それを使った料理を出す農家レストランを経営することで、儲かる農業が実現すると主張している。ところが、さまざまな規制が邪魔しているためにできず、この特区でやって成功すれば日本全国に広まるとみている。

コメなど農産物に付加価値を付けて、高く売る。例えば、一俵六〇キログラムの玄米を出荷すると一万二〇〇〇円ぐらいだが、その収入ではいくらコストを下げて頑張っても儲からない。

ところが、コンビニで売っているおにぎりは一個一〇〇円。ざっと計算すると六〇キログラムのコメからおにぎりは一四〇〇個作れる。六〇キログラムのコメが一四万円になるわけだ。つまり、農産物のままで売るのではなく、製品に加工して売る術を農村が持つことが生き残るカギとなる。

株式会社ローソンでは、新潟市内の農家と連携して、コメの生産・加工する計画を示した。農業生産法人「ローソンファーム新潟」を設立して、ローソン店舗で販売するおにぎりや弁当向けの生産・加工事業を推進するとしている。

養父市でもオリックス不動産などが廃校を利用した野菜工場などを運営する。

このように国家戦略特区指定により、規制緩和を進め、先進的な農業振興を通じて、中山間地というハンディを乗り越え、地元に人を呼び込める農業改革の全国のモデルが、未来の日本の農業を切り拓いていくことになる。

養父市を視察した菅は、力強く言った。

「地方の元気は日本の元気につながる。中山間地域で農業を振興するのは国の大きな責任だ。特区を成功させ、モデルケースにしたい」

企業の参入といった規制改革を進めれば、生産性が上がって大きく成長する潜在力を秘め、自給率向上も期待できる。また、経済成長著しいアジアでは高所得者も増え続けている。日本の農産物は、安全・安心でおいしく、高品質でブランド力もある。積極的に海外に打って出れば需要はまだまだあるはずだ。

雇用が生まれれば、地域も活性化する。

菅は、政府として主体的に取り組んでいくことを約束していた。

〈農業は地方の重要な産業であり、安全・安心で質の高い農産品を生み出す日本の農業には、まだまだ大きな潜在力がある。また、農業や食のみならず、日本にはその地方、土地ならではの魅力がたくさんある。ＴＰＰが大きな引き金となって、日本の農業を変えていく。農業には夢がある〉

第六章　二四時間政治家——官邸の危機管理人

安倍さんは最高の官房長官を選んだ

歴代の自民党政権を引っ張ってきた総理—官房長官のコンビ。保守合同直後の昭和三〇年（一九五五年）一一月に発足した第三次鳩山一郎《はとやまいちろう》内閣の鳩山総理—根本龍太郎《ねもとりゅうたろう》官房長官に始まり、幾多の組み合わせが実現してきた。

小渕内閣で野中広務官房長官を官房副長官として支えた新党大地代表の鈴木宗男《すずきむねお》の胸には、三組の名コンビが刻まれている。中曽根康弘—藤波孝生《ふじなみたかお》、小渕恵三—野中広務、そして現職の安倍晋三—菅義偉である。近年ではこの三組が傑出しているという。藤波は、中曽根の思いを十分に汲みとり、中曽根にわざわざ確認を取ることなしに中曽根の談話として発表していた。その発言が中曽根の思いと違ったことは一度しかなかったという。

官房長官は自ら表にしゃしゃり出る役職ではない。むしろ目立ってはならないのだ。そうかといって、下がってもいけない。立ち居振る舞いには細心の注意を要し、責めは非常に重い。それが総理の女房役の官房長官である。

〈官房長官にとって何よりも大事なものは、総理への忠誠心。これに尽きる〉

鈴木はそんな思いを抱きながら、歴代総理と長官の仕事ぶりに目を凝《こ》らしてきた。なかでも菅は図抜けた資質を持っている。分をわきまえ、安倍の足を引っ張ることがない。この点においては「最高の官房長官」と評してもいいのではないか、という。

菅の利点は「余計なことを言わない」ところにある。なにより発言に無駄がない。官房長官の元には霞が関の各役所からさまざまな情報が集まってくる。国政のかじ取りに関する材料は、その気になればいくらでも取れる立場だ。

菅はすべてを知っていながら、ここ一番で抑える術を知っている。呑み込んでいながら、全部吐き出すわけではない。このさじ加減が大事なところだ。このあたり、菅の緩急の付け方には絶妙な感覚が見て取れる。

菅義偉 内閣官房長官（撮影：小池伸一郎）

菅を知らない人間の目には、にわかに脚光を浴びた幸運な政治家と映るかもしれない。だが、永田町きっての事情通で知られる鈴木は、かねて菅に注目してきた。とりわけ買っているのが、その「胆《たん》力《りょく》」である。
菅がそれを身に付けたのはいつのこと

だったのだろう。鈴木は政治家としての出自にあると見ている。菅は小此木彦三郎の下で秘書を務めた。小此木は中曽根内閣で通産大臣、竹下内閣で建設大臣を歴任している。だが、党内では議運・国対族の代表格として名が通っていた。与野党の枠を超えてさまざまな人脈を築いていたことで一目置かれた人物だ。

鈴木は当時から菅を知っている。「苦労人」——そんな言葉が似合う秘書だった。

鈴木は思う。

〈安倍さんは、最高の官房長官を選んだ。政権の強みになっている。一二年前の第一次安倍内閣とはまったく違うところだろう〉

平成二四年一二月の政権発足以来、菅には目立った失言・失敗はない。言うべきときには口を開くし、縛りをかけるときには躊躇なくかける。大した手綱さばきぶりである、と鈴木はいう。

事務次官クラスを福島に

平成二三年（二〇一一年）三月一一日の東日本大震災からの復興は、安倍内閣の最重要課題の一つである。民主党から政権を奪還した時、安倍は全閣僚に「経済再生」「東日本大震災被災地の復興」、そして「危機管理の徹底」を指示した。

東日本大震災から一年九カ月の政権奪還時、依然として、被災地の復興は進んでいるとは言い難かった。安倍政権となり、最初に起こした行動は、復興庁の幹部を福島県に常駐させ機能強化を図った。復興庁は、東日本大震災の復興施策の司令塔である。しかし、福島にある復興庁には課長クラス以下が常駐し、事務次官クラスの決定権を持つ者は東京の霞が関にいた。

平成二五年一月九日、安倍は語った。

「トップに近い人たちの多くが福島にいて判断するように変える」

被災地側が東京に来なければ物事が解決しない状況から、現場にいる人が判断できるようにするために、事務次官クラスを常駐させることにしたのである。

以前から、復興庁について被災地ではこう囁《ささや》かれていた。

「復興庁ができたのはいいが、陳情する先が一つ増えただけじゃないか。あちこちに行かせられるばかりで、何回陳情しても動かないじゃないか」

そんな不満を取り除き、スピーディーに現場で判断できる仕組みづくりのためにさっそく取りかかったのである。

復興庁の福島の体制を強化するために、三つに分かれていた復興庁福島復興局、環境省福島環境再生事務所、原子力災害現地対策本部とオフサイトセンターを一体的に進めるように、

「福島復興再生総局」を平成二五年二月一日に設置した。原子力災害からの福島の復興に関連する施策に関して、現地での実施機能を強化し、被災地の現場において施策を迅速に判断する体制を強化したことは大きい。

東京電力福島第一原発事故による除染の廃棄物を保管する中間貯蔵施設について、福島県が建設受け入れを決める方針であることがわかった。菅は、この話がまとまることは、復興の象徴になるはずであろうという。

梶山から受け継いだ沖縄基地負担軽減

菅が「政治の師」と仰ぐ橋本内閣時代の梶山静六官房長官は、「私は沖縄を死に場所と心得ている」と言って最大の懸案だった米軍基地問題に執念を燃やした。

沖縄県の基地負担軽減をめぐっては、菅も仲井眞弘多《なかいまひろかず》知事（当時）と協議を重ねてきた。

平成二五年（二〇一三年）四月三日午前、菅は官房長官就任後初めて沖縄県を訪問し、昼に那覇市内のホテルで仲井眞知事と会談。

基地反対の地元メディアとも付き合った梶山にならい、沖縄タイムスや琉球新報なども訪ねた。

米軍普天間飛行場の移設先の埋め立てを申請したばかりで、厳しい反応がぶつけられるなか、メディア幹部が「梶山さんは沖縄にとって重要な政治家だった」と振り返ると、菅も答えた。

「梶山さんから『沖縄に尽くせ』という声が聞こえてくるようです」

菅は、安倍から沖縄問題について指示されていた。

「できることは、すべてやるように」

その日から、全力で取り組み、やれることはすべてやる気概でいた。

沖縄は、国土の〇・六％でしかない面積に、全国の米軍関連施設の約七四％が集中する。中でも人口九万人を超える宜野湾《ぎのわん》市のど真ん中にあって市域の四分の一を占める米軍普天間飛行場には、オスプレイなど軍用機約六〇機が常駐する。かつて米高官も「世界一危険な飛行場」と認めた基地だ。

菅は、沖縄県知事らと話をしていくうちに、疑問を抱くようになった。

〈沖縄県民の「何とかしてほしい」という思いに本土の人が応えているのだろうか……。総論的にはわかっているというが、本当は沖縄の人たちの気持ちになっていないんじゃないか……〉

総論賛成、各論反対なのだ。

菅は、強く反省した。

それでも、普天間の危険を除去し、抑止力は維持、そして基地負担軽減を実現する方程式を解く必要がある。

沖縄は、安全保障上、重要な場所である。

平成八年、当時の橋本総理とモンデール駐日大使の日米合意によって、普天間飛行場の名護《なご》市辺野古《へのこ》への移設が決まった。

平成二五年一二月二五日、普天間飛行場の県内移設実現に向け、安倍総理は沖縄県知事の仲井眞弘多と会談し、日米地位協定に関し環境面を補足する協定を締結するための日米協議開始などの基地負担軽減策を示した。仲井眞は「驚くべき立派な内容だ」と評価して移設先である名護市辺野古沖の埋め立て申請を承認する方針を固め、一二月二七日午前にこの申請を承認した。

普天間飛行場の返還要求をする運動が起こり、平成八年に日米間で同飛行場の全面返還が合意されて以来、一七年ぶりの出来事に、菅も感慨無量だった。

平成二六年二月になると、菅は、沖縄県が求める米軍普天間基地の五年以内の運用停止に向けた「負担軽減推進協議会」を設置し、危険除去への具体的な取り組みや停止後の跡地利用の議論に入った。

メンバーは、菅、岸田文雄外務大臣、小野寺五典防衛大臣、山本一太沖縄・北方担当大臣の四閣僚（当時）と、仲井眞弘多沖縄県知事、佐喜眞淳《さきまあつし》宜野湾市長（当時）であった。米軍輸送機ＭＶ22オスプレイの県外訓練移転など普天間飛行場に関する負担軽減策や、キャンプ瑞慶《ずけ》覧《らん》・西普天間住宅地区の跡地利用なども含めて話し合うことにした。

菅は、記者会見で意気ごみを述べた。

「県、市とこれまで以上に連携を深め、沖縄の人々の気持ちに寄り添いながらできることはすべておこなう姿勢で政府一丸となって全力で取り組む」

真剣に沖縄基地問題に取り組む菅の態度を見て、財務省の様子も変わってきた。

平成二六年四月、オバマ米大統領（当時）が来日すると、安倍総理はオバマ大統領との会談で改めて述べた。

「（辺野古移設の）強い意志を持って早期かつ着実に工事を進めていく」

また、四月二五日発表の日米共同声明では、普天間基地のキャンプ・シュワブへの移設と、長期的に持続可能な米軍のプレゼンス（駐留）を前提とした上での沖縄の負担軽減を表明した。

沖縄米軍基地問題の解消と集団的自衛権により、日米関係が強固になることで、ますます抑止力が高まり、盤石になる。抑止力が高まることによって、日本は、実際に武力行使の可能性が大幅に減少することになる。

菅は、おのれに強く言い聞かせた。

〈やれることは言葉だけでなく、例えばオスプレイの訓練を本土で半分以上引き受けるなど、目に見える形で示すことが必要だ〉

米軍普天間飛行場の空中給油機ＫＣ１３０。この全一五機を山口県の米軍岩国《いわくに》基地が引き受けてくれることになった。

また、普天間基地に配備されているオスプレイの訓練等で佐賀空港を有効活用するために、佐賀県の理解を求めていく考えも示し、沖縄の負担軽減に向けた取り組みを強化している。

安倍も、真摯に理解を求めた。

「負担を分かち合うことが大切だ。理解してもらえるよう努力したい」

沖縄の基地負担軽減に向け、他の地方自治体に協力を求める考えを示した。

菅は、こうしたことをしっかり積み重ねていくことが沖縄県民の心を動かすことになると信じている。沖縄県民に「本当に色々なことを考えながらやってくれているんだな」と思ってもらうことが何よりも大切なのだ。

沖縄基地負担軽減担当大臣を兼任する菅は、さまざまなことが積み重なることで、政府と沖縄県の間に信頼関係が築かれ、基地問題が解決へ向けて進むと確信する。

番記者はこう考える。

〈菅さんはもともと沖縄に興味があったわけではない。師匠である梶山さんがあれだけ傾倒し

ていたんだから、自民党政権なら、沖縄をやるんだと考えた節《ふし》がある〉

沖縄に取り組む中で菅は一人の人物と急速に接近していく。当時の沖縄県知事・仲井眞弘多である。ふたりは強固な信頼関係を築く。

平成二五年八月のことである。菅はしばしば夏休みを取った。東京を離れるという。行く先は沖縄だった。

普天間飛行場（沖縄・宜野湾市）の移転先候補地をめぐっては平成八年以来、議論されてきた。菅が沖縄を訪れた時点では、まだ辺野古沖を埋め立てて移転先とする方針は決まっていなかった。

〈菅さんは仲井眞さんに会うに違いない〉

菅番記者たちは、すべて菅の訪沖に同行した。記者たちの知らないところで、菅は仲井眞と三、四時間にわたって差しで向き合っている。場所はザ・ブセナテラス（名護市）。亡くなった元総理の小渕恵三の悲願だった「沖縄サミット」の舞台となったことでも知られる。

菅・仲井眞の会談は後に記事となり、新聞各紙の紙面を飾った。菅は誠意をもって仲井眞との会談に臨んだ。

「これまでの政権は沖縄の基地負担を本土で分かち合うという気持ちがあまりにも少なかった。安倍政権はこうした反省の上に立って、沖縄県民の気持ちに寄り添って、しっかり対応していきます。私が責任をもってやる」

菅は仲井眞を粘り強く説得していった。この年の暮れに安倍総理と仲井眞が会談し、合意に向けた道のりが、この席から始まった。

拉致問題に挑む

平成二六年（二〇一四年）五月、日本と北朝鮮は、日本人拉致被害者らの再調査実施で合意した。

これを受け、日本独自の制裁措置の一部解除に踏み切ることとなった。そもそも、この制裁措置は、菅義偉らが平成一六年に制度設計したものだ。北朝鮮の再調査を引き出す材料になったといえる。

菅は五月二九日夕方の記者会見で日朝合意を発表した後、周辺に感慨深げに語った。

「まさか自分が官房長官になって、自らの手で制裁の解除を発表することになるとは……」

解除された独自制裁は、北朝鮮当局者らの人的往来や送金規制、人道目的の北朝鮮籍船舶の入港禁止などだ。

独自制裁については、平成一六年に菅を座長にした自民党拉致問題対策本部「対北朝鮮経済制裁シミュレーション・チームが、制裁を可能にする外為法や特定船舶入港禁止法に基づいて具体案を策定した。

北朝鮮は、拉致問題を「解決済み」と主張し続けてきた。当時の菅らは、拉致問題解決に向けて北朝鮮への圧力を強めるには、国連決議による制裁だけではなく日本独自の制裁が必要だと判断し、実行、実現させた。

同チームにいた一人は、「当時は拉致被害者の救出に圧力をかける北朝鮮への『武器』がなかった」と振り返る。

北朝鮮が再調査を約束したことについて、公安筋は「北朝鮮は在日本朝鮮人総連合会（朝鮮総連）幹部の渡航制限を外してほしかったに違いない。北朝鮮本国で指示を受けられないからだ」と分析した。

菅は、総務副大臣時代の平成一八年、朝鮮総連施設への固定資産税課税を関係自治体に強く促したこともあり、北朝鮮には圧力路線で臨んできた。

日朝合意について、政権の足元の自民党からは五月三〇日、外交部会と北朝鮮による拉致問題対策本部の合同会合で、出席者からは「また、騙される懸念がある」「調査を始めただけで制裁解除をしては『食い逃げ』されないか」といった警戒や懸念の声が相次いだ。

菅は「解除は無条件ではない。北朝鮮の進展に合わせておこなう。行動対行動だ」と説明した。

また、「交渉の過程で考え、したたかにしていきたい」と強調。そのうえで「核やミサイル実験でいたずらに緊張感を生み出すことはやめるべきだと交渉過程で強く言っている」とも述べ、核・ミサイル問題も拉致問題と並行で解決する意向を示した。

平成二六年七月一日、北京で開かれた日朝外務省局長級協議で、北朝鮮側が国内に生存しているとみられる日本人のリストを提示したと、日本経済新聞が同年七月三日付の朝刊で報じた。二ケタの人数が掲載されていたというが、これを日本政府は否定した。

同紙によると、リストには朝鮮語で人名や経歴などが記されていたという。日本側は持ち帰り、政府が認定している横田めぐみさん（拉致当時一三歳）ら一二人の拉致被害者や、拉致の疑いがある特定失踪者らと同一かどうか確認作業に着手したとされる。

菅は、七月三日の記者会見で、否定した。

「報告は受けていない。あり得ない」

これらの情報はまったくの誤報だった。

六月末には、一部関係者の間で「北朝鮮が三ケタ、あるいは四ケタの生存リストを出す可能性がある」という情報も流れた。

菅は、一人歩きしそうな偽情報に気を引き締めた。

相手にしている国は、再調査直前まで「拉致問題は解決済み」と言い張っていたくらいの国である。その北朝鮮を再調査の舞台に上げたということは、長く閉ざされていた固い扉を、今、こじ開けることができたということであり、ようやくスタートラインに立ったということでしかない。

いよいよこれから正念場の交渉が始まる。

「ありとあらゆる手段を行使しても、拉致問題は自らの手で解決する」

この安倍の強い意志と、菅が先頭に立って成立させた北朝鮮への制裁措置を講じる法律が、北朝鮮を交渉に参加させるのに役に立ったのである。

最初の変化は、北朝鮮に拉致された横田めぐみさんの父・滋と母・早紀江夫妻が三月一〇日から一四日、めぐみさんの娘のキム・ウンギョンとモンゴルの首都ウランバートルで初めて面会したことからだった。

長年、横田夫妻がめぐみさんの娘に会いたいと切望していた。だが、北朝鮮は「北朝鮮国内でなければ面会させることはできない」という一貫した返答だった。

しかし、三月の中国・瀋陽《しんよう》での日朝赤十字会談に伴う非公式の政府間協議で、横田夫妻が高齢になったことなどを理由に日本側が提案し、北朝鮮側が第三国での面会を認めたことで、不可能と思われていた孫との対面が実現したのである。

菅は、あのころから、北朝鮮の態度が明らかに変わり始めていると実感した。

ようやく変化が訪れた北朝鮮との交渉では、何としてでも結果を残したいものである。

ただし、だらだらと交渉することは絶対まかりならない。菅は「まず期限を決めるべきだ」という形で、一年以内と示した。

その結果、北朝鮮側も「一年ということには留意する」ということとなった。

その後も、北朝鮮からの報告をしっかり吟味し、日本政府として慎重な上にも慎重に対応していくだけである。

大事なことは拉致問題については、北朝鮮側がすべてを知っているわけだから、それを包み隠さずに調査委員会などで報告してもらうことである。

前回と今回が違うのは、お互いの国が文書を交わしたということ。その中で北朝鮮は、日本側関係者が、発見された被害者と面談することや、関係する場所に訪問することも認めている。こうしたことも文書で正式に公表されることは初めてであったが、しかし絶対に油断はできない国である。

この問題解決について、何が一番効果的であるかを知っているのは、安倍であり、菅である。

ここで結果を残せば、安倍政権への評価も高まるだろう。だが、そんなことよりも、国家として国民が拉致され主権を侵害されている状態にあるわけなのだから、それを見過ごすことは絶対にできない。
〈これこそ、政府の重要な役割だ〉
菅は、身を引き締めている。

集団的自衛権を閣議決定

菅義偉官房長官と三人の副長官が特に注意を払ったのが、集団的自衛権の行使容認についてだった。長官と副長官たちは、まめに安倍総理とコミュニケーションを取り、その意向をしっかり聞きながら、官邸の意思を一つにしていった。むろん、マスコミに先入観を持たせるような発信は絶対にしないよう注意を払った。

安倍総理の指示を受け、高村正彦《こうむらまさひこ》自民党副総裁（当時）を座長とする「安全保障法制の整備に関する与党協議会」が平成二六年（二〇一四年）五月下旬から公式、非公式の会合を頻繁に開かれていた。政府は議論のたたき台として、現在の安保法制では対応が不十分とする一五事例を協議会に示した。

それらは、武力攻撃には至らない日本に対する侵害に当たる「グレーゾーン事態」が三事例、「国際協力分野」四事例、集団的自衛権を認めないと対応できないケースとして八事例という内容だった。

公明党は、グレーゾーン事態や国際協力分野での対処については理解を示したが、集団的自衛権の行使が絡む事例については、個別的な検討をするにつれて限定的な容認の限度を超えることへの懸念が強まり、「個別的自衛権や警察権で対応できるものもある」と個別的自衛権の拡大を主張した。

そこで、集団的自衛権行使の容認の根拠として、昭和四七年に政府が参院決算委員会に提出した見解を取り上げた。自衛の措置は「国民の生命、自由及び幸福追求の権利が根底から覆されるという急迫、不正の事態」に限ると記しており、この見解を援用することで行使に一定の歯止めがかけられると考えた。

公明党は行使の一部容認へ大きく踏み出した。

この結果、平成二六年七月一日、政府は、従来の憲法解釈を変更し、以下の三要件に合致する限定的に集団的自衛権の行使を容認することを臨時閣議で決定した。


一・我が国に対する武力攻撃が発生したこと、または我が国と密接な関係にある他国に対する武力攻撃が発生し、これにより我が国の存立が脅かされ、国民の生命、自由及び幸福追求の権利が根底から覆されるおそれがあること

二．これを排除し、国民の権利を守るために他に適当な手段がないこと
三．必要最小限度の実力行使にとどまるべきこと

これに先立ち、安倍総理は公明党の山口那津男《やまぐちなつお》代表と与党党首会談を開いた。会談では、これまで憲法上認められないとしてきた集団的自衛権行使について、新たに定めた三要件に基づいて容認することで合意、確認した。

安倍は党首会談で述べた。

「自民党と公明党は長年の風雪に耐え、意見の異なる課題でも国家、国民のため大きな結果を残してきた。与党とともに法整備していきたい」

集団的自衛権の行使を否定してきた戦後日本の安全保障政策が、大きく転換されることになった。

安倍は、閣議決定後、記者会見をおこない、集団的自衛権行使容認の意義や必要性を国民に説明した。

「集団的自衛権が現行憲法の下で認められるのか。そうした抽象的、観念的な議論ではありません。現実に起こり得る事態において国民の命と平和な暮らしを守るため、現行憲法の下で何をなすべきかという議論であります」

そう言って、具体的な例をあげて、「人々の幸せを願って作られた日本国憲法がこうしたときに国民の命を守る責任を放棄せよといっているとは私にはどうしても思えません。この思いを与党の皆さんと共有し、決定いたしました」と憲法解釈変更の必要性を訴えた。

さらには、「外国を防衛するための武力行使は今後もない。強化された日米関係が抑止力としてこの地域の平和に貢献していく。平和国家としての日本の歩みは今後も変わらない」ということを強調した。

集団的自衛権について、安倍総理は「全部」ではなく「一部」あるいは「限定的」としている。

例えば、国民に「ペルシャ湾の機雷掃海は是か非か」という問いかけをすると、多く人から「やるべき」との答えが返ってくる。が、戦争が完全に集結しておらず、一部の地域でまだ交戦が続いているような場合も当然出てくる。そのような状況下で自衛隊を派遣するか否かは、まさに集団的自衛権にかかってくる問題である。停戦・終戦を派遣の必須条件にすれば、その海域は船舶の安全航行が保障されないまま放置されることになる。今回の集団的自衛権についての議論はそこにあるのだが、一部のマスコミは、「自衛隊員が国外の戦場で殺される」といった煽り記事ばかり書いていたという。

「ふるさと納税」を主導

安倍内閣は、地方の活力、地方の元気が日本の活力であるとの考えのもと、地域の活力を維持し、東京への人口流出を抑えるとともに、少子化と人口減少の克服を総合的に推進するために、省庁を横断し総理を司令塔とする本部を設置することを決めた。

菅は、総務大臣在任中に、「日本全国をふるさとという絆で結びたい」との思いで、居住地以外に寄付することで税金を控除できる「ふるさと納税制度」を作った当事者である。

地方振興では、「ふるさと納税」は、菅が総務大臣時代から一貫して取り組んできた制度だ。第二次安倍政権の発足以降、従来の煩雑な手続きではなく、簡潔に申請できるようにした。これまで確定申告時にしか申請できなかったものを、ワンストップで申請できるようにした。さらに、「ふるさと納税」によって減額される住民税の額を従来の一割から二割へと変更した。

このように制度を利用しやすくしたことにより、それまで約一〇〇億円前後だった「ふるさと納税」の利用額は、平成三〇年度には、四〇〇〇億円を超える規模へと拡大する見込みだ。

菅は、各地の首長と会うたびに、「ふるさと納税」の利用が増えたことによって、「職員の意識が変化した」という話を頻繁に耳にしている。

「ふるさと納税」を通して、自分たちの地元の特産品の魅力に気づき、やる気を起こす職員がたくさんいるというのだ。

第二の夕張をなくせ

気だ。

〈アベノミクスの効果を全国津々浦々まで普及させる〉

〈地域の挑戦を引き出して魅力ある地域を作る〉

そのために、菅は岩盤規制の打破、農政の大改革など、あらゆる政策を総動員していく心意気だ。

安倍政権は、平成二六年（二〇一四年）秋以降、重要政策に「地方創生」を掲げている。

振り返ると、菅の国政への原点は「地方分権改革」だった。国政に転じてからは、常に、菅の頭の中に地方の活性化があった。そのため、「地方創生」は菅の悲願でもある。

平成一八年九月二六日に発足した第一次安倍内閣で、菅は総務大臣として入閣した。

菅本人から就任を知らされたという父・和三郎と母・タツは、「子どもが大臣になるなんて。長生きしてよかった」と話し、「今は地方分権がテーマ。仕事は大変だと思うが、自治体が自立できるよう後押ししてほしい」と激励した。

総理官邸で会見に臨んだ菅は、こう抱負を述べた。

「総務省は、地方行政など最も国民に身近な役所。国民の声に耳を傾けながら、竹中平蔵前大臣の改革を推進していきたい」

同時に、財政破綻を招いた夕張《ゆうばり》市を「『最後は国が面倒みてくれるんだろ』という甘えがあってここまできた」と厳しく批判した。

菅の行動は素早かった。

就任翌日、安倍総理に直談判した。

「この臨時国会に『地方分権改革推進法案』を提出させてください。この法案は、国と地方の役割分担の見直しや、国の地方への関与・国庫補助負担金の廃止・縮小などをさらに進めるため、その検討・推進体制づくりをおこなうものです。これは、野党も反対できない法案です。これだけ、やらせてください。絶対、総理には迷惑はかけませんから」

菅の強固な意志と行動力により、この法案は平成一八年一二月八日に可決、成立となった。

菅は同年一二月二九日、巨額の負債を抱え翌春に財政再建団体入りが決まっている北海道夕張市を視察した。

記者会見で「一定以上の住民サービスは政府が約束する。特に高齢者と子どもには配慮したい」と述べ、再建に伴う住民の負担増を緩和するため、支援策を検討することを表明した。

なにも財政破綻の危機にあえぐ地方自治体は夕張市だけではなかった。国の補助金、地方交付税に依存したまま、無駄な箱物を造り続けて借金まみれになっている地方自治体は多数存在した。

このような現状を見て、菅は誓った。

〈破綻してしまえば、国からのいろんな制約にがんじがらめにされてしまう。もう、夕張のような町を二度と出したくない。地方を破綻させない法律をつくろう〉

夕張から帰ってきた菅は、すぐさま官僚へ指示を出した。

「地方を破綻させないような法整備が必要だ。次の通常国会に提出できるよう、すぐ作業にとりかかってくれ」

そういう菅に、官僚は言った。

「準備にはとりかかりますが……、次の通常国会までには、無理です。その次、もしくは次の次になりますね」

菅の指示は、無理な話だと否定された。

経験不足の大臣なら、あっさり「そうか……」といって引き下がったであろう。

しかし、菅は違う。

「それでは、ダメだ」

官僚も、引き下がらない。

「しかし、法案を準備するまでに最低でも三カ月、四カ月はかかります。大臣、せめて、来年秋の臨時国会にしてください。それでしたら、なんとかして間に合わせます」

少しは譲歩してやったと見せて、実は大臣を丸め込みたい魂胆がみえみえだ。

普通の大臣ならば、官僚の言いなりになっていたであろう。

だが、菅は官僚の手には乗らない。梶山静六に鍛えられた菅は騙されたりしない。

「そんなことを言うな。だって、夕張が大変だということは、国民みながわかっているんだ。夕張のようにならない法律なんだ。今から準備して、来年の通常国会に提出したら、間違いなく通る。野党も反対できないだろう。とにかく、やるんだ！」

すでに御用納め気分の中にある官僚たちは、しぶしぶ菅の命令に従うしかなく、正月休み返上で、準備にとりかかった。

その結果、破綻に至る前段階で、悪化した自治体財政を早目に健全化する仕組みを創設する「地方公共団体の財政の健全化に関する法律案」を平成一九年三月九日に閣議決定し、五月には衆議院本会議で審議入り、六月に成立させたのである。

新しい法案は、早期健全化、再生という二段階の仕組みになっていた。

菅は、国会でこの法案を説明する際、このように答弁した。

「サッカーで言えば、いきなりレッドカードに行くのではなく、イエローカードの段階でレッドカードにならないためのさまざまな対策を練っていけるようにする仕組みです」

無事に法案が成立したあとの菅は、この法案をつくったチームのメンバーを集めて、いっしょに食事をし、ねぎらった。

「ご苦労さん」

そういう菅に、官僚たちが感謝するのである。

「いやぁ、こんなにいい仕事をやらせてもらって、本当によかったです」

話を聞くと、連日朝帰りの日々だったという。それでも、法律ができて、無事に成立したことで、家族に自慢できたという。

「女房に、毎日朝帰りだったけど、この法律を作っていたんだと話したら、驚いてました」

官僚たちはみな生き生きとした顔をして喜んでいたという。

その姿を見た菅は、しみじみ思った。

〈日本の官僚は優秀だ。本当は、仕事をやるために官僚になった人が多い。それをうまく使ってやれない政治家が多いから、政治家も舐められるんだ。いかに官僚を使うか……だな〉

本社機能移転で出生率アップ

第一次安倍政権で地方分権改革はスタートした。菅は、地方分権担当特命大臣（初代）として尽力したものの、総論には賛成でも具体的な話はなかなか進まない点が気になっていた。人口減少や自治体消滅の危機に備えた分権改革は出遅れ、地方再興は切迫した政治課題になっている。

出生率は地方の方が高いが、どうしても東京へ一極集中の流れが止まらない。出生率の極めて低い東京に人が集まるということによって、ますます日本全体の人口の減少は加速し、地域のコミュニティーの崩壊も加速してしまう。

地方再生が人口減少の歯止めとなるのだ。

例えば、油圧機器、建設重機、エレクトロニクスの製造・販売のコマツはIT化を進めると同時に、平成二三年（二〇一一年）五月に創業地の石川県小松《こまつ》市に設けた総合研修施設に人材育成の機能を東京にある本社から移転したことで、計一五〇名の社員が本社などから石川県に移った。

コマツの給与体系は全国一律。住宅購入のコストを比較する事例を見ても、同じ給与では石川の方が良い生活を送ることが可能となる。特に、石川県で働くコマツ社員の既婚女性一人あたりの子どもの数は一・九人。首都圏の〇・七人と比較するとわかるように、生活の設計を立てやすいことが明らかだ。

地方でもそれなりの待遇があり、三世帯同居で嫁が働きに行っても祖父母が子どもの面倒をみてくれる。そんな家族が増えれば、どんどん出生率は高まる。

そのためには、地方での雇用を創出することがますます重要となってくる。

内閣人事局——高級官僚人事を掌握

菅義偉は、自身の著者『政治家の覚悟』（文藝春秋）で、民主党政権時代に枝野幸男が官房長官を務めた菅直人《かんなおと》政権について、次のように批判している。

「従来の政治家と官僚の関係を全否定し、あろうことか官僚の排除に努めました。その結果、巨大な国家の運営に失敗した」

また、野田佳彦政権についても「官僚との関係修復を図りましたが、今度は逆に官僚に取り込まれてしまい、総理の顔が見えないまま」だと指摘した。

菅にとっての、あるべき「政治主導」の姿とは何か……。

「真の政治主導とは、官僚を使いこなしながら、国民の声を国会に反映させつつ、国益を最大限に増大させること」

まずは、人事面でその腕力を発揮することになる。

菅が官房長官に就任し、全省庁の事務次官や局長などの幹部人事を審査する「閣議人事検討会議」を主宰する立場になってからは、型破りの人事が相次いで断行された。

菅は、政権発足直後、次官連絡会議で挨拶をした。

「幹部人事はすべて検討会議に諮る。事前に杉田（和博）官房副長官に相談するように」

「閣議人事検討会議」とは、各省庁の局長級以上の約二〇〇人の幹部人事について官邸が事前に審査するため、内閣官房長官と三官房副長官が参加する会議である。幹部人事に総理の意向を反映しやすくするものだ。しかし、法的な根拠はなく、事務次官や局長などの幹部官僚の人事権は担当大臣にありながらも、これまでは形骸化しており、形だけの会議を開いて各省提出の資料を開いて「はい、この資料のとおりの人事でいいですね」で済ませていた。が、第二次安倍政権以降は、人事のたびに情報をしっかりと集め「この人はふさわしいかどうか」を真剣に議論するようになった。

この「閣議人事検討会議」を官邸に作ったのは、菅が「政治の師」として仰ぐ梶山静六だった。

安倍内閣は「安倍カラー」を反映した人事をおこなってきた。

中国に対する強気な姿勢で知られる外務省の斎木《さいき》昭隆《あきたか》事務次官は、外務審議官から昇格。また、内部昇格の慣例を破って内閣法制局長官に外務省出身の小松一郎《こまついちろう》を起用。小松は集団的自衛権行使の容認に前向きで、憲法解釈変更への地ならしとされた。

安倍が掲げる「女性の活用」では、刑事事件で無罪を勝ち取った村木厚子《むらきあつこ》を厚生労働事務次官に起用した。また、都道府県警初の女性本部長として、岩手県警本部長に田中俊恵《たなかとしえ》を就けた。

平成二六年四月、内閣人事局の新設を柱とする公務員制度改革関連法案が可決、成立した。政府は人事局を発足させ、各閣僚の協議で各省庁の幹部人事を決める新制度がスタートすることになった。

第一次安倍内閣でも国家公務員制度改革に取り組んでいたが、霞が関の官僚たちの猛反発を食らい、実行までにはたどり着けなかった。

そのときの反省を生かし、安倍と菅は「今度こそは……」と実現のために力を注いだ。

「内閣人事局」が新設されることで、各省庁の事務次官が主導し作成していた人事案はなくなり、閣僚による職員の人事評価を考慮し、内閣人事局長が幹部候補者名簿を作成。名簿に基づいて閣僚が任用候補者を選び、総理や官房長官が加わる「任免協議」を経て、審議官級以上の約六〇〇人の幹部人事を決めることになった。

平成二六年五月三〇日、総理官邸近くの内閣人事局には、稲田朋美《いなだともみ》公務員制度改革担当大臣（当時）が自ら書いた看板が安倍総理といっしょに掲げられた。

安倍は、発足式で訓示した。

「（従来の霞が関は）船団だった。これからは一つの大きな日本丸という船に乗り、国民、国家を常に念頭に仕事をしてほしい」

内閣人事局の役割は、これまで各省庁がまとめてきた人事を一手に担うことで政策にスピード感を持たせることだ。初代局長には衆院議員の加藤勝信官房副長官を抜擢した。

この内閣人事局の人事は、大番狂わせが起きたと言われるほどの注目を浴びた。

人事局長については三人いる官房副長官から選ぶことになっていた。官房副長官は衆議院議員と参議院議員から各一人（政務）、官僚出身者から一人（事務）が就任することになっているが、人事局長は官僚出身の事務の副長官が務めるとみられ、官僚たちもそれを疑わずにいたからだ。

「人事局ができても今までと変わらない」という批判は、この人事を前提に生じていた。逆に、官僚の人事に政治が口をはさむことを問題視する反対派が、渋々ながら関連法の成立を許したのも、人事局は官僚トップに任せるという想定があったからにほかならない。そんな両者の期待を安倍と菅は、見事に裏切ってみせたのである。

内閣人事局長の発表寸前まで霞が関は警察官僚出身の杉田和博副長官の就任を信じて疑わなかった（但し、平成二九年八月より、杉田官房副長官が内閣人事局長を兼務）。

ところが、ギリギリまで菅は「まだ決まっていない」と明言を避けていた。杉田に内定していたものを菅が安倍総理に進言してひっくり返したとされているが、加藤は安倍が最も信用する側近のひとりだけに、初めから「加藤局長」を決めていた可能性は十分にある。安倍内閣はこの人事ひとつで「政治主導」色を印象付けることに成功した。

どうしても官僚たちは、自らが属する省庁の方ばかりに顔を向け、省益だけを追いかけ、そこに国益はないと言われてきた。

菅には、強い意志があった。

〈省益ではなく、国益のための「日の丸公務員」をつくろう〉

本当に国のために働く公務員を生み出すためには、内閣で一元化した人事が必要不可欠だった。その念願がかなったのである。

〈これで、官僚は変わるだろう〉

のちのち、この改革の意味が評価される時が必ず来る、と菅は信じている。

人事に関しては、平成二六年五月に内閣人事局が設立される以前から、菅官房長官が「閣議人事検討会議」においてしっかりと手綱を握っていた。

この会議をパスできなかった官僚は数多くいる。逆に、内閣のために汗をかいてくれた人や、自分の得にならないのに頑張ってくれたような人を一気に引き上げて、信賞必罰の人事を徹底した。

初代内閣人事局長を務めた、加藤勝信（現・自民党総務会長）が語る。

「指定職の人事は、人事検討会議で決めますが、メンバーは官房長官と三副長官だけです。閣議にかける人事案をそこで出して議論しています。これは以前からあった会議ですが、安倍内閣で法定化されました。この会議が了解しないと、各省の幹部人事は閣議にかけることができません。

そういう中で従来型の縦割りがなくなってきました。省益や局益を主張していると、我々のほうも『何をやっているのだ』という話になりますからね。

あるいは、省益がぶつかる場合や、省が縦割りでやっているからうまく情報共有できずに、プロジェクトとして動きにくいと官邸が判断した場合、官邸で局長級会議を開き、意見調整すると、瞬時に縦割りは解けて、情報共有してやっていこうという話になります。

もちろん、内閣人事局などの制度を充実させたことも重要ですが、やはり、安倍総理や菅官房長官のリーダーシップの果たした役割が大きいと言えます」

人事局ができたことで、官邸ばかりを見て仕事をしているという批判があるが、加藤は官邸の動きを頭に入れ仕事をしていくことは大切だという。

人事だけでなく、管理システムも省庁ごとにバラバラでおこなわれてきたが、横串を通しながら、一緒にできるものは統一し、効率を上げて管理するようになりつつある。総理官邸の掌握力は大きなものである。

経済産業省出身の今井尚哉総理秘書官は安倍官邸のキーパーソンのひとりである。経産官僚時代は、総理以前に経産大臣が直接の上司であり、今井も大臣を大事にしてきた。それは、どの役所であっても変わりなく、大臣を飛び越えて総理というわけにはいかない。

官僚人事は、菅官房長官と杉田和博内閣官房副長官が主導しているのだろうが、人事を決める際には、各省庁の事務次官などと意見をすり合わせ、決めているはずだ。内閣人事局ができたことで、内閣の意に沿わない官僚は冷遇され、気に入った官僚だけが優遇されるなどと憶測する者たちもいるが、そんな無茶苦茶な人事をするようなことは決してないという。

遺族に配慮

平成二八年（二〇一六年）七月一日夜の現地時間二一時二一分に、バングラデシュの首都ダッカの外交関係施設などが集まるグルシャン地区のホーリー・アーティザン・ベーカリーで武装した七人が襲撃したテロ事件が起きた。その際、被害者の氏名を公表するタイミングで、マスコミと揉めた。

菅官房長官のその態度を批判する記事を掲載した新聞もあった。菅がなかなか公表しようとしなかったからである。

菅は、マスコミには言っていた。

「ご家族が現地に行かれるまで、お名前は公表しません」

マスコミに突き上げられるままに公表すればどうなるか。遺族は、まだ、異国で起きたという親族の思わぬ死を受け止めきれずにいる。おそらく現地に赴き、自分の目で確かめてはじめて現実となる。それなのに、その前に、その死を公にすればどうなるか。死を遺族に押しつけることになる。押し付けられた家族の思いを察すれば、菅には到底できるものではなかった。

公表は、遺族が、遺体と対面してからとなった。

財務省と経産省の縄張り争い

竹中平蔵は、安倍総理と菅官房長官のコンビを非常にバランスのとれたコンビだとみている。

安倍総理は、就任以来、日本経済再生に力を入れてきた。

が、安倍は、思想的には、祖父の岸信介元総理の影響もあり、集団的自衛権の解釈改憲に踏み込むなど、いわゆるタカ派の面を持っている。周囲にも、自らが会長を務める保守系の議員連盟である創生日本に所属する議員を中心に、イデオロギー的にタカ派の議員が多い。

菅官房長官は、タカ派の一面もあるが、非常にリアリストの一面も持っている。

安倍再登板にあたっても、憲法改正などの従来の安倍のイメージではなく、アベノミクスをはじめ、経済再生を政権の旗頭に掲げるように訴え、見事、第二次安倍政権を長期政権に導いた。

竹中は、第二次安倍内閣の特徴として、経済政策を決定するプロセスがこれまでの内閣と違って非常にユニークである点を挙げる。

竹中が閣僚として関わった小泉内閣とも違うという。

小泉内閣では、経済財政諮問会議が経済政策の方向性を決定づける司令塔であった。

小泉内閣の経済財政諮問会議は、まさにガチンコの議論の場であった。参加者は、真剣勝負で刃で切り合うような喧々諤々《けんけんがくがく》の議論をしていた。そのため、波乱も起きたし、小泉総理がリーダーシップを発揮しなければ収まらない場面もかなりあった。

竹中も、ひるむことなく議論をし、そのため、自民党内に多くの敵を作ることになった。しかし、議論自体は、その分、活発で有意義なものになっていた。その時に比べると、残念ながら、今の経済財政諮問会議は、かなり予定調和的な内容になってしまっているという。経済財政諮問会議のあり方については、経済財政担当大臣を務めた甘利明自身も、「もうちょっと角のある議論をしなきゃいけない」と苦言を呈していたほどだ。

平成二六年（二〇一四年）六月二四日に発表された成長戦略でも、初年度に法人税を二パーセント下げるという提案が出た。が、これは財務省と事前に打ち合わせた上で議論であった。竹中は、二パーセントではなく最低でも五パーセント下げないと効果がないだろうと思っていた。

経済財政諮問会議は、財務省の影響が強く、事前に財務省が主導力を発揮しているようなケースが多かった。

また、財務省と経産省の縄張り争いもあり、財務省は経済財政諮問会議に、経産省は産業競争力会議に影響力を及ぼしている。そういった背景があるために、かつてのようにフラットな議論を積み重ねるような会議になっていない。

では、そうすると最終的な意思決定はどこでやっているのか。

平成二六年六月二四日に閣議決定された「日本再興戦略」改訂２０１４―未来への挑戦―」と題された成長戦略の中身について、竹中は、非常に高く評価している。

だが、実は、成長戦略が発表される一〇日前までは、その内容について、竹中はかなり悲観的であったという。

〈第二弾の成長戦略は、かなり厳しい評価を受けるものになるんじゃないだろうか〉

竹中が伝え聞いていた内容から察するに、日本経済を活性化するような内容は感じられなかった。

だが、発表までの一〇日の間に、四大臣会合で、従来の内容から、より改革を志向する内容のものにひっくり返していた。

典型的な例としては、ホワイトカラー労働者（主に事務に従事する人々を指す職種・労働層）に対する労働法上の規制を緩和・適用免除するホワイトカラーエグゼンプションが挙げられる。

当初から、この案には、厚生労働省が慎重な姿勢を示していた。

途中からは、特に高額な所得者に限って、適用を認めるという話になっていた。

だが、最後になって、四大臣会合によって一気に年収要件の基準が下がった。

「一定の年収要件（例えば少なくとも一〇〇〇万円以上）を満たし、職務の範囲が明確で高度な職業能力を有する労働者」を対象にした場合であれば、認められる方向性が示されたのだ。

ちょうどその頃、竹中は、海外出張をしていた。連日、成長戦略の動向に関心を向けていたが、基準が大幅に下がったとの報せを聞いたときには、思わず耳を疑った。

〈このニュースが、本当だったら凄いな〉

現在の政府の政策の決め方は、経済財政諮問会議や産業競争力会議は、バレーボールで言うところのトスをあげる役割を担っているという。

いいトスが来た場合は、それを総理や菅官房長官がスパイクを打つ。そういうやり方で、これまでの政策決定のプロセスとはかなり異なっている。

むしろ、総理官邸主導、政治主導になっているとも言えるだろう。

解決の難しい課題は、すべて総理官邸に持ち込まれることが多いため、総理官邸の負担が大変だという心配もあるという。

本来なら、案件を所管する担当の大臣同士が調整すべき課題の多くを官房長官のところで調整しなければいけなくなっているからだと、竹中は指摘する。

ちなみに、ホワイトカラーエグゼンプションは、このとき閣議決定には含まれたもののすぐに立法化されることはなかった。

その後は、ホワイトカラーエグゼンプションではなく、高度な専門知識を有し一定水準以上の年収を得る労働者について、労働基準法に定める労働時間規制の対象から除外する高度プロフェッショナル制度（略称・高プロ）の導入の議論を安倍政権は進めていく。

平成三〇年（二〇一八年）一月二二日に召集された第一九六回国会では高度プロフェッショナル制度を含む「働き方改革関連法」が提出された。

法案に盛り込まれた高度プロフェッショナル制度の概要は、年収一〇七五万円以上、本人が同意していることなどが条件で、各企業の労使委員会による決議が必要というもので、さらに高度プロフェッショナル制度対象者の健康確保のため、年一〇四日以上かつ四週で四回以上の休日取得を企業に義務付け、さらに、勤務間インターバル、働く時間の上限設定、連続二週間の休日確保、臨時の健康診断のいずれかを実施しなければならないというものだった。

その後、六月二九日に法案は参議院本会議で可決され成立し、平成三一年四月一日から施行されている。

第二官房長官が必要

平成一三年（二〇〇一年）一月の中央省庁再編により、総理府が廃止され、内閣府が発足したことにより、官房長官の仕事の内容や役割もまったく変わってしまった。

内閣府の誕生により、内閣官房が強化されたからだ。

それまでの官房長官は、いわば内閣のスポークスマン的な意味合いが強かった。

後藤田正晴のような力量のある政治家がそのポストに就任した時には、閣内の調整に力を発揮することもあった。が、そこまで強い権限を持っている役職ではなかった。

が、省庁再編により、内閣府が発足してからは変容した。

内閣府という非常に大きな行政機構を束ねるのと同時に、内閣全体の政策の調整をおこない、かつ、内閣の広報官としての仕事をするようになったのだ。仕事量やその重要さも、これまでとは桁違いなものになった。

竹中平蔵は、その膨大な仕事量を考えた場合、官房長官を第一官房長官と第二官房長官ふたり置き、役割分担をすべきだと思っている。

だが、現在は、それを菅一人が全部担っている。

特に、各大臣が省庁の官僚に動かされているような状況では、官房長官の比重は非常に高まる。閣内の調整の仕事が集中するために、文字通りのナンバーツーとしての位置づけになっているからだ。

安倍総理から見ても、記者会見などでの失言もなく、危機管理対応もソツなくこなし、時に直言することすら辞さない菅官房長官は、とても貴重で重要な存在であろう。

菅には、これまでの叩き上げの人生において培ったさまざまな経験を活かし、自分が納得して物事を判断、処理する力がある。ただ、言われたことを無難にやっているだけの政治家とは違う強みを持っているからだ。

竹中は、菅に小泉純一郎と同様の政治家としてのセンスの良さを感じるという。

細かいことを一つひとつ指示するわけではないが、大きな方向性については、間違わないセンスを感じるという。小泉も、全体の方向性を打ち出し、細部については部下を信頼し、任せるタイプの政治家であった。

竹中は思う。

〈政治家にとって重要なことは、絶対に大きなところで間違わないことだ。そういうセンスは、小泉さんと菅さんの共通点だな〉

竹中は、第一次安倍内閣においての失敗の始まりは、郵政民営化の造反議員を復党させたことがきっかけだと分析する。

また、橋下徹大阪市長（当時）が率いる日本維新の会も、石原慎太郎《いしはらしんたろう》や平沼赳夫らの所属する太陽の党と合流したのが、大きな判断の間違いだった、と竹中は指摘する。

大きな問題になればなるほど、部下や周囲が指摘しにくくなる。だからこそ、政治家本人の資質が問われることになる。

官僚が畏怖する官房長官

菅官房長官は、経済財政諮問会議や産業競争力会議のなかでは、それほど発言はしないという。だが、その代わりに、うまい仕上げができるように必ずどこかで動いていることが多い。

官僚とも多くの太いパイプを持ちながら、しっかり手綱を握っている。

菅が官房長官に就任する際、竹中平蔵に、知り合いの官僚がこぼしていた。

「久々に官僚から見て、怖い官房長官が就任にしましたね」

官僚から畏怖される一方、菅は能力のある官僚に対しては、抜擢し活用しようとする。

国土強靭化および復興等の社会資本整備並びに地域活性化担当の総理補佐官として、国土交通省のキャリア官僚であった和泉洋人《いずみひろと》を起用した人事などが、最たる例だ。

その一方で、総務大臣時代には、指示に従わない官僚を外したように厳しい人事もおこなう。

そのため敵も多い。だが、敵がいる反面、味方もいる。

竹中は、敵が多い分、必ず味方ができるのが、政治の世界の論理だと見ている。

竹中自身もかつて同様の国会答弁をしたことがあった。

「あなたは、いっぱい敵がいるだろう」と批判的な立場の議員に問われた際に、「たくさんいると思いますが、味方もたくさんいると思っております」と答弁したことがあるという。

むしろ、政治家であれば、敵も味方もいない状況の方がおかしい。

その議員に主張すべき問題やテーマがないということが露呈しているからである。

全閣僚、全霞が関の調整役

自民党元幹事長の古賀誠によると、第一次と第二次の安倍晋三政権はまったく性格の異なるものだといっていい。違いを一言でいえば、「菅官房長官」が閣内で睨みを利かしているかどうか、だ。

〈菅ちゃんが安倍さんの側にいて、言うべきことはちゃんと言ってくれている。安倍さんもそれをきちんと聞いてくれるようになった。第一次政権は、こう言っては失礼だが、手探り状態。トップの座に就いたことが最高の目標だった〉

総理総裁の座はあくまで手段に過ぎない。目標は政治家である自分がこの国の国民にどういう責任を果たしていくか、にある。

トップリーダーには責任の重さがある。第一次安倍政権は本来の目標に手が届く前、わずか一年で瓦解した。体調の悪化も影響したのだろう。

だが、安倍はこれを機に生まれ変わった。少なくとも人の意見を聞く耳を持っている。特に菅の意見は素直に受け入れる。古賀から見ると、人間としての幅が広がり、懐が深くなった。それがあっての高支持率だろう。

世の中も「猫の目のような総理大臣の交替はもうやめてよ」と疲れ始めていた。落ち着いた、安定政権を望む。そういう世論の流れも後押しになっている。一方で民主党政権があまりにもお粗末だったことが幸いしている面もある。安倍は第一次での失敗から確実に何かを学んだようだ。

平成研究会や宏池会といった保守本流の派閥を渡り歩いてきた菅。一方の安倍は傍流である清和会で育った。ふたりが政治的な盟友であることは間違いない。だが、思想や政策の上で隔たりはないのだろうか。

古賀誠は違ったものがあると見ている。菅は秋田県雄勝郡雄勝町（現・湯沢市）出身。単身で苦学の末、大学を出た。政治家秘書から、自分の力で国政に這い上がってきた。

〈その点では安倍さんとは違う政治感覚や思想があるだろう。菅ちゃんの素晴らしいところは、違いがあるのに、バランスが取れること。安倍さんとすり合わせをしながら、支えるところとブレーキをかけるところを判断していく。難しい判断も多い。そこの手綱さばきはひと言でいえば、見事だ。安倍総理の下で菅ちゃんが官房長官の任にある限り、それなりの支持率を維持していくことができる〉

政権奪還後の自民党では世代交代が進んだ。一線を退いた森喜朗元総理や古賀誠元幹事長、参院のドンと言われた元参議院議員会長の青木幹雄《あおきみきお》ら長老は、田中角栄元総理の牙城であった東京・平河町の砂防会館に事務所を構えている。

安倍は森に自身のロシア訪問の地ならしを頼んだ。青木の元には加藤勝信が定期的に訪問して意見を求める。これは「青木詣で」と呼ばれる。菅は古賀とも頻繁に連絡を取り合っている。

古賀誠は、官房長官としての菅の働きぶりを高く評価する。

〈安倍内閣がこれだけ高い支持率を誇り、長期政権がここまで続いたのは、菅ちゃんに負うところが大きい。何よりも優れているのは、調整能力と度胸だ〉

何か問題が起こったとする。菅の対応は常に素早い。すぐに打ち消す。

〈まずは判断力。続いて決断力と行動力。これがそろっている人物が最高の官房長官。菅ちゃんは、三つを兼ね備えている〉

安倍内閣も決して順風満帆の航路をたどってきたわけではない。時には閣僚が踏み込み過ぎたり、舌が滑り過ぎたりすることもあった。そんなとき、菅は素早く打ち消す。そのうえで、閣僚に対しても的確に注意した。

〈官房長官は全閣僚、さらには全霞が関の調整役だ。菅ちゃんは稀に見る逸材といっていい〉

菅はこうした資質をどこで磨いてきたのだろうか。菅は国会議員秘書を振り出しに政界で苦労してきた。その姿勢の中から培われてきたものではないか。古賀はそう考えている。

少なくとも二代目、三代目の世襲議員とは違う。苦労知らずでいつも食卓に白飯があり、綿入れにくるまれているような人間と菅は大違いだ。

初期消火の巧みさ

元財務事務次官で、小泉政権で事務の総理秘書官を務め、第二次安倍政権でも内閣官房参与を務めた丹呉泰健（現・日本たばこ産業会長）によると、やはり第二次安倍内閣の中心的な存在は、官房長官の菅義偉である。

平成二四年（二〇一二年）九月におこなわれた自民党総裁選に、安倍が出馬したきっかけをつくったのが菅である。その信頼感もあり、安倍総理と菅官房長官の関係は、小泉政権の秘書官であり、第二次安倍内閣で内閣官房参与を務めている飯島勲にして「戦後最高の総理大臣と官房長官」というほどの信頼性で結びついている。

小泉政権時代には、福田康夫、細田博之《ほそだひろゆき》、さらに、安倍晋三が官房長官をつとめたが、このときにはあくまでも官房長官は女房役であった。それに対して、安倍総理と菅官房長官はどうかというと、明確に役割分担している。

安倍総理は自分の目指したい政策にまい進する。安保法制をはじめとした安全保障にしても、外交にしても、アベノミクスにしても、安倍総理は思い切った政策を打ち出し実行している。

当然のことながら、そのたび、政界でも、官界でも、波風が立つ。そのときに、自民党や霞が関への睨みを効かせているのが、菅である。

　政権を脅かしかねない案件が浮上しても、先手、先手で手を打っている。第一次安倍内閣では、「なんとか還元水」の発言でよりいっそう火を点けてしまった松《まつ》岡《おか》利《とし》勝《かず》農林水産大臣（のち自殺）の事務費不正支出問題、赤《あか》城《ぎ》徳彦《のりひこ》の収支報告書をめぐる疑惑問題など、次から次に巻き起こる大臣の不祥事によって支持率を下げ、参院選でも大敗北を喫した。

　第二次安倍内閣でも、甘利明大臣の秘書の都市再生機構（ＵＲ）をめぐる口利き疑惑が浮上した。ひとつ対処を間違えれば、そこから傷口が広がり、支持が下がってしまう事態へとつながりかねなかった。甘利は、平成二八年一月二八日、その疑惑の責任をとって内閣府特命担当大臣を辞任した。

　ところが、そのときの支持率は、なんと、落ちるどころかやや上昇したのである。それは、第一次内閣の苦い経験をもつ安倍総理の、危機に対する意識の高さでもあるが、見事なまでに、炎が広がる前に先手、先手を打ち、初期消火で済ませている菅の力が大きい。菅の巧みさは、波風立ったところをうまい具合にバランスをとりつつ舵取りをしているところだ。しかも、菅は、総理大臣と官房長官という関係性を越えようとはしない。

安倍家三代と内閣官房副長官・西村康稔

平成二九年（二〇一七年）八月に内閣官房副長官に就任し、現在も在任中の西村康稔は、昭和三七年（一九六二年）一〇月一五日生まれ、兵庫県明石市の出身である。神戸大学附属明石中学校から灘高等学校へ進み、奨学金を得て東京大学法学部に入学。学生時代に陸上部、野球部、ボクシング部に所属した、文武両道の青年だった。

昭和六〇年に通商産業省に入省。その後、経済企画庁への出向や、石川県商工課長を経て、アメリカ合衆国メリーランド大学大学院で国際政治経済学を専攻し、平成四年五月に修士号を取得した。

平成一一年、西村は、「政治が変わらなければ、日本は変わらない。政治が国の方向性、政策の指針を示すべし」との信念のもと、政治家を目指す決心を固め、通産省環境立地局調査官を最後に退官。退官後は、自民党の原健三郎《はらけんざぶろう》元衆議院議長の地元の秘書も務めた。

平成一二年六月の衆議院議員総選挙に、引退する原健三郎の地盤を引き継ぎ無所属で兵庫九区から出馬したが、自民党公認の宮本一三《みやもといちぞう》に敗れて落選。西村は、四年近い苦しい浪人生活を経た平成一五年一一月、ふたたび衆議院議員総選挙に無所属で兵庫九区から出馬し、前回敗れた宮本を下して初当選を果たした。

晴れて代議士となった西村は、無所属の新人議員五人で院内会派「グループ改革」を結成、幹事長を務めた後、自民党に入党して清和政策研究会（森派）に入会した。

自民党総裁選を三カ月後に控えた平成一八年六月二日、自民党超党派議連「再チャレンジ支援議員連盟」が発足した。任期満了で小泉純一郎総理の勇退が決定していた時期である。小泉改革の負の側面として格差がクローズアップされる中、改革の姿勢は継続しつつも機会の平等という観点を重視して誰もが再挑戦ができる社会を実現する再チャレンジ政策について議論するための議員連盟として発足した。

が、真の目的は時の内閣総理大臣小泉純一郎の最有力後継者であった安倍晋三内閣官房長官を支援するための議連であった。

議連の設立は、菅義偉総務副大臣（当時）が安倍に、「出身派閥である森派に頼らずに、超派閥で臨むべきだ」との進言によってなされた。政策を旗印とすることで、参加へのハードルを低くすると同時に各派閥の締め付けを難しくし、議員の囲い込みを狙った。また、世論に対しても安倍の派閥色を打ち消す効果があった。

二回生議員の西村は、この再チャレンジ議連に参加して、安倍晋三を応援した。岳父の吹田《ふきだ》愰《あきら》が、岸信介、安倍晋太郎と深い縁があったからである。

第二次海部改造内閣で国家公安委員長を務めた自民党の吹田愰衆議院議員は、山口県熊毛《くまげ》郡城南村《じょうなんそん》（現・田布施町《たぶせちょう》）の出身だった。本籍地が同じ田布施町の岸信介と親しくなった吹田は、敗戦後の岸の政界復帰に尽力した。その親密ぶりは、吹田の娘の信子、つまり西村の妻の名前は、岸信介から一字もらって付けられたほどである。

吹田はその後、岸派の流れを汲む清和会に所属し、岸の娘婿である安倍晋太郎を総理大臣にしようと力を注いだ。

吹田は、政治家となった娘婿の西村康稔に、「安倍晋三くんを支えてやってくれ」と口癖のように言っていた。

また、西村は、ほぼ同時期に拉致議連にも参加した。拉致被害者の一人、有本恵子《ありもとけいこ》さんの父親の明弘さんが、西村の地元の神戸市長田区に在住し、工場が西村の選挙区の明石市にあったからである。明弘さんは、九〇年代後半から拉致問題に取り組んできた安倍晋三を非常に熱心に支持していた。

拉致議連には菅義偉も在籍して、議連幹事長を務めていた。西村は、先輩の菅や山本一太の指導を仰ぎながら、拉致問題に対してどのような対策を打つか、その対策にはどのような効果があるかを計算し、公表する役割を担った。北朝鮮に対する独自制裁の法案作りも、この頃から担当していた。

菅とは、再チャレンジ支援議連と拉致議連、二つの議員連盟を通して親しくなった。菅は、事あるごとに西村を指導してくれるようになり、それが今日の副長官就任につながっていく。

総理からの電話

平成二九年（二〇一七年）六月一五日の夕方、西村康稔は、東京・千代田区の病院に入院中の岳父・吹田愰を見舞った。

「今日、野党から安倍内閣の不信任決議案が出ますから、幹事長室を代表して不信任案に反論してきます」

西村はこのとき筆頭副幹事長で、自民党を代表して不信任案に反論する役割を担っていた。

吹田は、この時も言った。

「絶対に、安倍晋三くんを守ってやってくれ」

西村は、その言葉に頷きながら言った。

「安倍総理が、『吹田さんがもし自民党にずっといてくれたら、幹事長になられたかもしれない。そのくらいの人物だった』と言っていましたよ」

吹田は、それを聞いて涙ぐみながら喜んでくれた。

「そうか……。晋三くんを、支えてくれよ」

吹田はもう一度、繰り返しそう言った。

それから四日後の六月一九日、吹田愰は肺炎により死去した。九〇歳であった。

西村康稔と妻の信子には、吹田愰の死去にあたり天皇陛下からの賜金の伝達があった。

七月の終わり、西村は信子夫人とともに、そのお礼の記帳をするため、吹田の形見を持って皇居にお伺いすることになった。

西村の記帳が終わり、信子夫人が記帳をしているちょうどその時、携帯に安倍総理から電話が入った。

「筆頭副幹事長はお疲れだったけど、今度は官房副長官を頼む」

記帳をし終えたばかりの皇居で受けたこの電話に、西村は、吹田愰と岸信介から始まった、安倍総理との縁を改めて感じた。

安倍総理が言った。

「小泉総理の時の副長官の経験が、今すごく活きているよ。西村くんも頑張ってしっかり支えてくれ」

菅長官はスーツを着て寝ているのではないか

西村康稔内閣官房副長官は、常日頃から感嘆していた。

〈菅官房長官の最もすごいところは、危機管理の意識の高さだ〉

傍らで見ていても、菅は常に二四時間体制で、いつ何が起きても対応できる心構えでいることがわかる。たとえ深夜二時、三時であっても、ミサイルの発射や地震などが発生すると、菅は誰よりも早く官邸に向かった。

西村も負けじと官邸に駆けつけるが、いつも菅に先を越される。官房長官は車を使えるため、走って官邸に向かう西村より早く到着していて当然なのだが、必ず一番に官邸に到着するのはさすがである。

官房長官は、緊急事態が発生し参集の連絡を受けてから、いつも一五分くらいで官邸に入り、事実関係の確認をおこない、三〇分程度で記者会見できるよう準備を整える。

平成二九年（二〇一七年）一一月二九日未明、北朝鮮の新型の大陸間弾道ミサイル（ＩＣＢＭ）「火星15号」が発射された時、西村にもすぐに連絡が入り、二〇分後には官邸に到着した。が、すでに菅官房長官は記者会見の準備に向かうところだった。

あまりにも早い対応を見て、ある人が西村に「菅長官はスーツを着たまま寝ているんじゃないか」と冗談を言ったほどだった。

これが、菅義偉の危機管理である。

西村も菅を見習って素早い行動を心がけるほか、携帯電話は、二四時間いつでもつながるようにしてある。突発的な出来事は時間を選ばないし、真夜中に海外からかかってくることもある。妙な電話もかかってくるが、番号を変える訳にもいかない。

風呂に入る時は、ビニール袋に入れて持ち込んだ時もあったが、今は信子夫人に預けて「何かあったらすぐに言ってくれ」と伝えてある。

常に携帯電話の電波が届く範囲にいることも大事だ。いろいろな会合に呼ばれると、店が地下にあって電波が届かない場合がある。こういう時は、秘書官に「しばらく電波が通じないかもしれないから、何かあったらこの場所に来てくれ」など、事前に連絡をしておく。いろいろと工夫しなければ、二四時間態勢は保てない。うっかりが、後に大問題に発展しそうな時こそ、西村は最も神経を使う。

総理官邸

安倍晋三総理は、山積する問題について、一つずつ結果を出す方法を採っている。これまで安保法制や特定秘密保護法など、難しい課題を毎年一つ、着実に実現している。

これも、第一次安倍政権時の、いっぺんに多くの結果を出そうとして失敗した反省が活かされているのだろう。

もちろん菅義偉官房長官や今井尚哉総理秘書官などの尽力もある。

菅官房長官は、内政を中心とした第二次安倍政権の司令塔である。安倍総理の思いを受け継いでいる一人であることは間違いない。

安倍総理と菅官房長官、そして西村康稔、野上浩太郎、杉田和博の三副長官、今井総理秘書官は、頻繁に打ち合わせをおこなっている。

打ち合わせの目的は、情報と方針の共有である。風通しを良くすることで、それぞれの持ち場できちんと役割を分担し合うことができる。この一見何でもないようなことが、安倍政権の一番の強みとなっている。

与党との調整、国会審議との調整などを担当する西村副長官の場合、国会開催中はほぼ毎朝、国対委員長と打ち合わせをし、審議日程の詳細を確認し、法案審議の日程や総理が入る日程などを調整している。

また、たとえ細かな問題であっても、国会で追及されそうな事柄に関しては、しっかりと事実関係を整理し、答弁を準備する。

具体的な例を挙げると、令和元年（二〇一九年）五月、文部科学省の科学技術担当政務官である白須賀《しらすか》貴樹《たかき》が、緊急事態に備えて東京に待機する「在京当番」だった日のうち、平成三〇年一〇月の就任から半年間で一三日間、選挙区の千葉県に行っていたことがわかり、新聞ネタになった。白須賀の場合、車と電車を使えば概ね一時間で帰ってこられる範囲なので問題はなかったのだが、火だねが小さいうちにしっかりと誤解を解いておかねばならない。

こうした些細なことも、安倍総理や菅官房長官に報告する。また閣僚のさまざまな出来事や言動も事実関係を確認し、総理と官房長官に相談し、どのように説明するかなどの準備をおこなう。

かつての民主党政権は、みなが好き勝手なことを言い、バラバラの行動を取り続けた。そのことが、政権を失う敗因の一つとなったことは間違いないだろう。

安倍総理は、第二次政権の約六年間で各国首脳との会談を七〇〇以上こなしてきた。この数年間は週に二、三回、多い時は毎日と言っていいくらいスケジュールが入っている。

首脳会談は、アメリカなど主要な国が相手の場合は、菅官房長官も出席する。それ以外は副長官に任されている。西村内閣官房副長官は、会談終了後の記者ブリーフ（事後説明）も担当している。

電話会談も、トランプ大統領が就任して以降、飛躍的に多くなった。安倍総理はトランプ大統領と三〇回も電話会談をおこなっている。西村が内閣官房副長官に就いてからは二四回のすべての電話会談に同席している。

安倍総理は、以前ほとんど酒を飲まなかった。が、最近は体調も良くなって、ワインなどを少し飲めるようになった。

菅官房長官は、一滴もお酒を飲まない。一口でも飲むと、顔が真っ赤になって眠くなってしまうらしい。もともと体質的に合わないのである。

西村官房副長官は、若い頃は仲間とよく酒を飲んだ。が、今は酒宴の場でも、ほんの少し口をつける程度にしている。たとえ夜中でも、何が起こるか予測できないからだ。実際、深夜にたたき起こされて対応に追われることが何度もあった。

官邸の要である菅官房長官の意識、心構え、姿勢がみなに伝わり、危機管理の体制を保つことができている。

休日は、基本的に菅官房長官が在京し、万が一の危機管理に備える。西村官房副長官は安倍総理と翌日以降の予算委員会質疑の答弁の打ち合わせをおこなうこともしばしばである。

また、菅が選挙の応援に行ったり、地元の横浜に戻ったりする場合は、西村官房副長官か、参議院の野上浩太郎官房副長官が東京に残ることになる。

菅さんには私心がない

平成二九年（二〇一七年）八月三日、小此木八郎は、第三次安倍第三次改造内閣で、国家公安委員長兼防災担当大臣に任命され、平成三〇年一〇月二日に退任するまで、一年二カ月にわたり、大臣を務めた。

小此木は大臣在任中、菅の官房長官としての危機管理意識の高さをいつも目にしていた。

防災担当大臣は、危機管理を担当する大臣であり、突発的な自然災害や、北朝鮮による核実験などの不測の事態が起きた場合、すぐに官邸の危機管理センターに召集される。

平成三〇年九月六日の午前三時七分、北海道の胆振《いぶり》地方中東部を震源とする北海道胆振東部地震が発生した。

小此木は、地震発生直後に秘書官から電話を受けて、すぐに官邸の危機管理センターに駆けつけた。

午前三時三五分くらいに駆けつけると、すでに菅は記者会見をおこなっていた。まだ新聞記者すらいなかったが、菅はテレビカメラに向けて会見をおこない、官邸に集まってきている情報を伝えていた。

小此木は、菅の迅速さに舌を巻いた。

〈自分と同じ赤坂宿舎から向かって来ているはずなのに、どういうことなんだろう〉

菅は、官房長官に就任してからすでに六年半以上その職にある。だが、このように危機管理意識はずっと徹底していて、一切緩みを見せるようなことはない。

かつての秘書時代の姿を知る小此木は、現在、官房長官として辣腕を振るう菅について思う。

〈綺麗ごとに聞こえるかもしれないが、菅さんには本当に私心がない。傍らから見ていて、何のためにやっているんだろう、何が面白いんだろうと思うくらいに常に仕事熱心。官房長官として注目されるようになったけれど、仕事への熱心な姿勢は、コツコツと横浜市内をまわっていた頃ときっと変わらないのだろう〉

菅義偉との邂逅

菅義偉を支持する若手衆院議員十数名で作る「ガネーシャの会」の会長を務める坂井学は、

東京大学法学部を卒業後、松下政経塾に入塾した。同期には、前横浜市長の中田宏《なかだひろし》がいる。卒塾後は、熊本県の汚水処理会社に勤務しながら、自然農法による農作物栽培を実践していた。

坂井は、そんななかで衆議院議員の鳩山邦夫が訴えていた「自然との共生」という理念に共鳴し、鳩山の政務担当秘書となる。

平成一五年（二〇〇三年）八月、「解散は近い。もうじき、選挙だ」との声が大きくなり、自民党内の動きは慌ただしくなっていた。そうした状況のなか、神奈川五区の候補予定者が他の選挙区に移ることになり、空席となった。が、選挙に備え、公募する余裕はない。そこで、当時、自民党横浜市連会長に就任したばかりだった小此木八郎は、神奈川五区の市県議会議員と選考をおこない、坂井を候補者として決めた。

坂井も、鳩山事務所を退職し選挙に挑むことになった。

小此木は、坂井を連れて、自民党神奈川県連会長の菅義偉のもとを訪ねた。

「今度、五区から出馬する坂井学君です」

これが、菅との出会いだった。

菅は、坂井に簡単な略歴をたずねた。

坂井は、二世候補ではなく、出身地も神奈川でもなければ血縁もいない。落下傘候補だ。それを知った菅は、坂井にいった。

「そうか。私は、二世でもなく、地盤も持たずに選挙をやる人間は、応援してやりたい。頑張りなさい」

この出会いが始まりとなり、菅との縁を深めていくことになる。

出馬が決まってから、わずか二カ月ほどで投票日というスケジュールだったため、坂井にとっての初めての選挙は、「何が何だかわからないうちに終わった」というのが正直なところだった。

落下傘候補だったため、選挙で応援してくれる人などいない。ただ、自民党の候補者ということで、地元の地方議員や党員が中心となって動いてくれた。そのおかげで、なんとか投票日までたどり着けた。坂井自身は、訳もわからず無我夢中、ついていくだけで精一杯。気が付けば体重も九キロほど落ちていた。

そのため、「応援してやりたい」といってくれた菅も選挙応援に入ってくれたかどうか、その記憶もはっきりしていない。

平成一五年一一月九日、衆院選がおこなわれた。

坂井は、九万一五一三票を獲得したが、一二万三九〇五票を獲得した民主党の田中慶秋《たなかけいしゅう》の前に敗れた。比例復活もならなかった。

坂井は思った。

〈一〇年粘れば、相手は七五歳。自分は四八歳。そうなれば勝機が来るかも知れない〉

小泉旋風

平成一七年（二〇〇五年）夏、郵政解散により総選挙に突入した。

小泉旋風が巻き起こっていた。

小泉純一郎総理は、坂井のところにも応援に来てくれた。

公示日初日の平成一七年八月三〇日の夕方、ＪＲ東戸塚駅で応援演説をしてくれることになっていた。

小泉総理は、神奈川五区入りの前に隣接する神奈川六区でも応援演説をする予定だった。神奈川六区は、連立相手である公明党の上田勇《うえだいさむ》が立候補していた。

坂井も、前座としてあいさつに立つと集まった聴衆による異様な雰囲気に圧倒された。

〈なんてこった！　ものすごい人だかりだぞ〉

興奮しながらも、同時に思った。

〈うちの選挙区には、これほどの人たちは集まってくれないかも知れないな〉

そんなことを思いながら、東戸塚駅へと移動した。

しかし、坂井の予想は良い方に覆った。

選挙カーの上に立ち、周囲を見渡して驚いた。

坂井の目から見えるところ、すべてに人だかりができていた。ビルの階段の踊り場も人の顔であふれている。なおかつ、熱気もすごかった。

演説の司会は、市会議員のまだ若い一回生議員が務めた。その彼が一言、話すたびに「ウォー」と地響きのような歓声が沸き立つ。まだ、小泉総理は到着していないのに、この盛り上がりだった。

小泉総理が選挙カーの上に立った瞬間、人々の熱気はピークとなった。

予想外の状況に、みんなが声にした。

「こりゃ、坂井さん、行くんじゃないか」

「行けるよ。行ける」

特に、公明党の反応がよかった。

今回の様相を見て、地元有権者の態度に変化が起きたような雰囲気を、坂井は感じた。

小泉旋風の恩恵を、坂井は十分に受けた。

翌日、読売新聞朝刊の一面には、ヘリコプターを使って上空から坂井のために応援演説へ入った小泉総理とその演説を聴く聴衆の姿を撮影した写真が使われていた。これが、坂井にとってかなりのアピールとなった。

もちろん、菅も坂井の応援に入ってくれた。

小泉旋風のおかげで、坂井は初当選を果たす。

三陸沖に瀬谷丸を

官房長官になってからの菅に、坂井はますますその威光を感じるようになった。

平成二五年（二〇一三年）三月、坂井は、辞任した徳田毅《とくだたけし》の後任として、国土交通大臣政務官兼復興大臣政務官に就任した。

坂井は、東日本大震災の直後から、岩手県大槌町を中心に復興支援を続けている。

当時の坂井は、民主党が大勝し政権交代した平成二一年の衆院選で落選し、浪人していた。

坂井は、震災による津波の被害状況などが心配であった。

被災地に、個人的な知り合いはいなかったが、坂井の秘書をしていた高橋博之《たかはしひろゆき》が岩手県議会議員になっていた。高橋は、岩手県の内陸・花巻市《はなまき》の選出だったが、高橋に話を聞いてみた。

「一番、被害がひどいところは大槌町《おおつちちょう》です」

「そうか。では、大槌町の支援に行こう」

震災から一〇日後、高橋に案内され、坂井は大槌町に入った。

「釘があちこちから出ていますから、足で踏まないよう注意してください」

がれきであふれかえった道なき道を歩いて回った。歩きやすいところといえば、ひっくり返った船の底の部分くらいしかなかった。

津波の被害を受けた場所は、どこもひどい有様だった。一〇日ほど時間が過ぎたといっても、津波が引けた直後の状況から何も変わっていない。

坂井は決めた。

〈復興には時間がかかる。そして、そのための支援が必要だ。大規模なことはできないが〝顔の見える息の長い支援〟を続けていこう〉

地元に戻った坂井は、すぐに、大槌町の復興を中心とした復興支援グループ「ゆいっこ横浜言いだしっぺ支部」を立ち上げた。

地元の仲間たちと、炊き出しに出向いたり、物資を提供したり、被災直後から支援活動を続けた。

また、平成二四年三月、大槌漁港に漁船を贈り、産業起こしに協力しようということで「三陸沖に瀬谷丸を！」の実行委員会を炊き出しの仲間たちが立ち上げた。この実行委員会は、定置網漁法に使える一億八〇〇〇万円ほどの船を購入するための自己資金三〇〇〇万円を寄付で集めることが目標だった。そのほかの部分は国や県などの補助で賄えるため、それ以外、自己負担で必要な分を横浜市瀬谷区民の募金で集めようと活動を進めた。

その結果、約三カ月で三六二五万円の寄付が集まり、「瀬谷丸」の寄贈が実現したのである。復興への支援経験者であり、現在も続けている坂井だったからこそ、菅は復興大臣政務官に坂井が適任だと判断し、辞任で空いたポストに坂井を推してくれたのかも知れない。

拙速の第一次政権、余裕の第二次政権

未曾有の長期政権となった第二次安倍政権。発足以来、官房長官として政権を支え続けている菅義偉は、政権が長期化した理由について、以下のように分析する。

「やはり、第一次安倍政権の時に一年あまりで失敗したことが教訓になっていると思います。それに加えて、長期的な視野をもって、戦略的に政権を運営している点です」

菅が語るように、重要法案の成立に関して、第二次安倍政権では時間をかけている。

わずか一年あまりという短期間に終わった第一次安倍政権だが、実はその一年の間で従来の自民党政権が手をつけていなかった難しい法案をいくつも成立させている。

教育基本法の改正、防衛庁設置法等改正、憲法改正の手続きを定めた国民投票法、教育改革

関連三法、公務員制度改革関連法などがあげられ、第一次安倍内閣のもとでの法案の成立率は、第一六五回国会が一〇〇%、第一六六回国会が九一・八%といずれも非常に高い法案成立率であった。

しかし、第二次安倍政権では、重要な法案を短期間でいくつも成立させるような手法は採用しなかった。平成二七年（二〇一五年）九月に平和安全法制を成立させたあと、テロ等準備罪（共謀罪）を新設する組織犯罪処罰法改正案は、時間を置いて、平成二九年六月に成立させている。菅によると、これは一気呵成に関連法案を成立させていくのではなく、一呼吸を置いて全体を見ながら進めていくという方法をとったという。

菅は語る。

「どんなに成立が難しい法案でも、国民の安全安心を守ることは政府の責務ですから、日本の将来にとって必要な法案は強い意思をもって取り組んでいます」

重要法案を成立させるために、一定の間合いを取り、国民の理解を深めながら法案の成立を進めることができる余裕が、現在の第二次安倍政権にはあるという。

第一次安倍政権では、矢継ぎ早に法案の成立を進めたために、結果的に余裕がなかった。そのことへの反省に立ち、第二次安倍政権では、余裕を持って進めるようにしている。

インバウンドは地方活性化の切り札になる

安倍政権が高い支持率を保っているもう一つの要因について、菅官房長官が語る。

「第二次安倍政権が発足して以降の景気の回復も、大きな要因だと思っています。アベノミクスについて、野党やマスコミはさまざまな批判をしていますが、雇用が回復していることは間違いありません」

第二次安倍政権の成立以降の六年間で一五歳以上から六五歳未満の年齢に該当する生産年齢人口は、約五〇〇万人の減少が見られる。

にもかかわらず、就業者数は、同じ期間に約三八四万人も増加している。有効求人倍率も、政権交代時には、〇・八三倍だったのが平成三一年三月には、一・六三倍になっている。ほぼ倍増だ。こうした景気回復の影響は、都市部だけでなく地方にも、徐々に浸透している。

現在、四七ある都道府県すべてで、有効求人倍率は一・〇倍を超えている。これまで本土に復帰以降、一度も一・〇倍を超えたことがなかった沖縄県も、平成二八年頃から一・〇倍を超えるようになり、現在は一・二〇倍前後の数字で推移するようになっている。

また、人口減少が続くなかで、地方圏の地価は二六年間下落が続いていたが、平成三一年の地価公示で、地方圏の地価が全平均、商業地、住宅地のすべてで二七年ぶりに上昇に転じた。

菅は、地方の地価の上昇について語る。

「おそらく、インバウンド（訪日外国人旅行客）が増えている効果が、地方にようやく波及してきた証拠だと思います」

訪日外国人旅行客の増加は著しい。いまや東京や大阪などの都市部だけでなく、地方の観光地にも多くの外国人旅行客の姿を見かけるようになった。

訪日外国人旅行客は、平成二四年は約八三六万人だったが、平成三〇年は、約三一一九万人になり、この六年でなんと四倍近く増加している。

菅は、かつて、インバウンドについて、なぜ日本よりも韓国の方が観光客が多いのか不思議に思っていたという。日本が八三六万人台だった時代に、韓国は一一〇〇万人を超えていた。

民主党政権時代、野党議員だった菅は、観光庁に質《ただ》したことがあった。

「韓国よりも、外国人観光客が少ないのはなぜなんだ？」

返ってきた答えは「観光政策の予算の規模」という説明であった。

しかし、菅が独自に、よく分析した結果、問題の原因は、ビザ発給の基準が他国に比べて厳しいこと、また免税品の数が極端に少ないことにあることがわかった。

菅は、第二次安倍政権発足後、すぐにこのテーマに取り組むことにした。

第二次安倍政権発足後の最初の施政方針演説でも、安倍総理が「観光立国」を大きく打ち出した。

「世界の人たちを惹きつける観光立国を推進する」

菅は、予算を増やすだけでなく、二つの政策を実行に移すことにした。「ビザの要件緩和」と「免税品の対象品目の増加」であった。

当初は、法務省や警察庁は、ビザの緩和に対して、大反対であった。

「ビザを緩和すると、不良外国人が入って来ます」

「日本の犯罪件数が多くなります」

法務省と警察庁の反対の声は強く、菅は、当時の所管大臣である谷垣禎一法務大臣と古屋圭司《ふるやけいじ》国家公安委員長の説得に乗り出すことから始めた。

菅は、ふたりにインバウンド政策の趣旨について話をして、了解を得た。

その次は、太田昭宏《おおたあきひろ》国土交通大臣と岸田文雄外務大臣に諮り、合意を得た。国交省は観光庁を所管し、外務省はビザの発給を管轄しているからだ。

その後、菅は内閣官房長官室で、担当の四閣僚と会談し、インバウンド政策について政治主導で決定した。わずか一〇分ばかりの会談で合意を得ることができたという。

この決定をきっかけにして、平成二五年七月に、タイやマレーシア、ベトナム、フィリピン、インドネシアに対する観光ビザの発給要件の緩和措置がとられ、それ以降、中国やインドなどさまざまな国にその対象は広がっている。

ビザの緩和とともに、免税品の対象品目を増やしたことも効果的であった。

消費税を免税する対象品目については、それまでは、家電製品、衣類、カバンなどの「消耗品以外の一般物品」に限られていた。

が、平成二六年一〇月からは、薬品類、化粧品、食品などの消耗品にも対象範囲を拡大した。これも菅が政治主導で、品目拡大に抵抗する財務省と観光行政を主導する国土交通省の間の利害関係を調整して、実現にこぎつけた。

菅が品目を拡大したのには、ある思いがあった。

〈インバウンドは、地方活性化の切り札にもなる。地方の特産品を免税にすれば、外国人観光客がたくさん買ってくれるようになり、地方が活性化するはずだ〉

菅の予測は当たった。

今では、観光地のお土産屋などはもちろん、地方の特産品などを販売する「道の駅」も、外国人観光客で賑わっている。

いまやインバウンド政策は、安倍政権の成長戦略の柱になっている。東京五輪が開催される令和二年には、四〇〇〇万人のインバウンドを見込んでいるという。

毎回同じ手段は取らない

官房長官に就任した菅は、平成二五年（二〇一三年）、ビザの緩和に着手した。

国土交通大臣政務官として坂井は観光を担当した。

「ほかの国の状況を教えてくれ」

そう指示された坂井は、すぐに資料をまとめ、菅のもとへ説明に行った。

各国の状況と日本の現状を照らし合わせながら、菅はいった。

「せめて、韓国くらいの緩和をしなければダメだな」

「そうですよね」

「日本の治安当局の能力は、韓国に劣らない能力を当然持っている。韓国で、特に問題になっていないというのであれば、いけるだろう。韓国はどうなっているのか、詳しい状況をまとめてくれ」

坂井は、観光庁に話をし、韓国の状況をとりまとめ、ふたたび菅を訪ねた。

資料を見て、問題ないと判断した菅の行動は早かった。

その場で、外務省の秘書官を呼びだし、指示した。

「今週の木曜日に関係大臣と会議をしたい」

その週の木曜日に一〇時に開かれた会議の場で、一回目のビザ緩和が決まった。このときは、タイ、マレーシアからの観光客に対してのビザが免除され、免除された翌月から、タイからの観光客が八割ほど増えた。

一回目のビザ緩和の決定までに、ほとんど時間は要しなかった。

翌年の平成二六年、菅は第二弾のビザ緩和もおこなうことを決心した。坂井は第一弾のときのような手法を用い短時間で決めるのかなと見ていたが、菅は、同じ手法を使わず、時間をかけておこなった。

今度は、事務方に指示を出し、十二分に議論を積み上げさせたのちに、インドネシアからの観光客のうち、バイオメトリック（生体認証技術）パスポートを所持する人についてビザを免除することを決めた。

菅が判断する姿を見て、坂井は思った。

〈毎回、同じであればいいというわけではないのだな。その時々の状況にあわせ、進め方も変えるという柔軟さも大事なのだ〉

観光立国を主導

菅官房長官は、外国人観光客が無線LANを利用できるように、無料のＷｉ－Ｆｉスポットの公共施設への整備も推進した。宿泊施設や空港、飲食店などはもちろん、最近では新幹線の車内や駅構内でも、整備が進んでいる。

新幹線の車内では、東京五輪前の平成三〇年（二〇一八年）度から整備が始まり、令和元年度中にほぼすべてで使えるようになる。

ＪＲ西日本、九州、北海道では、平成三〇年度中に整備され、ＪＲ東海の東海道・山陽新幹線などの約二一〇〇両は、令和元年の冬までに整備される予定だ。

ＪＲ東日本の東北新幹線などの約一〇〇〇両は、令和二年夏までの予定が令和元年五月に前倒しされることが決まった。

新幹線だけでなく、訪日外国人の利用が多い在来線の特急などでも始まっている。

名古屋と富山間を飛騨高山を経由して結ぶ「特急ひだ」や、岡山と松山を結ぶ「特急しおかぜ」は、平成三〇年度中に全車両で整備された。

札幌と新千歳空港を結ぶ「快速エアポート」も、東京オリンピック・パラリンピックまでに整備される。

また、駅についても、新幹線は一〇八駅ある全駅で平成三〇年度中に整備され、今後は、訪日外国人観光客の利用が多い駅を中心にさらに拡大を進めていく。

大型観光クルーズ船の寄港も、推進している。全国のクルーズ船が来る地域を中心にバース（係留施設）をつくり、福岡、横浜などには、三〇〇〇人から五〇〇〇人が乗船できる規模の大型のクルーズ客船が複数同時に係留できるようにした。

日本を訪れる外国籍のクルーズ船は、ここ五年の間に五倍に増加している。

日本各地の祭りを巡るツアーも、企画され、地方にチャンスが生まれているという。

また、民間資金も活用し、国際クルーズ拠点の整備を推進していく。

安倍政権では、平成二九年度に港湾法を改正し、投資をおこなう事業者に、岸壁の優先使用などを認める新しい仕組みを創設し、これまで那覇港など九つの港湾で投資が進んでいる。

「いつ決めるのか！　今言え！」

菅官房長官は、博物館、美術館などの国が所有する施設の開館時間の延長にも取り組んできた。

博物館、美術館などの利用時間は、これまで午前九時半から午後五時までということが多かった。しかし、その時間帯では利用できない人も多い。金曜日と土曜日は午後八時まで、また、夏場は午後九時まで開館するようにした。これを実現するにも、指示から実施まで二、三カ月かかった。

全体の会議で、菅は担当者に迫った。

「いつ決められるのか。その時期を今言ってくれ！」

結果的には、開館時間を延長し、さらに利用者が増えることによって、職員たちもやる気になっているという。

今では、博物館によっては、夜間の貸し切りツアーのような新たな催しがおこなわれるようになっている。

博物館や美術館には、多くの学芸員資格を持った人たちが働いている。彼らが展示について作品内容を説明するのはとても好評だ。

最近では、宮内庁も皇居を国民に開放している。

また、新宿御苑も従来は午後四時半に閉園していたが、午後六時まで開園時間を延長するようになり、さらに夏の時期は夜七時まで延長するようにした。

国立公園も、従来は「守ること、維持すること」に重きを置く運営をしており、利用を促進するとの視点に欠けていた。

現在は、従来の運営だけにとらわれず、日本を訪れる外国人観光客にも「魅せる」ことを意識しつつ、運用していくことを目標にしている。

政府では、現在、国立公園の「ナショナルパーク」としてのブランド化を目指す「国立公園満喫プロジェクト」を進めている。先行して八カ所の国立公園で、「国立公園ステップアッププログラム2020」を策定して訪日外国人を惹きつける取り組みを開始し、それを三四の国立公園全体に展開することとしている。

（選定された国立公園は、阿寒摩周国立公園、十和田八幡平国立公園、日光国立公園、伊勢志摩国立公園、大山隠岐国立公園、阿蘇くじゅう国立公園、霧島錦江湾国立公園、慶良間諸島国立公園の八カ所）

菅は、将来的な構想では、国立公園に民間カフェなどの環境に配慮した集客施設を誘致し、外国人観光客に自然との調和を楽しんでもらえるようにしたいと思っている。

ヨーロッパのアウトバウンドを狙え

平成三〇年（二〇一八年）の一年間の日本への外国人観光客数は、約三一一九万人。実は、平成三〇年は、上半期は前年比一六%ほどの増加があったが、下半期は西日本豪雨や北海道地震など自然災害が多かったことも影響し、二%程度しか増加しなかった。

安倍政権ではさらなる環境整備を進めている。

東京五輪がおこなわれる令和二年夏に照準を合わせて、羽田空港は、国際線の年間発着枠が増加し、現在の約六万回から四万回増加し、約一〇万回に増える予定だ。

同様に成田空港でも、高速離脱誘導路の整備などによって、発着容量が約四万回拡大される予定である。

さらに、観光客が年々増加している沖縄の那覇空港も、第二滑走路の完成にともない、滑走路を安定的に離着陸できる回数が約一〇万回増える予定だ。

政府では、令和二年に四〇〇〇万人、令和一二年（二〇三〇年）には六〇〇〇万人の訪日外国人客の来日を目標に掲げている。

ホテルも、五輪に向けて、首都圏を中心に全国で建設が進んでいる。が、訪日外国人客四〇〇〇万人を宿泊させるためには、まだまだ整備を進める必要がある。

これまでは、日本には、アジア各国からの観光客が多かった。が、世界的には、ヨーロッパ各国の観光客が一番多い。

そのため、日本では、いまヨーロッパやアメリカなどへの誘致活動に力を入れている。

中国や韓国などの訪日外国人観光客を除く、欧米、豪州、オセアニア、東南アジアからの訪日観光客は、毎年約一〇%前後の伸びを示している。今まで少なかった地域からの訪日観光客も、今後は増えていくだろう。

菅官房長官が重視する大改革

安倍政権では、農林水産物や食品の海外輸出にも力を入れている。

政権発足直後の輸出額は、約四五〇〇億円ほどだったが、この六年で倍増している。

平成三〇年（二〇一八年）の輸出額の合計は、過去最高額の九〇六八億円。前年比一二・四%も増加している。輸出先を見ると、一位が香港、二位が中国、三位がアメリカとなっている。

政府は、今年度の目標額を一兆円としているため、例年通りの伸びを見せれば、実現する可能性は高い。

しかし世界的には、この分野は、約一五〇兆円の市場規模があるため、今後もさらに伸びる余地があるという。

菅官房長官は語る。

「景気が良くなり、働く場が増えた。有効求人倍率は全都道府県で一を超えている。人口減少の中でもう地方の地価は上がらないと思われていたが、本年は二七年ぶりに上昇に転じた」

安倍政権では、農業改革にも力を入れている。

第二次安倍政権になってから、四〇年以上続いた減反の見直しをおこない、農協改革も六〇年ぶりにおこなった。

かつては一万三〇〇〇あった農協が現在の約六〇〇まで再編されたにもかかわらず、法律はそのまま維持されてきていたのである。

林業についても、法律改正を約七〇年ぶりにおこなった。

これまで各地にある所有者不明の森林が問題になっていたが、市町村が五〇年間を上限として、伐採から植栽までを林業業者に貸すことを法制化した。

漁業の法律改正も、約七〇年ぶりにおこなった。

日本の漁業は、かつて世界第一位の規模であったが、現在は第七位になっている。

世界の漁獲高は、かつての倍になっているが、日本は約三分の一にまで縮小している。

理由は、養殖の割合が世界に比べて低いからだという。世界では五割が養殖だが、日本は二割前後なのが実態だ。

これは漁業組合の既得権益が強く、養殖の振興に反対していたからだという。

が、関係者の理解をいただいて予算措置をおこない、漁業法の改正をおこなうことができた。

日本の農林水産物は、世界的に高い評価を受けている。

菅は、今後も従来の「守りの農業」から「攻める農業」への大転換を推進していくつもりだ。

終　章

〝ラストボス〟二階俊博の闘魂

愛妻の死と山梨県知事選

平成三〇年（二〇一八年）一二月二六日早朝午前五時、長年連れ添ってきた二階の妻の怜子が亡くなった。家族が見守るなか、痛み苦しむ様子もなく眠るような最期だった。七七歳であった。

ただし、政治状況もあり、妻の怜子の死は、その日の発表はあえて伏せていた。

二階俊博幹事長と自民党の幹事長代理兼選対委員長代理を務める林幹雄にとって、平成三一年一月二七日に投開票を迎える山梨県知事選挙は非常に重要な選挙となった。

平成三一年は、亥年《いどし》選挙といわれる選挙イヤーだ。一二年に一度だけ、三年に一度おこなわれる夏の参議院選挙と、四年に一度おこなわれる四月の統一地方選挙が同じ年に実施されるからだ。この亥年の参院選は、自民党にとって鬼門と言われてきた。

山梨県知事選挙は、選挙イヤーの最初の大型選挙であり、この選挙の帰趨《きすう》は夏の参院選の行方を占うものであった。そのため、選挙の采配を幹事長として仕切る二階にとっても、絶対に負けられない闘いであった。

しかも、山梨県知事選挙の候補者として最終的に自民党が擁立したのは、志帥会に長年所属し、三回当選ながら平成二九年一〇月の衆院選に落選し、浪人していた長崎幸太郎であった。

この知事選では、二階幹事長の山梨入りがいつの時期になるかも焦点となっていた。

だが、現職の後藤斎《ごとうひとし》陣営の選挙戦略が県民党を標榜し、「中央の権力と対峙する地方」というキャンペーンを張っていたこともあり、すぐに山梨入りをするのではなく、時期についてはタイミングをみることになった。

相手陣営が二階の山梨入りを逆宣伝に使おうとしていたこともあり、大量動員をする集会に行って演説するようなことはしなかった。

結局、二階が山梨県に入ったのは、年の瀬の平成三〇年一二月二七日だった。

じつは、その前日の二六日の午前五時、二階が長年連れ添った妻の怜子が亡くなっていた。が、二階はそのことをごく親しい関係者のみにしか伝えず、事前の予定通り、山梨入りをおこなった。

その後、二階が山梨入りした翌日の一二月二八日、二階の妻の怜子が二六日に亡くなったことをマスコミがつかみ、この日の夕刊で報じられた。

二階の妻の怜子が死去していたことを知った山梨の県議や市議たちは「こんな時でも二階幹事長は訪問してくれるのか」と心を打たれたらしく、さらに陣営は引き締まったという。

まさに、二階の知事選にかける強い思い、政治家の覚悟が伝わる山梨訪問となった。

二階が怜子の死去を伏せて、山梨入りした時の心境について語る。

「みんなが選挙に向けて頑張っているところに自分が行って、わざわざ自分のことから話すわけにはいかない。勢いがついていることに水を差すようなことはよくありません。そういうことは後でもいいことだから、言わなかっただけですよ」

長崎も振り返って語る。

「後から聞いて、大変驚きました。と同時に、ここまで尽力してもらって、もし落選した場合、幹事長の責任問題にでもなれば申し訳ないと思って、奮い立ちました」

年明けの一月二一日には、二階がさらに動いた。

この日付で自民党に所属する全国会議員に対して、二階幹事長名で「知事選最終盤に向けた支援徹底のお願い」と題する緊急通達を出したのだ。

通達は、各議員に山梨県知事選の応援に入るように求めるものだ。

二階は、この日の記者会見でも檄《げき》を飛ばし、自民党所属の国会議員が長崎の応援に入ったかを確認する考えを示した。

「一四二人の国会議員を応援に送り込む予定だが、全員参加したと言われるくらいの選挙戦にしたい。最終日までに出欠を取る」

二階はさらに語った。

「出欠を取られれば行く、という人がいるんですよ。情けないけどね。それでもいいから行かせる」

この通達についても、二階はのちの取材で語った。

「政治家が一度言ったことは徹底しなきゃ意味がない。もちろん国会議員はみんな事情があって、みんな忙しいのが当たり前。自分も議員ほど忙しいものはないと知っています。ですが、そのなかで何を後回しにして、何を優先するかということこそが、最も重要な政治家の判断であり、政治家のセンスの問題です。それを間違ってしまったら、政界の孤児になってしまいます」

領袖の苦悩

平成三一年(二〇一九年)一月二七日、山梨県知事選挙の投開票がおこなわれた。大接戦が予想されていたが、長崎は一九万八〇四七票を獲得し、一六万六六六六票の後藤に三万票以上の差をつけて、勝利した。

山梨県知事選の投開票日の翌日の一月二八日、第一九八通常国会が召集された。

その二日後の一月三〇日午後、国会は衆院本会議で、安倍晋三総理の施政方針演説など政府四演説への各党代表質問に入った。二階は、幹事長として自民党を代表して質問に立った。

二階が国会で質問に立っていたこの日、もう一つのニュースが永田町を駆け巡った。

かつて民進党の代表代行や民主党幹事長を務め、環境大臣や内閣府特命担当大臣を歴任した細野豪志《ほそのごうし》が自民党への入党を目指し、志帥会に入会することが明らかになったのだ。

二階は、細野の入会について、最初から好意的に言っていた。

「本人がよければよい。いつでも受け入れますよ」

志帥会には、多くの無所属議員や無派閥だった議員、もしくはかつて他の派閥に所属していた議員が入会している。メディアは、田中角栄の信奉者である二階が「数は力」とばかりに派閥の拡大に熱心であると頻繁に書き立てる。

が、林幹雄によると、その実情は少し違うという。

実際には、会長の二階は「来る者拒まず、去るもの追わず」というスタンスは一貫しているが、よく周囲に言っているという。

「一緒に仲間として働きたいと向こうが言ってくるのなら良いが、こちらから派閥に来て欲しいとは決して頼まないでくれ」

志帥会から勧誘しているわけではなく、政界のさまざまな人間関係のなかで、細野のように「志帥会に入りたい」と入会希望の議員の方からアプローチされるケースがほとんどなのだ。

二階自身が、派閥について考えるところを語ってくれた。

「政治家をやっていると誰しも経験することですが、自分の派閥から議員が、一人、二人……と抜けていく時は、自らの体から血が抜けていくような気持ちがするもの。そのたびに『嫌な世界に俺も来てしまったな』と思ったものです。だから、派閥に人を集める話をみんなしますが、自分はあまり好きではないんです。人を入れると、抜けられる日もいつか来る。余計嫌な思いをするわけです。だから、はじめから抜けるような人物は入れません。来る方も、志帥会がうるさ型の派閥だってことは知っていますけどね」

ただし、二階は、迎え入れる時、厳しい目で見るという。

「我が派に入り、力を借りなければ選挙に勝てないという人は歓迎しません。自ら勝ち抜ける力のある人を迎え入れているのです」

細野は、通常国会の開始後に、無所属のままで特別会員として志帥会に入会することが決まった。当面は入党や衆院の会派入りを見送ることになった。

林によると、細野は、今、政治家として一からスタートを切ったつもりで、選挙区の挨拶まわりを熱心におこなっているという。四七歳ながら当選回数は七回、閣僚経験もある。

初当選が四六歳だった林に比べて、これまでのキャリアは十分なものだ。今後、自民党の一員として活動していくことができれば、さらに政治家としての未来が拓けることもあるだろう。

三月九日、二階は、静岡県沼津市で開かれたかつて秘書として一一年間仕えた遠藤三郎の関係者の会合に出席し、細野を出席者に紹介した。

二階は、細野についても語った。

「細野さんと遠藤三郎先生とが同じ選挙区だったのは、偶然のことです。けれども、遠藤先生が亡くなって以降、さまざまな政治家があの地域にいたなかで、遠藤先生以来初めて本格的な政治家になりそうな人物が出てきたと思っています」

党の要

二階俊博幹事長と西村康稔内閣官房副長官は、いろいろな縁で結ばれていた。

二階幹事長の出身地は和歌山、西村副長官は兵庫と近いため、親戚関係で繋がっている人がたくさんいた。例えば、二階幹事長の親戚である広田克子《ひろたかつこ》は、西村の選挙区の淡路市会議員をしていた。その選挙応援に二階本人や二階の兄弟がやって来たので、西村は何度も会って話をしていた。

農業政策を通じた縁もある。「土地改良事業団体連合会」という全国の土地改良事業施行者の協同組織があり、二階俊博は和歌山県の会長、西村康稔は兵庫県の会長にそれぞれ就任した。

その関連で作られた自民党内の「農業基盤整備議員連盟」では、二階が会長、西村が事務局長を務めている。

また、二階は経済産業大臣であったため、西村の出身官庁である経産省を通じての縁もある。神戸で開かれた西村の後援会のパーティーに二階が駆けつけてくれたこともある。

平成二八年（二〇一六年）八月、西村は自民党総裁特別補佐に就任。あわせて、筆頭副幹事長、選対副委員長に就任した。ここでもまた、二階幹事長と繋がりができた。

筆頭副幹事長は、さまざまな仕事の細かい割り振りなどを仕切る役である。選挙対策とともに、下村博文《しもむらはくぶん》幹事長代行（当時）と相談しながらやっていく。その際は、毎日幹事長室で二階とも顔を合わせ、打ち合わせをした。この間、二階と西村はよくいっしょに食事をした。

西村から見て、二階は実に懐の深い人物であった。選挙に負けた人、いろいろな問題で弱っている人などに、きちんと手を差し伸べる。だから「あの時、助けてもらった」という思いの二階ファンは数多い。若手を育てる意識もあり、海外へ行く時には若手を連れていって、良い経験をさせてくれる。西村も、二階に誘われて、韓国やインドネシアを訪問した。

長年の経験と勘が働く二階が発する言葉は、的確そのものであった。その場の思いつきや気分で発せられるものではなく、一言ひとこと考えて言葉にしているのがわかる。

二階幹事長に任せておけば、党内のどんなことも仕切ってまとめてくれる、という信頼感がある。党内のあちこちで噴出する不満も受け止め、なだめながら党全体をまとめられる人物など、そうそういるものではない。

安倍総理にとっても、二階幹事長は重要な存在である。何かあるたびに、総理から電話をしたり、直接会って話をしたりしている。

安倍晋三、二階俊博、菅義偉の三人は、お互いに尊重し合い、非常に良好な関係を築いていた。

亡き妻を偲ぶ

平成三一年（二〇一九年）二月二三日、和歌山県御坊《ごぼう》市にある御坊市民文化会館大ホールで、二階の妻の怜子を偲ぶ会がおこなわれた。

会には、政界関係者や、各界の著名人をはじめ、地元関係者や後援会関係者など約五〇〇〇人が参列した。

参列者たちは、政治家の妻、三人の息子の母親として二階家を支えた二階怜子の在りし日の姿をしのびながら、遺影の置かれた献花台に怜子の好きだった御坊産のガーベラを手向け、安らかな冥福を祈った。

政界からは、大島理森《おおしまただもり》衆議院議長、安倍総理の代理として出席した菅義偉官房長官、伊吹文明元衆院議長、武部勤元幹事長、斉藤鉄夫《さいとうてつお》公明党幹事長、漆原良夫元衆院議員、世耕弘成経産大臣、石田真敏総務大臣、片山さつき地方創生大臣、岸田文雄政調会長、森山裕《もりやまひろし》国会対策委員長、古賀誠元幹事長、仁坂吉伸《にさかよしのぶ》和歌山県知事、小泉進次郎衆院議員、細野豪志元環境大臣、辻元清美《つじもときよみ》立憲民主党国対委員長らが参加した。現職の国会議員だけでも八〇人ほど、元職の国会議員も三〇人ほどが参加した。

林によると、前日のうちに菅官房長官から参加の連絡が電話であったという。

「ちょっと遅れるけど、参加します」

林は、二階からの伝言を伝えた。

「長官、幹事長も無理しなくていいですよ、と言ってますよ」

が、菅は言ってきた。

「いやいや、少し遅れるけれど、大丈夫です」

林は応じた。

「わかりました。幹事長に伝えます」

財界人では、キヤノン名誉会長で経団連の会長も務めた御手洗冨士夫《みたらいふじお》、自動車メーカー「スズキ」の鈴木修《すずきおさむ》会長、「すしざんまい」を展開する株式会社喜代村の木村清《きむらきよし》社長も参加した。

また、日本医師会の横倉義武《よこくらよしたけ》会長も参加した。

海外の要人では、ガルージン駐日ロシア大使、タスリブ駐日インドネシア大使、朴智元《パク・チウォン》韓国国会議員なども参列した。

著名人では、二階と親交の深い王貞治《おうさだはる》福岡ソフトバンクホークス会長、俳優の杉良太郎《すぎりょうたろう》らも参加した。

そのほかに、和歌山県内の首長や地方議員、一般の参列者も訪れ、会場は立錐の余地もなく、外には順番を待つ人たちで長蛇の列ができた。

二階によると、東京で開催すると多くの参加者に足を運んでもらうことになり迷惑をかけると思い、ふるさとの御坊市で開催することにしたという。が、予想をはるかに超え、五〇〇〇人を超える参加者であった。

二階は振り返って語る。

「結果的に、多くの方に御坊まで来ていただくことになって、とても感謝しています」

二階幹事長は、平成三一年二月一七日に八〇歳になり、遠藤三郎代議士の秘書に仕えて以来、政治の世界に五〇年以上、籍を置いていることになる。現在の自らの仕事についてどう思っているのか。

「政治家の晩年というのは、活躍の場所を得られない場合も多いわけです。そういう意味では、いくらでも仕事があるということは非常にありがたいことだと思っています。やはり、全力を尽くして党のために、国のために、地域の人たちのために働かなくては、という気持ちがあるからこそ、自然に仕事が舞い込んでくるのだと思っている」

おわりに

この作品を執筆するにあたり、二階俊博自民党幹事長、菅義偉内閣官房長官にインタビュー取材にご協力いただきました。

また、衆議院議員の小此木八郎、河井克行、坂井学、菅原一秀、西村康稔、林幹雄の諸氏（五〇音順）をはじめ、多くの国会関係者の取材協力を得ました。お忙しいなか、感謝いたします。

本文中の肩書きは、その当時のもの、敬称は略させていただきました。

なお、私の著書『内閣官房長官秘録』（イースト新書）、『安倍官邸「権力」の正体』（角川新書）、『永田町智謀戦　二階俊博と田中角栄』、『永田町智謀戦2　竹下・金丸と二階俊博』、『永田町智謀戦3　小泉・安倍と二階俊博』（さくら舎）の一部を再編集の上、収録しました。

また、「週刊朝日」（平成二九年二月一七日号）、朝日新聞、産経新聞、日本経済新聞、毎日新聞、読売新聞の各紙を参考にいたしました。

今回、この作品の上梓に協力してくださった株式会社エムディエヌコーポレーションの木村健一氏に感謝いたします。

令和元年六月一日

大下 英治

ふたりの怪物《かいぶつ》
二《に》階《かい》俊《とし》博《ひろ》と菅《すが》義《よし》偉《ひで》

2019年7月11日　初版第1刷発行
2020年9月21日　初版第3刷発行

［著　者］　**大下英治《おおしたえいじ》**

［発行人］　山口康夫

［発　行］　株式会社エムディエヌコーポレーション
〒101-0051　東京都千代田区神田神保町一丁目105番地
https://books.MdN.co.jp//

［発　売］　株式会社インプレス
〒101-0051　東京都千代田区神田神保町一丁目105番地

［印刷・製本］　中央精版印刷株式会社

【カスタマーセンター】
造本には万全を期しておりますが、万一、落丁・乱丁本などがございましたら、送料小社負担にてお取り替えいたします。お手数ですが、カスタマーセンターまでご返送ください。

■落丁・乱丁本などのご返送先
〒101-0051　東京都千代田区神田神保町一丁目105番地
株式会社エムディエヌコーポレーション　カスタマーセンター
TEL：03-4334-2915
■書店・販売店のご注文受付
株式会社インプレス　受注センター
TEL：048-449-8040 ／ FAX：048-449-8041

●内容に関するお問い合わせ先
株式会社エムディエヌコーポレーション　カスタマーセンターメール窓口
info@MdN.co.jp
本書の内容に関するご質問は、Eメールのみの受付となります。メールの件名は、「ふたりの怪物　二階俊博と菅義偉　質問係」とお書きください。電話やFAX、郵便でのご質問にはお答えできません。ご質問の内容によりましては、しばらくお時間をいただく場合がございます。また、本書の範囲を超えるご質問に関しましてはお答えいたしかねますので、あらかじめご了承ください。

ISBN978-4-8443-6875-5　C0030

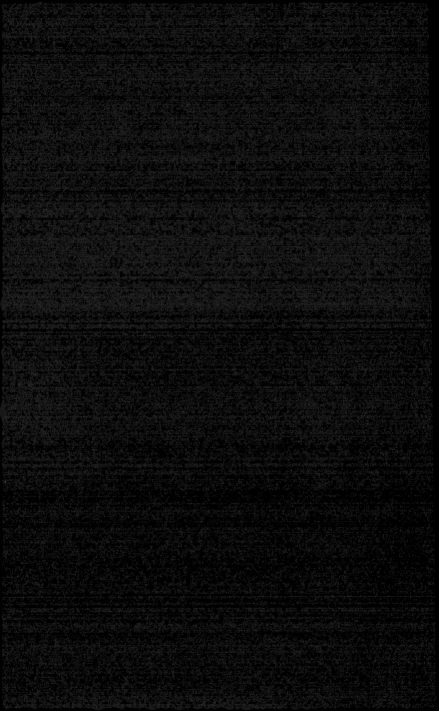